Einfach spitze in der

5. Klasse

Deutsch
Mathematik
Englisch

Regeln – Übungen – Lösungen
Mit ausführlichem Lösungsteil und Beispielaufsätzen

Georg Ludy
Gisela Mertel-Schmidt
Jürgen Haubrich
Susanne Leeb

Mit Lerntipps von Alexander Geist

Abbildungen: Greta Rief, Obersöchering (Illustrationen);
Henning Schöttke, Kiel (Illustrationen, Cartoons)

Layout: basierend auf dem Layout von Barbara Slowik, München

Bildnachweis: Shutterstock
Cover: Marlies Müller

© Tandem Verlag GmbH, Birkenstraße 10, D-14469 Potsdam

Das Werk und seine Teile sind urheberrechtlich geschützt. Jede Verwertung in anderen als den gesetzlich zugelassenen Fällen bedarf deshalb der vorherigen schriftlichen Einwilligung des Verlages.
Der deutsche Text dieses Buches entspricht der seit 1.8.2006 verbindlichen neuen Rechtschreibung. Aus didaktischen Gründen werden nicht immer alle möglichen Schreibvarianten angegeben.

Gesamtherstellung: Tandem Verlag GmbH, Potsdam

ISBN 978-3-8427-0837-2

Inhalt

Willkommen! 5

Teil I
Deutsch: Diktat 7
Themenübersicht 8
So funktioniert's 10
Regeln, Übungen und Lösungen 11
Grammatische Begriffe 83

Teil II
Deutsch: Aufsatz: Erzählen 85
Themenübersicht 86
Regeln und Übungen 88

Teil III
Mathematik: Grundrechenarten, Größen, Gleichungen 137
Themenübersicht 139
Regeln und Übungen 140

Teil IV
Englisch: Verben und Zeiten 189
Themenübersicht 191
Regeln und Übungen 192
Tabelle Irregular Verbs 240

Lösungsteil 241
Lösungen Teil I – Deutsch: Diktat .... im Übungsteil
Lösungen Teil II – Deutsch: Aufsatz: Erzählen. Mit Beispielaufsätzen 241
Lösungen Teil III – Mathematik: Grundrechenarten, Größen, Gleichungen 267
Lösungen Teil IV – Englisch: Verben und Zeiten 293

Register 318

Praktische Lerntipps .... Umschlag

Willkommen!

Hallo, liebe Schülerin, lieber Schüler,

du möchtest deine Noten in Deutsch, Mathematik und Englisch verbessern? Und zwar möglichst schnell und ohne viel Theorie? Dann bist du hier richtig – vor allem, wenn du eines der Themen dieses Buches speziell für eine Klassenarbeit üben willst.

Du wirst sehen: Hier geht's besonders easy:

Treffsicher — Dieses Buch ist in viele **kleine Lernportionen** gegliedert.
→ So findest du dich besonders schnell zurecht.

Übersichtlich — Jede Lernportion umfasst nur **zwei Seiten**.
→ So hast du immer alles auf einen Blick.

Einleuchtend — Jede Lernportion beginnt mit einer kurzen, klaren **Regel**.
→ So weißt du immer sofort, worauf es ankommt.

Clever — Dann geht's ans **Üben** – ganz locker, Schritt für Schritt.
→ So bereitest du dich optimal vor.

Praktisch — Der **Lösungsteil** hinten passt seitengetreu dazu.
→ So kontrollierst du blitzschnell – ohne Suchen und Blättern.

Am besten gleich loslegen!

Aber Pausen nicht vergessen!

Viel Spaß und ganz viel Erfolg!

Teil I:
Deutsch

Diktat

Regeln, Übungen und Lösungen

Themenübersicht Teil I

So funktioniert's 10

A *Der dösende Dennis im Gurkenfass*
ss oder s oder ß?

- Teil 1 11
- Teil 2 13
- Teil 3 15

B *Das etwas drastische Wespenfest*
ss oder s?

- Teil 1 17
- Teil 2 19
- Teil 3 21

C *Die rasante Badewanne*
Doppelkonsonant oder nicht?

- Teil 1 23
- Teil 2 25
- Teil 3 27

D *Bei drückender Hitze tanzen die Schnaken*
k oder ck? z oder tz?

- Teil 1 29
- Teil 2 31
- Teil 3 33

E *In Siebenmoos spuken die Ahnen*
Lange Vokale 1

- Teil 1 35
- Teil 2 37
- Teil 3 39

F *Die tadelhafte Reise zum Mond*
Lange Vokale 2

- Teil 1 41
- Teil 2 43
- Teil 3 45

G *Hexentänze zum Geheul der Käuzlein*
Schwierige Laute

- Teil 1 47
- Teil 2 49
- Teil 3 51

H *Endstation eines wahren Entdeckers*
Achtung: Verwechslungsgefahr!

- Teil 1 53
- Teil 2 55
- Teil 3 57

I	*Vier Flieger beim Fliegen und eine Gemeine*		
	Großschreibung	Teil 1	59
		Teil 2	61
		Teil 3	63
J	*Ein Bäcker, ein verliebter …*		
	Kleinschreibung	Teil 1	65
		Teil 2	67
		Teil 3	69
K	*Fiebrig sucht, wer Schätze suchen geht*		
	Getrenntschreibung	Teil 1	71
		Teil 2	73
		Teil 3	75
L	*Das pitschenasse, rührselige Ende*		
	Zusammenschreibung	Teil 1	77
		Teil 2	79
		Teil 3	81

Grammatische Begriffe 83

So funktioniert's

Spannend

Abenteuergeschichten
Diktate, die spannend, lustig und abenteuerlich sind – ja gibt's das überhaupt? Warum denn nicht?
Hier erzählen wir dir zwölf Fortsetzungsgeschichten, die mal gruslig, mal rührend und auch noch lehrreich sind. Die „Stars" dieser Geschichten sind der dicke Dennis, sein Freund Nick, die hübsche Lena und ihre Freundin Kim. Sie sind in deinem Alter und von Beruf Abenteurer. Und außerdem ist der dicke Dennis in Lena verknallt! Was daraus wird? Lies selbst!

Genial

Alleine üben ohne Stress
Jede der zwölf Geschichten besteht aus drei Teilen. Jeder Teil ist nur zwei Seiten lang und konzentriert sich auf **ein einziges Rechtschreibthema**. So gehst du vor:

1. Zuerst wiederholst du die **Regel** und prägst dir die **Beispiele** ein. Damit hast du schon viel erreicht!
2. Lies die **Geschichte** mindestens zweimal durch. Mache dann die Aufgabe darunter.
3. Jetzt kommt das **Training**: Blättere um und bearbeite die **Rückseite**.
4. Fertig machen zum **ersten Test**! Diktiere dir das Diktat auf der Vorderseite selbst. Du kannst es auf **Kassette** sprechen oder es als **Laufdiktat** schreiben: Dazu legst du es am anderen Ende des Zimmers ab, merkst dir einen halben oder ganzen Satz, läufst zum Schreibtisch zurück, schreibst den Satz auf, läufst wieder zum Buch usw. Vergiss nicht, das Selbstdiktat zu **korrigieren** und zu **verbessern**! Mache danach einen Tag Pause.
5. **Abschlusstest!** Wenn du dich richtig fit fühlst (aber erst dann!), kannst du dir das Diktat von jemand anderem diktieren lassen.

Los geht's

Also, auf zu den spannenden Abenteuern mit Dennis und seinen Freunden!

A   Der dösende Dennis im Gurkenfass
ss oder s oder ß?

Regel 1   Der *s*-Laut wird **nach kurzem Vokal** meist *ss* geschrieben.

Beispiele

Klasse	passen	hässlich
messen	essen	vergesslich
wissen	gebissen	zerrissen
Schloss	geflossen	eingegossen
Kuss	müssen	genüsslich

Teil 1

Jeder Gurke ein Fass

Der dicke Dennis hatte sich in Lena verliebt. | Nicht nur ein bisschen, nein, | Dennis konnte schon gar nichts mehr essen. | Da aber Lena bestimmt nur Helden küssen würde, | musste Dennis ein Held werden! |

Er könnte sich todesmutig im Gurkenfass | den Fluss hinunterstürzen. | Das wäre ein Ding! | Die Idee war gerissen, | da konnte nichts misslingen. | Nick fand das klasse. |

Am nächsten Mittag | kündigte Nick in allen Gassen | die unfassbare Heldenschau an. | Da traf er auch Lena und Kim. | Das passte ja prima! |

Dennis wartete inzwischen im Gurkenfass, | das, an eine Leine gebunden, | auf dem Wasser schaukelte. | Ob es nicht besser wäre, | diesen Stuss bleiben zu lassen? | Da schlief der Dussel ein | und vermasselte alles.

(113 Wörter)

Auf geht's!   Schreibe die blauen Wörter im Diktat sorgfältig ab!

Tipp

Steht der s-Laut nach kurzem Vokal am Wortstammende, schreibt man immer ss! Du musst also auf den Wortstamm achten!

Übung

Setze die Reimwörter ein und unterstreiche die Wortstämme! Achte dabei darauf, wo der s-Laut steht!

Gasse – K.................... – M....................

müssen – k....................

es passte – aber: die P....................

**Lückendiktat:
Setze die richtigen Wörter in die Lücken ein!**

mu..........te, kü..........en, e..........en, mi..........lingen, pa..........te, la..........en, verma..........elte – Gurkenfa.......... (zweimal), Flu.........., Wa..........er, Du..........el, Stu.........., Ga..........en – be..........er, kla..........e, geri..........en, unfa..........bare – bi..........chen

Der dicke Dennis hatte sich in Lena verliebt. Nicht nur ein ...., nein, Dennis konnte schon gar nichts mehr .... Da aber Lena bestimmt nur Helden .... würde, ... Dennis ein Held werden!

Er könnte sich todesmutig im .... den .... hinunterstürzen. Das wäre ein Ding! Die Idee war ...., da konnte nichts .... Nick fand das ....

Am nächsten Mittag kündigte Nick in allen .... die .... Heldenschau an. Da traf er auch Lena und Kim. Das .... ja prima!

Dennis wartete inzwischen im ...., das, an eine Leine gebunden, auf dem .... schaukelte. Ob es nicht .... wäre, diesen .... bleiben zu ....? Da schlief der .... ein und .... alles.

Lösung

Übung:
Gasse – Kasse – Masse
müssen – küssen
es passte – aber: die Paste

12 Der dösende Dennis im Gurkenfass

Regel 2

Der s-Laut wird **nach langem Vokal** s oder ß geschrieben. Wird der s-Laut **stimmlos** gesprochen, steht meistens ß.

Beispiele

grüßen	Soße	Straße	fließen	Strauß
Füße	groß	vergaß	gießen	draußen
süß	bloß	Maße	weiß	außer
büßen	Schoß	Spaß	Schweiß	außen

Teil 2

Dennis kriegt feuchte Füße

Das Halteseil war aufgegangen! | Dennis erschrak maßlos. | Er trieb vom Ufer ab! | Da er auf keinem großen Floß saß, | warfen ihn die Wellen hin und her. |

Der dicke Dennis bekam feuchte Füße. | Das Wasser brach wie aus Gießkannen | über ihn herein. | Das war kein Spaß mehr! | Nun büßte er für seinen Leichtsinn! |

Von der Uferstraße kamen Nick, | Kim und Lena gerannt. | Sie sahen Dennis | die Fluten hinunterschießen. | Dennis vergaß vor Angst alles | und schrie mit weißem Gesicht laut um Hilfe.

Schließlich konnte Lena das Halteseil greifen | und den Kloß ans rettende Ufer weisen. | Eine grüne Algensoße klebte an Dennis. | Kichernd begrüßten die Mädchen den Helden. |

Was sollte er der süßen Lena | jetzt bloß sagen?

(114 Wörter)

Auf geht's! Schreibe das Diktat ab!

Tipp

Wenn du dir bei einem Wort nicht sicher bist, ob der *s*-Laut darin stimmlos gesprochen wird, kann dir die **Verlängerungsprobe** helfen: Zum Beispiel wird *Fuß* zu *Füße* verlängert, *Spaß* zu *Späße* usw. Bei den verlängerten Wörtern hörst du manchmal deutlicher, wie der *s*-Laut ausgesprochen wird.

Übung

Wende bei den folgenden Wörtern die Verlängerungsprobe an!

groß geht auch noch ...., *Gruß* kommt von ....,

ein *Floß* und viele ...., er *vergaß*, aber auch wir ....,

das *Gieß* in *Gießkanne* kommt von ....

Lückendiktat:
Da fehlen Buchstaben! Fülle die Lücken aus!

Das Halteseil war aufgegangen! Dennis erschrak ma......los. Er trieb vom Ufer ab! Da er auf keinem gro......en Flo...... sa......, warfen ihn die Wellen hin und her.

Der dicke Dennis bekam feuchte Fü......e. Das Wasser brach wie aus Gie......kannen über ihn herein. Das war kein Spa...... mehr! Nun bü......te er für seinen Leichtsinn!

Von der Uferstra......e kamen Nick, Kim und Lena gerannt. Sie sahen Dennis die Fluten hinunterschie......en. Dennis verga...... vor Angst alles und schrie mit wei......em Gesicht laut um Hilfe.

Schlie......lich konnte Lena das Halteseil greifen und den Klo...... ans rettende Ufer weisen. Eine grüne Algenso......e klebte an Dennis. Kichernd begrü......ten die Mädchen den Helden.

Was sollte er der sü......en Lena jetzt blo...... sagen?

Hoppla

Hast du bemerkt: *weisen* ohne *ß*! Weißt du, warum?

Lösung

Übung:
größer, grüßen, Flöße, vergaßen, gießen

Hoppla:
s ist stimmhaft gesprochen.

Regel 3

Der *s*-Laut wird **nach langem Vokal** *s* oder *ß* geschrieben. Wird der *s*-Laut **stimmhaft** (gesummt) gesprochen, steht meistens ein einfaches *s*.

Beispiele

Hase	*böse*	*lesen*	*sausen*
Blase	*dösen*	*gewesen*	*Pause*
Nase	*Brösel*	*Esel*	*lausig*
rasen	*lösen*	*Besen*	*Brause*

Teil 3

Klamme Hosen statt roter Rosen

Dennis legte in klammen Hosen | und mit tropfender Nase | seine rosa Socken in der Wiese aus. | Er musste verschnupft niesen. | Bei allem Dusel, | das war eine lausige Heldenschau gewesen! |

Mit bösem Grausen | blickte Dennis in die tosenden Fluten. | Da würde er nicht noch einmal runterdüsen! | Nick und Kim lachten | noch immer über den Angsthasen. | Doch da säuselte Lena | Dennis leise ins Ohr, | sie wolle keinen | dösigen Helden im Gurkenfass, | sondern einen Blumenstrauß für ihre Zimmervase. |

Flugs war Dennis genesen! | Er hatte doch von der Blumenwiese | zum Selberpflücken gelesen. | Dennis verkaufte Nick sein Gurkenfass. | Der Erlös löste | das wesentliche Problem, | die Blumen auch bezahlen zu können. |

Diese Nacht träumte Dennis, | wie er und Lena | im Rosenbeet schmusen würden.

(117 Wörter)

Auf geht's! Lies das Diktat laut! Versuche bei den blauen Wörtern, den *s*-Laut wirklich zu summen!

Der dösende Dennis im Gurkenfass

Tipp

In einigen Gegenden sprechen die Menschen den stimmhaften s-Laut nicht stimmhaft aus. Da kannst du dir weiterhelfen, indem du dir die Wörter mit stimmhaftem s-Laut nach ihren Wortfamilien merkst. Innerhalb einer Wortfamilie mit stimmhaftem s werden nämlich alle Wörter mit s geschrieben.

Übung 1   Ergänze die Wortfamilien!

Nase – nä......eln – genä......elt – na......eweis – Na......enloch – Na......horn

Leser – le......en – er lie......t – la...... – le......erlich – le......bar – die Le......ung

Tipp

Sicher hast du schon bemerkt, dass zu den langen Vokalen auch die Doppellaute *au, eu, ei*, die sogenannten Diphthonge, gehören.

Übung 2   Suche Wörter für die Wortfamilien *sausen, preisen* und *schleusen*! Du kannst das Wörterbuch zu Hilfe nehmen.

Zwillingsdiktat:
Sprich das Diktat auf Kassette und schreibe es dann allein vom Band ab! Aber Vorsicht! Es hat sich einiges verändert!

Mit tropfender Nase und in klammen Hosen legt Dennis seine rosa Socken in der Wiese aus. Er muss verschnupft niesen. Bei allem Dusel, diese Heldenschau ist lausig gewesen!

Dennis blickt mit bösem Grausen in die tosenden Fluten. Da düst er nicht noch einmal runter! Noch immer lachen Nick und Kim über den Angsthasen. Doch Lena säuselt Dennis leise ins Ohr, sie wolle einen Blumenstrauß für ihre Zimmervase und keinen dösigen Helden im Gurkenfass.

Dennis ist flugs genesen! Er hat doch von der Blumenwiese zum Selberpflücken gelesen. Sein Gurkenfass verkauft Dennis an Nick. Das wesentliche Problem, die Blumen auch bezahlen zu können, ist durch den Erlös gelöst.

Dennis träumt diese Nacht, wie er und Lena im Rosenbeet schmusen würden.

Übung 1:
Nase – näseln – genäselt – naseweis – Nasenloch – Nashorn;
Leser – lesen – er liest – las – leserlich – lesbar – die Lesung

Das etwas drastische Wespenfest
ss oder s?

Regel 1 Der *s*-Laut wird **nach** einem **Konsonanten** immer *s* geschrieben.

Beispiele

Stöpsel	winseln	emsig	als
Insel	bremsen	flapsig	eins
Kurs	rätseln	fransig	erst
Ferse	grinsen	felsig	einst
Pinsel	aufhalsen	knacksend	falls

Teil 1

Ein Würstchen und ein halbes

Diesen Samstag war Markt. | Es herrschte emsiges Treiben. | Mal drückten sich die Leute vorsichtig, | mal schubsten sie sich, | nach Luft japsend, | oder traten sich ungehorsam auf die Fersen. | Jeder wollte ein günstiges Schnäppchen einheimsen. |

Dennis hopste von einem Bein auf das andere, | um den Krimskrams der Marktleute zu sehen. | Erst gab es Wirsing, | Erbsen und Linsen, | als Nächstes Pfirsiche und Schnäpse | aus ungespritztem Obst. | Dort versuchten lebendige Krebse, | aus ihren Behältern zu entkommen, | plumpsten aber immer wieder hinein. |

Bei der Grillbude | konnte sich der dicke Dennis kaum bremsen. | Aber er hatte seine Geldbörse vergessen! | Nah am Kollaps, | kam ihm die Idee, | sich ein Würstchen ganz einfach zu mopsen. |

Sein flapsiges Grinsen | sollte ihm aber alsbald vergehen.

(116 Wörter)

Auf geht's! Schreibe die blauen Wörter im Diktat ab!

Übung

Welche Wörter verstecken sich in diesem Buchstabensalat?

ipeslnn → .... süleH → ....

seAml → .... bmraslea → ....

eFres → .... snütggi → ....

sKru → .... slFe → ....

Lückendiktat:
Hier fehlen Buchstaben. Fülle die Lücken aus!

Diesen Sam......tag war Markt. Es herrschte em......iges Treiben. Mal drückten sich die Leute vorsichtig, mal schub......ten sie sich, nach Luft jap......end, oder traten sich ungehor......am auf die Fer......en. Jeder wollte ein gün......tiges Schnäppchen einheim......en.

Dennis hop......te von einem Bein auf das andere, um den Krim......kram...... der Marktleute zu sehen. Er......t gab es Wir......ing, Erb......en und Lin......en, al...... Näch......tes Pfir......iche und Schnäp......e aus ungespritztem Ob......t. Dort versuchten lebendige Kreb......e, aus ihren Behältern zu entkommen, plump......ten aber immer wieder hinein.

Bei der Grillbude konnte sich der dicke Dennis kaum brem......en. Aber er hatte seine Geldbör......e vergessen! Nah am Kollap......, kam ihm die Idee, sich ein Wür......tchen ganz einfach zu mop......en.

Sein flap......iges Grin......en sollte ihm aber al......bald vergehen.

Hoppla

Hast du bemerkt: *vergessen* mit *ss*! Weißt du, warum?

Übung:
pinseln, Amsel, Ferse, Kurs, Hülse, abermals, günstig, Fels

Hoppla:
Bei *vergess-en* steht der s-Laut nach kurzem Vokal am Wortstammende.

18 Das etwas drastische Wespenfest

Regel 2

Der s-Laut **zwischen kurzem Vokal** und *p* oder *t* wird mit **einfachem s** geschrieben, wenn er **nicht am Ende des Wortstammes** steht.

Beispiele

Kast-en	*auflist-en*	*lust-ig*
Tast-e	*rost-en*	*drast-isch*
Wespe	*raspel-n*	*west-lich*
Frist	*fast-en*	*knosp-end*

Teil 2

Dem Würstchen wird's heiß

Beim Anblick der gegrillten Köstlichkeiten | konnte der dicke Dennis einfach nicht widerstehen. | Hätte er doch gefastet! | Warum musste er auch | nach verbotenen Rostbratwürsten tasten? |

Gerade biss er hinein, | da packte ihn ein Polizist | an seiner besten Weste. | Ein aufmerksamer Zeuge | belastete den Jungen schwer. | Jetzt half auch keine List mehr. | Dennis zitterte wie Espenlaub | und wisperte leise sein Stoßgebet. | Das war überhaupt nicht lustig! |

Da kam Lena mit einer Knuspertüte an. | Wie da die Wespen | um die Schokoraspeln tanzten. | Das war die Rettung! | Sofort schwirrten die Wespen | auch um die restlichen Marktbesucher | und lösten damit | fast eine Panik aus. | Einige piksten sogar | den Polizisten in die Brust. | Der fuchtelte hastig mit den Armen. | Sonst wäre Dennis nicht entkommen.

(118 Wörter)

Auf geht's!

Schreibe das Diktat ab!

Tipp

Du musst genau auf das **Ende** des Wortstammes achten! Du findest das Wortstammende, indem du zum Beispiel das Wort verkleinerst oder vor ein Verb eine Person setzt.
Kasten wird dann zu *Käst-chen*, *raspeln* wird dann zu *ich rasp(e)l-e*.

Hoppla

Warum sind die *s*-Laute hier verschieden geschrieben:

In der Zeitung stand die Überschrift: „Der Räuber wurde fa**st** gefa**ss**t".

Lückendiktat:
Setze die Wörter in die entsprechenden Lücken!

Espenlaub, Weste, Polizist, Brust, Knuspertüte, List, Rostbratwürsten, Köstlichkeiten, Wespen (zweimal), Schokoraspeln, Polizisten – wisperte, tasten, belastete, gefastet – lustig, hastig, restlichen, besten – fast

Beim Anblick der gegrillten .... konnte der dicke Dennis einfach nicht widerstehen. Hätte er doch .... ! Warum musste er auch nach verbotenen .... ?

Gerade biss er hinein, da packte ihn ein .... an seiner .... Ein aufmerksamer Zeuge .... den Jungen schwer. Jetzt half auch keine .... mehr. Dennis zitterte wie .... und .... leise sein Stoßgebet. Das war überhaupt nicht .... !

Da kam Lena mit einer .... an. Wie da die .... um die .... tanzten. Das war die Rettung! Sofort schwirrten die .... auch um die .... Marktbesucher und lösten damit .... eine Panik aus. Einige piksten sogar den .... in die .... Der fuchtelte .... mit den Armen. Sonst wäre Dennis nicht entkommen.

Hoppla:
fast: zwar kurzer Vokal, aber Wortstammende *t*
gefasst: kurzer Vokal und Wortstammende *ss* von *fass-en*

20   Das etwas drastische Wespenfest

Regel 3

Die **Ersetzungsprobe** hilft dir zu entscheiden, ob du *das* oder *dass* schreiben musst:
das ist immer **ersetzbar**, entweder durch **dieses** oder **welches**, die Konjunktion **dass** ist **nicht ersetzbar**.

Beispiele

*Das Buch, **das** ich gerade lese, ist spannend.*
→ *Dieses Buch, welches ich gerade lese, ist spannend.*

*Ich sagte, **dass** ich ein Buch lese.*
Hier ergibt die Ersetzung mit *dieses* oder *welches* keinen Sinn.
→ *dass* mit **ss**

Die Flucht hat Folgen

Der dicke Dennis sprang mit Lena | durch das schmale Gässchen davon. | Dass Lena ihm geholfen hatte, | das war ja klasse! |

Das eine Mal | habe sie ihm nun geholfen, | das gehe schon in Ordnung. | Das sagte sie freundlich. | Aber dass das nicht noch einmal passiere, | das musste er ihr schwören. | Dennis schwor das | und auch das, | dass er ihr dies nie vergessen werde. | Dass er das | wirklich ernst meinte, | das glaubte sie ihm gern. |

Lena rückte nah an ihn. | Sie legte ihren Arm um Dennis und sagte, | dass er ihr zum Dank | das restliche Schuljahr | den Schulranzen tragen müsse. |

Aber das Herz des dicken Dennis | klopfte so laut, | dass er das gar nicht mehr hörte.

(114 Wörter)

Auf geht's! Schreibe das Diktat ab und ersetze dabei *das* durch *dieses* oder *welches*!

Tipp

dass steht oft nach Verben wie *sagen* oder *denken*:

*Ich sage, **dass** du bleiben sollst.*
*Ich denke, **dass** es jetzt reicht.*

In diesen Fällen steht dann vor *dass* immer ein Komma!

Übung

Streiche im vorigen Diktat alle *dass* an! Dann vervollständige diese veränderten Sätze hier!

1. Das war ja klasse, ... Lena ihm ....
2. Er musste ihr schwören, ... das nicht ....
3. Er schwor auch, ... er ihr dies ....
4. Sie glaubte ihm gern, ... er das wirklich ernst meinte.
5. Sie sagte zu ihm, ... er ihr zum Dank ....
6. Sein Herz klopfte so laut, ... er das gar ....

Tüfteldiktat:
Hier wurden einige *s* zu viel gedruckt. Streiche die falschen *s* weg!

Der dicke Dennis sprang mit Lena durch dass schmale Gässchen davon. Dass Lena ihm geholfen hatte, dass war ja klasse!

Dass eine Mal habe sie ihm nun geholfen, dass gehe schon in Ordnung. Dass sagte sie freundlich. Aber dass dass nicht noch einmal passiere, dass musste er ihr schwören. Dennis schwor dass und auch dass, dass er ihr dies nie vergessen werde. Dass er dass wirklich ernst meinte, dass glaubte sie ihm gern.

Lena rückte nah an ihn. Sie legte ihren Arm um Dennis und sagte, dass er ihr zum Dank dass restliche Schuljahr den Schulranzen tragen müsse.

Aber dass Herz des dicken Dennis klopfte so laut, dass er dass gar nicht mehr hörte.

Übung:
1. ... dass Lena ihm geholfen hatte.
2. ... dass das nicht noch einmal passiere.
3. ... dass er ihr dies nie vergessen werde.
4. ... dass er das wirklich ernst meinte.
5. ... dass er ihr zum Dank das restliche Schuljahr den Schulranzen tragen müsse.
6. ... dass er das gar nicht mehr hörte.

Tüfteldiktat:
Hast du alle 14 falschen *s* gefunden? Vergleiche deine Lösung genau.

Die rasante Badewanne
Doppelkonsonant oder nicht?

Regel 1

Ein **Doppelkonsonant** steht nur nach einem **kurzen Vokal**, der **betont** ist.

Beispiele

Bett	Zimmer	trennen	göttlich
Bitte	Wanne	können	nett
Erinnerung	Pappe	gewinnen	zusammen
Sprosse	Futter	stottern	herrlich

Ein toller Fund

Diesen Sommer veranstaltete die Schule | einen Wettbewerb um die schnellste Seifenkiste. | Nick und der dicke Dennis | wollten zusammen daran teilnehmen | und das Rennen gewinnen. |

Gleich nach dem Mittagessen | rannte Dennis zu Nick. | Sie mussten schnell beginnen, | Bretter und Latten zu sammeln. | Nick kam der Schrottplatz | von Alteisen-Heinz in den Sinn! | Dort fänden sie bestimmt etwas. |

Trotz des Regenwetters | zogen die Rennfahrer los | und fanden in all dem Müll | herrliche Bauteile für ihre Seifenkiste: | eine Fahrradkette, | eine kaputte Taschenlampe | und sogar Gummiräder eines Schubkarrens. |

Und was war das? | Da gammelte eine alte Badewanne vor sich hin! | Die schleppten sie zu Nick nach Hause, | in dessen Zimmer | sie ihre Werkstatt einrichten wollten. |

Ihr gemeinsamer Sieg war beschlossene Sache!

(116 Wörter)

 Lies das Diktat laut und achte besonders auf die Betonung der kurzen Vokale!

Übung Bilde dazugehörige Substantive!

mütterlich, göttlich, bitten, erinnern, ketten, füttern, sinnlich, männlich

---

Lückendiktat: Fülle die Lücken aus!

Diesen So......er veranstaltete die Schule einen We......bewerb um die schne......ste Seifenkiste. Nick und der dicke De......is wo......ten zusa......en daran teilnehmen und das Re......en gewi......en.

Gleich nach dem Mi......age......en ra......te De......is zu Nick. Sie mu......ten schne...... begi......en, Bre......er und La......en zu sa......eln. Nick kam der Schro......platz von Alteisen-Heinz in den Si......! Dort fänden sie besti......t etwas.

Trotz des Regenwe......ers zogen die Re......fahrer los und fanden in a...... dem Mü...... he......liche Bauteile für ihre Seifenkiste: eine Fahrradke......e, eine kapu......e Taschenlampe und sogar Gu......iräder eines Schubka......ens.

Und was war das? Da ga......elte eine alte Badewa......e vor sich hin! Die schle......ten sie zu Nick nach Hause, in de......en Zi......er sie ihre Werksta...... einrichten wo......ten.

Ihr gemeinsamer Sieg war beschlo......ene Sache!

Ausnahme

Es gibt allerdings auch Wörter mit kurzen betonten Vokalen, ohne dass eine Konsonantenverdoppelung stattfindet: *hin, ab, bis, was, bin,* ebenso nicht bei *un-* oder *an-*: **un**anständig, **Un**wetter, **un**wirksam, **un**bemerkt, **an**ecken, **an**halten, **An**stand.

Übung:
Mutter, Gott, Bitte, Erinnerung, Kette, Futter, Sinn, Mann

Regel 2

Ein **Doppelkonsonant** steht **nie** nach einem **langen Vokal** oder einem **Diphthong**.

Beispiele

Knoten	Raum	jagen	staunen	rot
Puder	Auto	lesen	schäumen	tot
Süden	Daumen	rasen	reisen	sauber
Verbot	Seife	mogeln	zielen	gezogen

Teil 2

Das große Schrauben nimmt seinen Lauf

Der Tag des Seifenkistenrennens kam näher. | Es war verboten, | einen Motor einzubauen. | Da durfte nicht gemogelt werden. | Nick und der dicke Dennis | grübelten lange, | aber dann war der Plan fertig. |

Zügig schraubten sie | ihre Seifenkiste zusammen. | An die Badewanne aus Eisen | wurden mit Haken und Ösen | die Räder befestigt, | ein Besenstiel diente als Lenksäule. |

Zur Probefahrt ging es | in der Kiesgrube den Berg hinunter. | Die Jungen staunten nicht schlecht | über ihre Seifenkiste und jubelten. | Das war ein heißer Ofen! |

Am Abend vor dem Rennen | malten sie noch blaue Karos dran | und tauften ihre Seifenkiste | „Rasender Todesrenner". | Das hörte sich gefährlich an | und würde den anderen Teilnehmern Angst einjagen. |

Diese Nacht konnten Nick und Dennis kaum schlafen.

(116 Wörter)

Auf geht's!

Schreibe das Diktat ab!

Die rasante Badewanne

Tipp

Die Diphthonge *au, eu, ei, äu* gelten als lange Vokale. Nach ihnen kann nie ein Doppelkonsonant stehen. Bei den anderen Vokalen musst du genau hinhören, ob sie lang gesprochen werden.

Übung

Lies die Wörter laut und unterstreiche die langen Vokale!

Rute	Luke	Besen	Puder	Jugend	Primel	Probe	Ruder
kneten	rasen	rufen	beten	vertreten	jagen	mogeln	verboten
mutig	rot	prüde	tödlich	schläfrig	müde	löblich	belesen

Zwillingsdiktat:
Sprich das Diktat auf Kassette und schreibe es dann allein vom Band ab! Aber Vorsicht! Es hat sich einiges verändert!

Der Tag des Seifenkistenrennens kommt näher. Es ist verboten, einen Motor einzubauen. Da darf nicht gemogelt werden. Nick und der dicke Dennis grübeln lange, aber dann ist der Plan fertig.

Zügig schrauben sie ihre Seifenkiste zusammen. An die Badewanne aus Eisen werden mit Haken und Ösen die Räder befestigt, ein Besenstiel dient als Lenksäule.

Zur Probefahrt geht es in der Kiesgrube den Berg hinunter. Die Jungen staunen nicht schlecht über ihre Seifenkiste und jubeln. Das ist ein heißer Ofen!

Am Abend vor dem Rennen malen sie noch blaue Karos dran und taufen ihre Seifenkiste „Rasender Todesrenner". Das hört sich gefährlich an und wird den anderen Teilnehmern Angst einjagen.

Diese Nacht können Nick und Dennis kaum schlafen.

Hoppla

Hast du gesehen, dass im letzten Satz *können* mit zwei *n* geschrieben steht? Warum nicht mit einem?

Hoppla:
Weil mit ö ein kurzer betonter Vokal vorausgeht.

Übung:
Rute, Luke, Besen, Puder, Jugend, Primel, Probe, Ruder
kneten, rasen, rufen, beten, vertreten, jagen, mogeln, verbote[n]
mutig, rot, prüde, tödlich, schläfrig, müde, löblich, belesen

Die rasante Badewanne

Regel 3

Nach einem kurzen Vokal steht **kein Doppelkonsonant**, wenn **im Wortstamm** noch ein **weiterer Konsonant** folgt (Konsonantenhäufung).

Beispiele

Hand	Holz	wirken	hart
Karte	Panzer	warten	munter
Land	Maske	halten	oft
Kork	Kind	torkeln	endlich

Teil 3

Ein Fehlstart beendet das Rennen

Heute fand im Park | das Seifenkistenrennen statt. | Die Kinder waren außer Rand und Band | und bestaunten | die kunterbunten Rennwagen am Start. | Dennis und Nick hatten schon Lampenfieber. |

Lena und Kim wollten | von den tollkühnen Rennfahrern ein Foto knipsen. | Der stolze Nick versuchte sofort, | in die Seifenkiste zu hopsen. | Doch Dennis schubste | seinen Kumpel zur Seite. | Das ließ sich Nick nicht gefallen | und rempelte Dennis heftig an. | Der torkelte und plumpste, | die Stupsnase voraus, | in ihren Renner hinein. | Dieser Mops! | Nick wollte ihn festhalten, | aber da rutschte der Bremsklotz heraus! | Jetzt purzelte auch Nick | kopfüber hinein. |

Die Badewanne rumpelte davon. | Zu sehen waren nur die strampelnden Beine | der beiden Streithähne. | Am Ende dieser rasanten Sturmfahrt | humpelten sie schimpfend nach Hause.

(119 Wörter)

Auf geht's!

Schreibe die blauen Wörter im Diktat ab!

Die rasante Badewanne

Tipp

Achte darauf, ob es sich wirklich um eine Konsonantenhäufung im **Wortstamm** handelt oder ob es nur **ein** Konsonant am **Wortstamm-ende** ist und ein weiterer **zur Endung** gehört!

Konsonantenhäufung: *den Wagen anha**lt**-en*
Keine Konsonantenhäufung, da Doppelkonsonant: *die Rufe ha**ll**-ten*

**Lückendiktat:
Setze die Wörter in die entsprechenden Lücken ein!**

Pa....k, Bre....sklotz, Ba....d, E....de, La....penfieber, Ku....pel, Stu....snase, Mo....s, Sta....t, Stu....mfahrt, Ra....d, Ki....der, fe....tha....ten, ho....sen, re....pelte, to....kelte, plu....pste, hu....pelten, ru....schte, fa....d, pu....zelte, ru....pelte, schu....ste, kni....sen – schi....pfend, he....tig, sto....ze, stra....pelnden, ku....terbu....ten, rasa....ten – sofo....t

Heute .... im .... das Seifenkistenrennen statt. Die .... waren außer .... und .... und bestaunten die .... Rennwagen am .... Dennis und Nick hatten schon ....

Lena und Kim wollten von den tollkühnen Rennfahrern ein Foto .... Der .... Nick versuchte .... , in die Seifenkiste zu .... Doch Dennis .... seinen .... zur Seite. Das ließ sich Nick nicht gefallen und .... Dennis .... an. Der .... und .... , die voraus, in ihren Renner hinein. Dieser .... ! Nick wollte ihn .... , aber da .... der .... heraus! Jetzt .... auch Nick kopfüber hinein.

Die Badewanne .... davon. Zu sehen waren nur die .... Beine der beiden Streithähne. Am .... dieser .... sie .... nach Hause.

28   Die rasante Badewanne

Bei drückender Hitze tanzen die Schnaken
k oder *ck*? *z* oder *tz*?

Regel 1

ck bzw. *tz* steht nur **nach** einem **kurzen betonten Vokal**.

Beispiele

Rücken	zucken	Tatze	putzen
Ecke	schmecken	Pfütze	sitzen
Acker	backen	Trotz	glotzen
Glocke	schicken	Hitze	nützen

Ab ins Wochenende

Wochenende! | Lena und Kim wollten | auf dem entzückenden Zeltplatz am See | trotz der drückenden Hitze | Sonne tanken, | abends am knackenden Lagerfeuer sitzen, | eingeritzte Würstchen brutzeln | und Witze erzählen. |

Zu diesem Zweck | packten sie ihre Rucksäcke | mit nützlichen Dingen: | dicke Jacken und warme Socken für den Abend, | Luftmatratzen und Decken für die Nacht, | Mützen als Sonnenschutz | und ein Dutzend Päckchen Lakritze. | Kim war schon schrecklich abgehetzt, | so hatten sie sich abgerackert. | Da musste man ja ein Kraftprotz sein! | Doch bei Lena durfte man nicht motzen. |

Ein letzter Schluck aus der Feldflasche, | das Gepäck auf den Rücken | und los ging's. | Augenblicke später | rückten ganz in der Ferne | dicke Wolken heran, | aber das machte | die schwitzenden Mädchen nicht stutzig.

(116 Wörter)

Auf geht's! Schreibe die blauen Wörter im Diktat ab und ordne sie in einer Tabelle nach *ck* und *tz*!

Tipp

Du musst darauf achten, ob der vorangehende Vokal betont oder unbetont ist!

Übung

Unterstreiche bei den folgenden Wörtern die betonten Vokale!

tapezieren	spazieren	Bezirk	Rezept	Kapuziner
spekulieren	kokettieren	Sekunde	Rakete	Plakat

Lückendiktat:
Hier fehlen *tz* und *ck*. Fülle zunächst alle Lücken, in denen *tz* stehen muss! Nach einer zehnminütigen Pause füllst du die Lücken, in denen *ck* stehen muss!

Wochenende! Lena und Kim wollten auf dem entzü.........enden Zeltpla.......... am See tro.......... der drü..........enden Hi..........e Sonne tanken, abends am kna..........enden Lagerfeuer si..........en, eingeri..........te Würstchen bru..........eln und Wi..........e erzählen.

Zu diesem Zwe.......... pa..........ten sie ihre Ru..........sä..........e mit nü..........lichen Dingen: di..........e Ja..........en und warme So..........en für den Abend, Luftmatra..........en und De..........en für die Nacht, Mü..........en als Sonnenschu.......... und ein Du..........end Pä..........chen Lakri..........e. Kim war schon schre..........lich abgehe..........t, so hatten sie sich abgera..........ert. Da musste man ja ein Kraftpro.......... sein! Doch bei Lena durfte man nicht mo..........en.

Ein le..........ter Schlu.......... aus der Feldflasche, das Gepä.......... auf den Rü..........en und los ging's. Augenbli..........e später rü..........ten ganz in der Ferne di..........e Wolken heran, aber das machte die schwi..........enden Mädchen nicht stu..........ig.

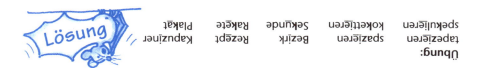

Lösung

Übung:
tapezieren spazieren Bezirk Rezept Kapuziner
spekulieren kokettieren Sekunde Rakete Plakat

Bei drückender Hitze tanzen die Schnaken

Regel 2

ck bzw. *tz* steht **nie nach** einem **Konsonanten**, einem **langen Vokal** oder einem **Diphthong**. In diesen Fällen schreibt man **k** bzw. **z**.

Beispiele

Tanz	*scherzen*	*Schrank*	*sinken*
Ozean	*duzen*	*Laken*	*ekeln*
Schnauze	*geizen*	*Pauke*	*vorgaukeln*

Die Schnaken sind auch schon da

Das Zelt stellten die Mädchen | zwischen rankenden Pflanzen | ganz nah am See auf. | Was für eine reizvolle Landschaft! | Nur die ewig tanzenden Schnaken | waren ganz ekelhaft. |

Um sie zu vertreiben, | band Kim würzig stinkende Kräuterkränzchen | und musste dauernd ihre Nase schnäuzen. | Lena schaukelte | auf den schwankenden Planken des Stegs | und warf ihren Angelhaken aus. | Sie könnte zukünftig die Schule schwänzen | und für immer hier bleiben. | Es fehlten nur noch Kokosnüsse! | Lena kannte nämlich ein Rezept | für hochprozentigen Likör. | So gaukelte es Lena ihrer Freundin vor, | und das war natürlich nichts als Klamauk. |

Dann flunkerte Kim. | War der See gar ein Ozean? | Vielleicht gab es dazu auch noch Krokodile? |

Plötzlich donnerte es wie Paukenschläge! | Ein richtiger Orkan zog auf!

(119 Wörter)

Auf geht's! Schreibe das Diktat ab!

Übung

Schreibe die Wörter richtig, indem du die vertauschten Silben ordnest!

kenSchna	kenHa	kelE	bauRake	kosnüsKose
leikeGau	zeDampfwal	zerSchnau	zepuKa	terchenkränzKräu
gekeltaufta	kelhei	ehaftkel	kenschwan	kentan
volreizle	zuda	geiehrzig	zigwür	zenhochtigpro

Zwillingsdiktat:
Schreibe die blauen Wörter im Diktat ab und ordne sie dabei in eine Tabelle nach *k* und *z*.

Das Zelt stellten die Mädchen zwischen rankenden Pflanzen ganz nah am See auf. Was für eine reizvolle Landschaft! Nur die ewig tanzenden Schnaken waren ganz ekelhaft.

Um sie zu vertreiben, band Kim würzig stinkende Kräuterkränzchen und musste dauernd ihre Nase schnäuzen. Lena schaukelte auf den schwankenden Planken des Stegs und warf ihren Angelhaken aus. Sie könnte zukünftig die Schule schwänzen und für immer hier bleiben. Es fehlten nur noch Kokosnüsse! Lena kannte nämlich ein Rezept für hochprozentigen Likör. So gaukelte es Lena ihrer Freundin vor, und das war natürlich nichts als Klamauk.

Dann flunkerte Kim. War der See gar ein Ozean? Vielleicht gab es dazu auch noch Krokodile?

Plötzlich donnerte es wie Paukenschläge! Ein richtiger Orkan zog auf!

Hoppla

Hast du bemerkt, dass *plötzlich* mit *tz* geschrieben ist? Kannst du erklären, warum?

Übung:
Schnaken Haken Ekel Schnauzer Rabauke Kokosnüsse
Gaukelei Dampfwalze ekelhaft Kapuze Kräuterkränzchen
aufgetakelt heikel ehrgeizig schwanken tanken
reizvolle dazu würzig hochprozentig

Hoppla:
Weil der Vokal ö kurz und betont ist.

Regel 3

Auf einen Blick:
ck / tz → nach **kurzem Vokal**
k / z → nach **langem Vokal, Diphthong** oder nach einem **Konsonanten**

Teil 3

Ein Zelt in Seenot

Wilde Blitze zuckten am Himmel. | Der Wind rüttelte | so schrecklich an den Bäumen, | dass sie ganz schön wankten. | Au Backe, | das wurde heikel! |

Kim erschrak, | aber fackelte nicht lange | und stürzte ins Zelt. | Wie verrückt winkte sie Lena. | Die Erdhaken rissen schon aus! | Jeden Augenblick | konnten die Zeltstangen umknicken. | Lena flitzte hinzu. | Nur keine Hetze! |

Überall entstanden schmutzige Pfützen. | Der Regen spritzte ins Zelt. | Zum Glück boten die Jacken mit den Kapuzen | ausreichend Schutz. |

Doch so plötzlich, | wie das Unwetter über sie hereingebrochen war, | zog sich der Spuk jetzt wieder zurück. | Die Sonne vertrieb kurz darauf | die schwarze Wolkendecke. | Lena und Kim setzten sich zum Trocknen | auf eine hölzerne Parkbank und scherzten: | dann doch lieber Mücken und Schnaken.

(118 Wörter)

Auf geht's! Schreibe die blauen Wörter mit *k* und *z* im Diktat in deine Tabelle von Teil 2 ab!
Morgen vervollständigst du deine Tabelle von Teil 1 mit den blauen Wörtern aus dem Diktat von Teil 3, die *ck* und *tz* enthalten.

Bei drückender Hitze tanzen die Schnaken

Übung

Hier sollst du reimen!

winken → tr............ heizen → r............ glänzen → schw............

Decke → Z............ Katze → T............ Haken → L............

Tüfteldiktat:
Setze zunächst *z*, *tz*, *k* und *ck* in die richtigen Wortlücken ein!

Schna............en, Glü............, Mü............en, Par............ban............, Augenbli............, Tro............nen, Wol............ende............e, Spu............, Ja............en, Ba............e, Kapu............en, Schu............, He............e, Erdha............en, Bli............e, Pfü............en – zu............ten, erschra............, fa............elte, stür............te, win............te, umkni............en, se............ten, fli............te, scher............ten, spri............te, wan............ten – schre............lich, verrü............t, hei............el, schmu............ige, schwar............e, höl............erne, plö............lich, kur............ – je............t, zurü............, gan............

Schreibe jetzt das Diktat ab und ersetze dabei nacheinander:
XX → Substantive mit *ck* oder *tz*;
xx → alle anderen Wortarten mit *ck* oder *tz*;
YY → Substantive mit *k* oder *z*;
yy → alle anderen Wortarten mit *k* oder *z*.
Nimm auch deine beiden Tabellen zu Hilfe!

Wilde XX xx am Himmel. Der Wind rüttelte so xx an den Bäumen, dass sie yy schön yy. Au XX, das wurde yy!

Kim yy, aber xx nicht lange und yy ins Zelt. Wie xx yy sie Lena. Die YY rissen schon aus! Jeden XX konnten die Zeltstangen xx. Lena xx hinzu. Nur keine XX!

Überall entstanden xx XX. Der Regen xx ins Zelt. Zum XX boten die XX mit den YY ausreichend XX.

Doch so xx, wie das Unwetter über sie hereingebrochen war, zog sich der YY xx wieder xx. Die Sonne vertrieb yy darauf die yy XX-YY. Lena und Kim xx sich zum XX auf eine yy YY und yy: dann doch lieber XX und YY.

Lösung:
Übung:
winken → trinken   Decke → Zecke
heizen → reizen   Katze → Tatze
glänzen → schwänzen   Haken → Laken

34 Bei drückender Hitze tanzen die Schnaken

In Siebenmoos spuken die Ahnen
Lange Vokale 1

Regel 1

Der **lange *i*-Laut** wird meistens *ie* geschrieben.

Beispiele

Ziel	spielen	ziemlich	friedlich	ließen
Krieger	siegen	wie	mies	gerieben
Liebe	fließen	wieder	bieder	fielen
Lieder	frieren	viele	niedrig	geblieben

Teil 1

Geister im Verlies

Die Kinder hielten sich mal wieder | in der hiesigen Burgruine Siebenmoos auf. | Hier gefiel es allen ziemlich gut. |

Dennis und Nick versteckten sich unten im Verlies. | Denn Nick hatte den fiesen Einfall, | als miese Burggeister | die zierlichen Mädchen zu erschrecken. | Lena spielte mit Kim | im hellen Burghof liebliche Burgfräulein. | Sie liefen tanzend herum | und sangen viele lustige Lieder. |

Plötzlich ertönte schauriges Geheul! | Kim fiel schier in Ohnmacht | und wollte fliehen. | Hätten sie die verwunschenen Gemäuer | doch lieber gemieden! | Riefen da wirklich Geister um Hilfe? |

Lena wollte dies unbedingt herausfinden. | Sie fasste Kim bei der Hand | und gemeinsam stiegen sie auf der Steintreppe | in die dunkle Tiefe. | Eine modrige Brise blies ihnen entgegen.

(112 Wörter)

Auf geht's! Lies das Diktat laut und achte auf den langen *i*-Laut!

Tüfteldiktat:
Hier wurden Buchstaben vergessen. Schreibe das Diktat ab und ersetze dabei XX durch die richtige Schreibung des *i*-Lautes!

DXX Kinder hXXlten sich mal wXXder in der hXXsigen Burgruine SXXbenmoos auf. HXXr gefXXl es allen zXXmlich gut.

Dennis und Nick versteckten sich unten im VerlXXs. Denn Nick hatte den fXXsen Einfall, als mXXse Burggeister dXX zXXrlichen Mädchen zu erschrecken. Lena spXXlte mit Kim im hellen Burghof lXXbliche Burgfräulein. SXX lXXfen tanzend herum und sangen vXXle lustige LXXder.

Plötzlich ertönte schauriges Geheul! Kim fXXl schXXr in Ohnmacht und wollte fliehen. Hätten sXX dXX verwunschenen Gemäuer doch lXXber gemXXden! RXXfen da wirklich Geister um Hilfe?

Lena wollte dXXs unbedingt herausfinden. SXX fasste Kim bei der Hand und gemeinsam stXXgen sXX auf der Steintreppe in dXX dunkle TXXfe. Eine modrige Brise blXXs ihnen entgegen.

Hoppla Hast du's gemerkt? Im Diktat kommen vier Wörter mit einem langen *i*-Laut vor, die aber nicht mit *ie* geschrieben sind, sondern womit?

Ausnahme Es gibt also auch Wörter mit **langem *i*-Laut**, die aber nur mit einfachem *i* oder mit *ieh* geschrieben werden. Wann immer du ein solches Wort findest, musst du es dir einprägen, denn eine einfache Regel gibt es dafür nicht!

Wörter mit *ieh* sind zum Beispiel:

fliehen	*ziehen*	*wiehern*
Vieh	*verliehen*	*sieh nur!*

Wörter mit einfachem *i* sind zum Beispiel:

Prise	*Krise*	*Biber*
Bibel	*Augenlid*	*Stil*
widerlich	*biblisch*	*erwidern*

Wetten, du findest im Wörterbuch noch mehr?

Hoppla:
Burgruine und *Brise* mit einfachem *i*, *ihnen* mit *ih* sowie *fliehen* mit *ieh*.

Regel 2

Nach einem **einfachen langen Vokal** steht oft ein **Dehnungs-h** – aber nicht immer!
Das Dehnungs-*h* steht vor allem, wenn der **Wortstamm** auf *l*, *m*, *n* oder *r* **endet**.

Beispiele

Zahl	Mehl	lehr-en	wahr
Ohr-en	Ehr-e	nehm-en	sahn-ig
Lehm	Stuhl	vermähl-en	sehn-süchtig
Uhr	Rahm	Wohn-ung	vermehr-t

Teil 2

Zwei Mädchen werden Geisterjäger

Lena und Kim schlichen zum Verlies hinab. | Kim sehnte sich ehrlich nach ihrer Mama. | Oh nein, | sie hatte es doch mehrmals geahnt: | In Siebenmoos spukte es! |

Lena spitzte die Ohren. | Die Burggeister lachten höhnisch herauf. | Kim fühlte ihr Herz im Halse pochen | und lehnte sich ängstlich an Lena. | Gegen Gespenster in der Überzahl | könnten sie sich wahrlich nicht wehren. | Sollten sie nicht lieber umkehren? |

Aber Lena hatte nie Angst. | Sie blickte verstohlen auf ihre Uhr: | Jetzt war ja wohl noch keine Geisterstunde! | Das johlende Geheul ähnelte auch sehr | den Stimmen ihrer spitzbübischen Gefährten | Dennis und Nick. |

Na warte! | Lena packte der Jähzorn: | Die falschen Ahnen, | die da im Verlies wohnten, | sollten eine gebührende Lehre erhalten.

(115 Wörter)

Auf geht's!

Lies das Diktat laut und achte dabei auf die langen Vokale!

In Siebenmoos spuken die Ahnen

 **Lückendiktat:
Fülle die Lücken aus!**

Lena und Kim schlichen zum Verlies hinab. Kim se......nte sich e......rlich nach i......rer Mama. O...... nein, sie hatte es doch me......rmals gea......nt: In Siebenmoos spukte es!

Lena spitzte die O......ren. Die Burggeister lachten hö......nisch herauf. Kim fü......lte i......r Herz im Halse pochen und le......nte sich ängstlich an Lena. Gegen Gespenster in der Überza......l könnten sie sich wa......rlich nicht we......ren. Sollten sie nicht lieber umke......ren?

Aber Lena hatte nie Angst. Sie blickte versto......len auf i......re U......r: Jetzt war ja wo......l noch keine Geisterstunde! Das jo......lende Geheul ä......nelte auch se......r den Stimmen i......rer spitzbübischen Gefä......rten Dennis und Nick.

Na warte! Lena packte der Jä......zorn: Die falschen A......nen, die da im Verlies wo......nten, sollten eine gebü......rende Le......re erhalten.

Hoppla

Ist dir das Wort *spuken* aufgefallen? Es wird ohne Dehnungs-*h* geschrieben, obwohl das *u* darin lang gesprochen wird. Wenn du die Regel genau liest, weißt du, warum das so ist. Du wirst später noch mehr darüber erfahren.

Ausnahme

Aber auch bei Wörtern, deren Wortstämme auf *l*, *m*, *n* oder *r* enden und lange Vokale beinhalten, kann es vorkommen, dass **kein** Dehnungs-*h* steht. Wann immer dir ein solches begegnet, präge es dir ein!

Solche Wörter sind zum Beispiel:

*Sti**l***   *Plan*   *Kran*   *Nam-e*   *Natur*

 **Hoppla:**
Weil der Wortstamm nicht auf *l*, *m*, *n* oder *r* endet.

Regel 3

Lange Vokale werden nicht immer mit Dehnungs-*h* geschrieben. In manchen Fällen werden die **Vokale verdoppelt**.

Beispiele

Beeren	*teeren*	*haarig*
Paar	*ausleeren*	*waagerecht*
Fee	*aalen*	*doof*
Moor	*ausbooten*	*moosig*

Teil 3

Die Entlarvung

Die Mädchen standen noch immer | auf der moosigen Steintreppe. | Lena hatte eine aalglatte Idee, | um Dennis und Nick, | dieses Paar Spitzbuben, | reinzulegen. |

Lena pfiff haarsträubend laut | in ihre leere Faust hinein. | Das scheuchte ganze Heerscharen von Fledermäusen auf. | Der reinste Geistersaal! | Dennis und Nick dachten, | die Aasgeier kämen, | um ihre Seelen zu holen! |

Zuerst rutschten die Jungen | auf dem glitschigen Teeranstrich | des nicht mehr ganz waagerechten Steinbodens aus. | Aber dann stürmten sie Hals über Kopf nach draußen. | Dort purzelten sie vor den wartenden Mädchen doof in den Klee. |

Nun mussten alle lachen. | Mit ihrem Schlauchboot ruderten die Kinder | über den See zurück nach Hause. | Dort kochten sie zur Versöhnung | einen Tee aus frischen Waldbeeren.

(114 Wörter)

Auf geht's!

Schreibe die blauen Wörter im Diktat ab und ordne sie dabei in einer Tabelle nach den Doppelvokalen!

Tipp

Es gibt nicht so viele Wörter mit Doppelvokalen. Es ist daher sinnvoll, wenn du dir einige merkst und dabei an Wortfamilien denkst.

Übung

Vervollständige die Lücken! Benutze ein Wörterbuch, wenn du Hilfe brauchst.

Substantiv	Verb	Adjektiv	Wortzusammensetzungen
			teerhaltig
	ver.........		**Moor**boden
			haarsträubend
			Leergut

Zwillingsdiktat:
Sprich das Diktat auf Kassette und schreibe es dann allein vom Band ab! Aber Vorsicht! Es hat sich einiges verändert!

Die Mädchen stehen noch immer auf der moosigen Steintreppe. Lena hat eine aalglatte Idee, um Dennis und Nick, dieses Paar Spitzbuben, reinzulegen.

Lena pfeift haarsträubend laut in ihre leere Faust hinein. Das scheucht ganze Heerscharen von Fledermäusen auf. Der reinste Geistersaal! Dennis und Nick denken, die Aasgeier kämen, um ihre Seelen zu holen!

Zuerst rutschen die Jungen auf dem glitschigen Teeranstrich des nicht mehr ganz waagerechten Steinbodens aus. Aber dann stürmen sie Hals über Kopf nach draußen. Dort purzeln sie vor den wartenden Mädchen doof in den Klee.

Nun müssen alle lachen. Mit ihrem Schlauchboot rudern die Kinder über den See zurück nach Hause. Dort kochen sie zur Versöhnung einen Tee aus frischen Waldbeeren.

Übung:

Substantiv	Verb	Adjektiv	Wortzusammensetzungen
Teer	teeren	teerig	teerhaltig
Moor	vermooren	moorig	Moorboden
Haar	haaren	haarig	haarsträubend
Leere	leeren	leer	Leergut

Die tadelhafte Reise zum Mond
Lange Vokale 2

Regel 1

Lange Vokale werden nicht immer mit Dehnungs-*h* geschrieben. Es steht **kein Dehnungs-*h***, wenn der **Wortstamm** auf einen anderen Buchstaben als *l, m, n* oder *r* endet.

Beispiele

Mond	blas-en	müd-e
Reg-en	spuk-en	tot
Gras	dös-en	gut
Krug	mog-eln	verbot-en

Teil 1

Der Weltraumwicht

Nick lag gemütlich im Gras. | Die Wolken zogen gemächlich | über ihn hinweg | und boten ein stilles Schauspiel. | So hoch flöge er auch gern! |

Während der süße Duft der wilden Blüten | in seine Nase stieg, | wurde der gute Nick immer schläfriger … |

Plötzlich erschrak Nick! | Da stand ein rosa Marsmännchen in der Wiese | und aß gefräßig vom Löwenzahn. | Nick traute seinen müden Augen nicht. | Da lud ihn der Vielfraß auf einen Flug zum Mond ein. | Das konnte wohl nicht wahr sein! | Pünktlich zum Abendbrot seien sie zurück, | versicherte der freundliche Weltraumkobold. |

Nick fasste seinen ganzen Mut zusammen. | Sie stiegen in das Raumschiff, | das einer großen Blechdose ähnelte. | Dann hoben sie ab, | und es ging los.

(114 Wörter)

Auf geht's! Schreibe das Diktat ab!

Tipp

Jetzt kennst du auch den Grund, warum *spuken* in der vorigen Geschichte (Teil 2) **nicht** mit **Dehnungs-h** geschrieben wurde, oder? Wenn nicht, schau lieber noch mal nach!

Lückendiktat:
Fülle die Lücken mit den richtigen Wörtern und unterstreiche dann die langen Vokale!

Blechdose, Weltraumkobold, Blüten, Flug, Löwenzahn, Gras, Abendbrot, Nase, Mut, Vielfraß, Mond – hoben, lud, boten, aß, lag, zogen, flöge, erschrak – hoch, gute, großen, gemächlich, süße, müden, rosa, schläfriger, gefräßig, gemütlich, – so, los

Nick .... im ....
Die Wolken .... über ihn hinweg und
.... ein stilles Schauspiel. ....
.... er auch gern! Während der .... Duft
der wilden .... in seine .... stieg, wurde
der .... Nick immer .... … Plötzlich
.... Nick! Da stand ein .... Marsmännchen
in der Wiese und .... vom
.... Nick traute seinen .... Augen nicht.
Da .... ihn der .... auf einen
.... zum .... ein. Das konnte wohl nicht
wahr sein! Pünktlich zum .... seien sie zurück, versicherte der
freundliche .... Nick fasste seinen ganzen ....
zusammen. Sie stiegen in das Raumschiff, das einer ....
.... ähnelte. Dann .... sie ab, und es ging
....

Hoppla

Die Wörter *wohl*, *ähneln* und *während* sind mit Dehnungs-h geschrieben. Weißt du warum? Beachte auch *stieg* und *stiegen*!

Hoppla:
Sie haben lange Vokale und die Wortstämme enden auf *l*, *n* oder *r*: *wohl*, *ähn-eln* und *währ-end*. *Stieg* und *stiegen* verlängern den *i*-Laut mit *ie*.

42 Die tadelhafte Reise zum Mond

Regel 2

Lange Vokale werden nicht immer mit Dehnungs-h geschrieben. Es steht **kein Dehnungs-h**, wenn der **Wortstamm** mit *qu*, *sch* oder *t* beginnt.

Beispiele

Schwur	Tat	Quarz	schon
Schub	Tube	Quader	quer
Schale	Tafel	Quote	tun
Schere	Träne	quaken	quälend

Teil 2

Schiffbruch auf dem Mond

Der Weltraumgnom gab volle Schubkraft. | Mit lautem Getöse | donnerte das schäbige Raumschiff in die Wolken. |

Das Ufo konnte von allein fliegen. | Nick und das grüne Männchen setzten sich in bequeme Sessel. | Dort gab es eine Tafel Weltraumschokolade aus der Tube. | Schon bald tratschten die beiden wie zwei alte Freunde. |

Plötzlich quäkten aus Lautsprechern quälende Töne! | Das Raumschiff legte sich schräg | und geriet schwer ins Trudeln! | Hatte der Motor Schaden erlitten? | Der Weltraumgnom schob alle Schalter auf Notlandung. | Schlagartig landete das Raumschiff! | Nick wurde nicht verschont | und purzelte quer durch die Kabine | zur schmalen Tür hinaus. |

Nicks Schädel brummte. | Er schämte sich nicht für seine Tränen. | Schiffbruch auf dem Mond! | Was sollten sie jetzt bloß tun?

(115 Wörter)

Auf geht's! Schreibe das Diktat ab!

Die tadelhafte Reise zum Mond

Übung

Trenne die Wortschlange an den richtigen Stellen und trage die Wörter in die Lücken ein!

QuaderschmalTratschtapsigGequakeSchnabeltankentunkenQuarzschadenschonQuote

sch............l	ta............n	scho............	Q............r
t............g	scha............n	Ge............	Q............e
Sch............l	tu............n	Tr............	Q............z

Zwillingsdiktat:
Schreibe die blauen Wörter ab und ordne sie in einer Tabelle nach den Wortanfängen *sch*, *t* und *qu*!

Der Weltraumgnom gab volle Schubkraft. Mit lautem Getöse donnerte das schäbige Raumschiff in die Wolken.

Das Ufo konnte von allein fliegen. Nick und das grüne Männchen setzten sich in bequeme Sessel. Dort gab es eine Tafel Weltraumschokolade aus der Tube. Schon bald tratschten die beiden wie zwei alte Freunde.

Plötzlich quäkten aus Lautsprechern quälende Töne! Das Raumschiff legte sich schräg und geriet schwer ins Trudeln! Hatte der Motor Schaden erlitten? Der Weltraumgnom schob alle Schalter auf Notlandung. Schlagartig landete das Raumschiff! Nick wurde nicht verschont und purzelte quer durch die Kabine zur schmalen Tür hinaus.

Nicks Schädel brummte. Er schämte sich nicht für seine Tränen. Schiffbruch auf dem Mond! Was sollten sie jetzt bloß tun?

Ausnahme

Von dieser Regel gibt es nur ganz wenige Ausnahmen, die du dir gut merken kannst.

*Alle **Schuhe** in die **Truhe**!*

Übung:
schmal tanken schon Quader
tapsig schaden Gequake Quote
Schnabel tunken Tratsch Quarz

44 Die tadelhafte Reise zum Mond

Regel 3

Lange Vokale werden nicht immer mit Dehnungs-*h* geschrieben. Es steht meistens **kein Dehnungs-*h***, wenn der **Wortstamm** einen **Diphthong** enthält.

Beispiele

Tr**au**m	r**ei**b-en	schn**au**f-en
Eil-e	kn**ei**f-en	schn**ei**d-en
Aug-e	vers**äu**m-en	schl**ei**f-en
R**eu**-e	l**au**f-en	b**ei**ß-en

Teil 3

Träume sind Schäume

Nick konnte es kaum begreifen, | aber kein Zweifel: | Sie waren auf dem Mond gestrandet! |

Hier konnte er doch nicht bleiben! | Nick wollte schleunigst zurück nach Hause. | Sein grüner Freund tapste schnaufend aus dem Raumschiff | und rieb sich staunend die Augen. |

Nick fror und bat, | sich mit der Reparatur zu beeilen. | Der Weltraumkobold räusperte sich und meinte, | das würde leider mehr als eine kleine Weile dauern. | Dieses Mondkalb! | Verzweifelt heulte Nick um Hilfe, | lauter und immer lauter ... |

Da kam Kim gelaufen. | Scheu begann Kim, | Nick zu kneifen. | Da erwachte Nick. | Aber er lag ja noch immer im Gras bei den Weiden! | Die Reise zum Mond war nur geträumt! |

„Zum Glück", | dachte Nick, | „sind Träume nur Schäume."

(115 Wörter)

Auf geht's!

Schreibe die blauen Wörter im Diktat ab und ordne sie in einer Tabelle nach den Diphthongen!

Tipp

Nur scheinbar ein Dehnungs-*h* haben Wortzusammensetzungen mit *-heit*: *Freiheit*, daher *frei*; *Schlauheit*, daher *schlau* usw.

Lückendiktat:
Setze *au, äu, ei, eu* in die richtigen Lücken!

Nick konnte es k......m begr......fen, aber k......n Zw......fel: Sie waren ......f dem Mond gestrandet!

Hier konnte er doch nicht bl......ben! Nick wollte schl......nigst zurück nach H......se. S......n grüner Fr......nd tapste schn......fend ......s dem R......mschiff und rieb sich st......nend die ......gen.

Nick fror und bat, sich mit der Reparatur zu be......len. Der Weltr......mkobold r......sperte sich und m......nte, das würde l......der mehr als ......ne kl......ne W......le d......ern. Dieses Mondkalb! Verzw......felt h......lte Nick um Hilfe, l......ter und immer l......ter ...

Da kam Kim gel......fen. Sch...... begann Kim, Nick zu kn......fen. Da erwachte Nick. Aber er lag ja noch immer im Gras b...... den W......den! Die R......se zum Mond war nur getr......mt!

„Zum Glück", dachte Nick, „sind Tr......me nur Sch......me."

Ausnahme

Hier gibt es wenige Ausnahmen von der Regel! Beim Diphthong *ei* kann manchmal ein Dehnungs-*h* stehen. Da ist es hilfreich, wenn du dir die Verben merkst und an die Wortfamilienregel denkst.

Zum Beispiel:

weih-en	*Weihnachten*	*Weihrauch*	*Geweihter*
leih-en	*Leihwagen*	*Ausleihe*	*Verleiher*
reih-en	*Reihe*	*Reihenfolge*	*Einreiher*
abseih-en	*Seiher*		
gedeih-en	*Gedeihen*	*gedeihlich*	

G Hexentänze zum Geheul der Käuzlein
Schwierige Laute

Regel 1

Wortfamilienregel: Wenn du nicht weißt, ob du *e* oder *ä* bzw. *eu* oder *äu* schreiben musst, kannst du bei **verwandten Wörtern** abgucken.
Zu den Wörtern mit *ä* bzw. *äu* findest du oft ein verwandtes Wort mit *a* bzw. *au*.

Beispiele

überz**eu**gt → Z**eu**gnis	b**äu**chlings → B**au**ch
L**äu**se → L**au**s	a**u**sb**eu**len → B**eu**le
kr**ä**ftig → Kr**a**ft	br**äu**nen → br**au**n
Kr**äu**ter → Kr**au**t	erb**ä**rmlich → Erb**a**rmen

Teil 1

Schauriges am Lagerfeuer

Lena, Kim, Nick | und der dicke Dennis, | die treuen Gefährten, | zelteten neulich | beim bäuerlichen Gehöft am Teufelsmoor. | Die Kinder wollten nämlich nicht versäumen, | dieses Wochenende ein Abenteuer zu erleben. |

Während es mit gräulichen Nebelschwaden dämmerte, | läutete fern das Abendglöckchen. | Aus dem nahe gelegenen Wäldchen, | das man auch „Bäume der neun Gehenkten" nannte, | heulte immer häufiger ein räudiger Köter. |

Dennis erzählte die Mär | von schrecklichen Räubern auf Gäulen, | die hier vor hundert Jahren | scheußliche Gräueltaten begangen hätten. | Kim äugte ängstlich zu Nick. | Lena war nicht abergläubisch | und erfreute sich an geräuchertem Speck vom wärmenden Lagerfeuer. |

Dann erschreckte sie ein Geräusch! | War das eine Eule, | nur ein Käuzchen | oder kam am Ende gar der Rächer der neun Geächteten?

(116 Wörter)

Auf geht's! Lies das Diktat laut und achte auf eine genaue Aussprache von *e, ä, eu* und *äu*!

Übung

Finde verwandte Wörter und trage sie in die Lücken ein!

kräftig → die .... läuten → sehr ....

Häute → meine .... einzäunen → der ....

Kräuter → ein .... Lesung → ein Buch ....

Bräute → die .... bräunen → ich bin ....

Leben → sehr .... anhäufen → ein ....

Läuse → eine .... träumen → der ....

Gefängnis → Diebe .... Jäger → ist auf der ....

Zwillingsdiktat:
Schreibe alle blauen Wörter mit *e* oder *eu* im Diktat ab! Morgen schreibst du dann alle blauen Wörter mit *ä* oder *äu* im Diktat ab!

Lena, Kim, Nick und der dicke Dennis, die treuen Gefährten, zelteten neulich beim bäuerlichen Gehöft am Teufelsmoor. Die Kinder wollten nämlich nicht versäumen, dieses Wochenende ein Abenteuer zu erleben.

Während es mit gräulichen Nebelschwaden dämmerte, läutete fern das Abendglöckchen. Aus dem nahe gelegenen Wäldchen, das man auch „Bäume der neun Gehenkten" nannte, heulte immer häufiger ein räudiger Köter.

Dennis erzählte die Mär von schrecklichen Räubern auf Gäulen, die hier vor hundert Jahren scheußliche Gräueltaten begangen hätten. Kim äugte ängstlich zu Nick. Lena war nicht abergläubisch und erfreute sich an geräuchertem Speck vom wärmenden Lagerfeuer.

Dann erschreckte sie ein Geräusch! War das eine Eule, nur ein Käuzchen oder kam am Ende gar der Rächer der neun Geächteten?

Lösung

Übung:
kräftig ← die Kraft
Häute ← meine Haut
Kräuter ← ein Kraut
Bräute ← die Braut
Leben ← sehr lebendig
Läuse ← eine Laus
Gefängnis ← Diebe fangen

läuten ← sehr laut
einzäunen ← der Zaun
Lesung ← ein Buch lesen
bräunen ← ich bin braun
anhäufen ← ein Haufen
träumen ← der Traum
Jäger ← ist auf der Jagd

Regel 2

Der *x*-Laut wird nur in wenigen Wörtern *x* oder **chs** geschrieben.
Wenn der **Wortstamm** auf *g*, *k* oder *ck* endet, steht *gs*, *ks* oder *cks*.

Beispiele

Hexe	extrem	Nixe	Praxis
Faxen	Axt	Mixbecher	verhexen
Kruzifix	Taxi	Text	exakt
Fu**chs**	pi**k**-sen	Dei**chs**el	tri**ck**-sen
weni**g**-stens	trin**k**-st	Kla**ck**-s	lü**g**-st

Teil 2

Das große Zähneklappern

Das verdächtige Knacksen im Wald verstummte. | Die Kinder packten eiligst ihre wichtigsten Sachen zusammen | und krochen schnurstracks ins Zelt. |

Kraxelte hier etwa eine Hexe durchs Gebüsch? | Vielleicht machte sich jemand einen Jux? | Lena war am mutigsten unter den Abenteurern. | Längst hatte sie ihre Taschenlampe geholt. |

Der dicke Dennis holte | mit den zittrigsten Händen seines Lebens | eine Gabel aus seiner Frühstücksbüchse. | „Wenn du damit pikst, | zwingst du jeden in die Flucht", | gluckste Dennis ängstlich. | Lena lachte. | „Das ist doch ein Klacks für mich! | Ich werde das schon deichseln." | Dann krabbelte Lena aus dem Zelt. |

Doch so ein Unglücksrabe! | Das Lagerfeuer war ausgegangen! | Plötzlich sah Lena links vor sich | zwei glühende Augen! | Da suchte sie schleunigst das Weite.

(116 Wörter)

Auf geht's!

Schreibe das Diktat ab!

Tipp

Meistens hilft es dir nicht weiter, wenn du diese Wörter ganz langsam sprichst. Aber die Wortfamilienregel kann dir weiterhelfen, zum Beispiel: *du winkst – wink-en.*
Und achte dabei auf das **Wortstammende**!

Lückendiktat:
Fülle die entsprechenden Lücken mit *x, chs, gs, cks* oder *ks*!
Setze danach die Wörter in die richtigen Lücken ein!

Kla........., Unglü.........rabe, He.........e, Ju........., Frühstü.........bü.........e, Kna.........en – glu.........te, pi.........t, zwin.........t, kra.........elte, dei.........eln – eili.........t, wichti.........ten, muti.........ten, zittri.........ten, än.........tlich – schnurstra........., lin........., län.........t, schleuni.........t

Das verdächtige .... im Wald verstummte. Die Kinder packten .... ihre .... Sachen zusammen und krochen .... ins Zelt.

.... hier etwa eine .... durchs Gebüsch? Vielleicht machte sich jemand einen ....? Lena war am .... unter den Abenteurern. .... hatte sie ihre Taschenlampe geholt.

Der dicke Dennis holte mit den .... Händen seines Lebens eine Gabel aus seiner .... „Wenn du damit ...., ... du jeden in die Flucht", ... Dennis .... Lena lachte. „Das ist doch ein .... für mich! Ich werde das schon ...." Dann krabbelte Lena aus dem Zelt.

Doch so ein ....! Das Lagerfeuer war ausgegangen! Plötzlich sah Lena .... vor sich zwei glühende Augen! Da suchte sie .... das Weite.

Hoppla

Hast du gesehen: *Abent**eu**rer, Lagerf**eu**er* und *schl**eu**nigst* wird mit *eu* geschrieben!

50   Hexentänze zum Geheul der Käuzlein

Regel 3

Achte genau auf die **Aussprache** und denke an die **Wortfamilienregel**!

Am Wortende hört man den Unterschied zwischen *d* und *t*, *b* und *p* sowie *g* und *k* jedoch nicht. Das **Verlängern** des Wortes hilft dir außerdem weiter.

Beispiele

Gasse – Kasse	Brise – Prise	Dank – Tank
Garten – Karten	backen – packen	Dorf – Torf
Tank → tank-en	Lump → Lump-en	Brot → Brot-e
Schlag → schlag-en	Grab → grab-en	Hund → Hund-e

Teil 3

Des Rätsels Lösung

Lena rannte blindlings über die Torfwiesen. | Hoffentlich käme sie bald zum Dorf. | Die Angst hielt sie auf Trab. |

Welche Satansbrut war diesen Abend | aus dem Grab gestiegen? | Gab es hier Ungeheuer? | Schlagartig blieb Lena stehen. | War sie denn taub? | Dennis rief laut nach ihr. | Sie konnte die anderen doch nicht in der Not allein lassen. | Das wäre keine löbliche Tat. |

Lena kehrte um. | Da hörte sie Musik! | Das Lagerfeuer brannte wieder, | die anderen tanzten herum. | Alle bis auf Dennis lachten Lena aus. | Der Störenfried war nämlich nur ein kleiner Igel gewesen! | Gut möglich, dass Lena rot wurde. |

„Bestimmt war da noch etwas anderes", | verteidigte der dicke Dennis Lenas Mut | und bekam dafür ihre Scheibe Räucherspeck.

(115 Wörter)

Auf geht's!

Lies das Diktat laut und achte dabei besonders auf die Wortendungen!

Hexentänze zum Geheul der Käuzlein

Übung

Schreibe zu den Wörtern mit den fett gedruckten Buchstaben solche Verlängerungen, die dir helfen, den richtigen Buchstaben zu finden!

blie**b** → blei**b**en

ga**b** → ....

tau**b** → ein ....

lö**b**lich → ....

blin**d**lings → ein ....

Aben**d** → die ....

schla**g**artig → sie .... +

eine ....

Tra**b** → die Pferde ....

Bru**t** → Hühner ....

lau**t** → ....

Ta**t** → ....

No**t** → ....

Musi**k** → ....

gu**t** → ein ....

hiel**t** → sie ....

Zwillingsdiktat:
Sprich das Diktat auf Kassette und schreibe es dann allein ab!

Lena rannte blindlings über die Torfwiesen. Hoffentlich käme sie bald zum Dorf. Die Angst hielt sie auf Trab.

Welche Satansbrut war diesen Abend aus dem Grab gestiegen? Gab es hier Ungeheuer? Schlagartig blieb Lena stehen. War sie denn taub? Dennis rief laut nach ihr. Sie konnte die anderen doch nicht in der Not allein lassen. Das wäre keine löbliche Tat.

Lena kehrte um. Da hörte sie Musik! Das Lagerfeuer brannte wieder, die anderen tanzten herum. Alle bis auf Dennis lachten Lena aus. Der Störenfried war nämlich nur ein kleiner Igel gewesen! Gut möglich, dass Lena rot wurde.

„Bestimmt war da noch etwas anderes", verteidigte der dicke Dennis Lenas Mut und bekam dafür ihre Scheibe Räucherspeck.

Lösung:

Übung:
blieb ← bleiben
gab ← geben
taub ← ein Tauber
löblich ← loben
blindlings ← ein Blinder
Abend ← die Abende
schlagartig ← sie schlagen + eine Artige
Trab ← die Pferde traben
Brut ← Hühner brüten
laut ← lauter
Tat ← Taten
Not ← Note
Musik ← Musiker
gut ← ein Guter
hielt ← sie hielten

Hexentänze zum Geheul der Käuzlein

Endstation eines wahren Entdeckers
Achtung: Verwechslungsgefahr!

Regel 1

Achte auf die **Bedeutung**!
Man schreibt *seid*, wenn das Verb *sein* gemeint ist.
Man schreibt *seit*, wenn es um eine **Zeitangabe** geht.

Beispiele

> *Ihr **seid** mutig.*   *Wo **seid** ihr?*   ***Seid** leise!*
>
> Aber:
> ***seit** drei Jahren*   ***seit** gestern*   ***seit** Ewigkeiten*
>
> Außerdem gibt es mit *seit* einige Wortverbindungen:
> ***Seit**her ist es verschwunden.*
> *Er lässt das **seit**dem bleiben.*
> *Sie verließ ihre **seit**herige Schule.*

Teil 1

Die Flaschenpost

Lena, Kim und Nick saßen seit Stunden am Badesee. | Seit Tagen hatten sie Ferien, | aber seitdem war nichts passiert. |

„Ihr seid vielleicht trübe Tassen", | sagte Nick. | „Seit Stunden ist nichts los!" | „Ihr Jungs seid nicht besser!", | maulte Lena. | „Seit Ferienbeginn seid ihr launisch!" | „Das seid ihr! | Sogar Dennis bleibt seither weg!", | schimpfte Nick. | Da fiel ihnen auf, | dass sie den dicken Dennis seit Langem nicht gesehen hatten. |

Plötzlich schaukelte eine Flasche vor Kim. | Eine Flaschenpost! | Sofort standen alle um Kim herum. | Kim las vor: | „An meine seitherigen Freunde: | Seid gegrüßt! | Bin seit heute früh hier gefangen. | Kommt mich befreien! | Ihr seid meine letzte Hoffnung! | Euer dicker Dennis." |

„Seid ihr bereit für das Abenteuer?", | fragte Lena begeistert.

(116 Wörter)

Auf geht's! Schreibe das Diktat ab!

Übung   Setze das Verb *sein* ein!

ich	du	er, sie, es	wir	ihr	sie
....	....	....	....	....	....

Tipp

seid bezieht sich immer nur auf *ihr*. Da *ihr* ein Anredepronomen ist, kann *seid* nur in der gesprochenen oder gedachten Anrede stehen.

→ Gedachte Anrede: „Sei**d** ihr langweilig", dachte Nick.
→ Gesprochene Anrede: „Sei**d** ihr witzig", sagte Nick.

seid weist immer eine Eigenschaft zu. Wenn man also fragen kann *wer, was, wo, wie seid ihr?*, muss *seid* mit **d** geschrieben werden.

Im Beispiel oben also: *Was seid ihr? – Langweilig seid ihr.*

Lückendiktat:
Fülle mit *seid* oder *seit* die richtigen Lücken!

Lena, Kim und Nick saßen .... Stunden am Badesee. .... Tagen hatten sie Ferien, aber .... dem war nichts passiert.

„Ihr .... vielleicht trübe Tassen", sagte Nick. „............ Stunden ist nichts los!"
„Ihr Jungs .... nicht besser!", maulte Lena. „............ Ferienbeginn .... ihr launisch!" „Das .... ihr! Sogar Dennis bleibt .... her weg!", schimpfte Nick. Da fiel ihnen auf, dass sie den dicken Dennis .... Langem nicht gesehen hatten.

Plötzlich schaukelte eine Flasche vor Kim. Eine Flaschenpost! Sofort standen alle um Kim herum. Kim las vor: „An meine .... herigen Freunde: .... gegrüßt! Bin .... heute früh hier gefangen. Kommt mich befreien! Ihr .... meine letzte Hoffnung! Euer dicker Dennis."

„............ ihr bereit für das Abenteuer?", fragte Lena begeistert.

Hoppla

Hast du gesehen: *seit Langem* schreibt man getrennt, ebenso *seit Kurzem*, *seit gestern*. Zusammen schreibt man dagegen: *seither*, *seitdem*! Das musst du dir einprägen!

Lösung:
Übung:
ich bin   du bist   er, sie, es ist   wir sind   ihr seid   sie sind

Regel 2

Achte auf die Bedeutung!
Man schreibt **end**, wenn das Wort etwas mit **Ende** zu tun hat.
In allen anderen Fällen steht die Vorsilbe **ent-**.

Beispiele

En**d**spurt	en**d**lich	been**d**en
En**d**station	en**d**los	veren**d**en
En**t**schuldigung	en**t**decken	en**t**fernt
En**t**fernung	en**t**wickeln	en**t**behrlich
En**t**schluss	en**t**lassen	en**t**lang

Teil 2

Der Bergungstrupp macht sich bereit

Endlich! | Entgegen allen Erwartungen | entpuppte sich dieser Tag zur Entdeckungsreise. |

Entschlossen, ihren Freund zu retten, | entwickelten die Kinder unendlich viele Rettungspläne. | Das war unentbehrlich, | wollte man eine Enttäuschung vermeiden. | Entscheidend war, | die in der Flaschenpost enthaltene Karte zu entschlüsseln. | Das ließ sich die entzückte Kim nicht vorenthalten. | Nach unendlich langen Minuten | entzifferte sie die entstellten Kritzeleien: | Dennis saß, entsprechend der Karte, | auf der weit entfernten Enteninsel fest! |

Kim wollte schon entmutigt aufgeben, | aber Lena entgegnete ihr entschieden: | „Mein Entschluss steht endgültig fest. | Entweder Rettung von Dennis oder gemeinsamer Untergang!" |

Nick beendete die endlosen Überlegungen. | Mit seiner Seifenkiste „Rasender Todesrenner", | der zweckentfremdeten Badewanne, | könnten sie den dicken Dennis seinem Schicksal entreißen! | Nick versprach ihnen ein glückliches Ende.

(116 Wörter)

Auf geht's!

Schreibe alle blauen Wörter (auch, wenn sie zweimal vorkommen) mit **end** im Diktat in eine Wortliste ab! Morgen machst du dasselbe mit allen blauen Wörtern im Diktat, die mit **ent-** beginnen!

Übung

Wortschlangensalat! Trenne die Schlange an den richtigen Stellen und füge die Teile so an *ent-* oder *end-* an, dass sinnvolle neue Wörter entstehen!

spurtgehenwurfgleisungendlichwarnungkommenlassungstandenzückendgültiglos

wicklungdeckenschlossenlangferntschlussstation

End…………………t	Ent…………………f	Ent…………………sung	Ent…………………nung
End…………………n	Ent…………………ssung	Ent…………………lung	Ent…………………ss
end…………………h	end…………………d	ent…………………men	ent…………………den
end…………………g	ent…………………d	ent…………………cken	ent…………………ssen
end…………………s	ent…………………g	ent…………………t	ent…………………hen

Tüfteldiktat:
Schreibe das Diktat ab und ersetze mit Hilfe deiner beiden Wortlisten XX und YY! Dabei steht XX für ein Wort mit *end-* und YY für ein Wort mit *ent-*!

XX! YY allen Erwartungen YY sich dieser Tag zur YY.

YY, ihren Freund zu retten, YY die Kinder XX viele Rettungspläne. Das war YY, wollte man eine YY vermeiden. YY war, die in der Flaschenpost YY Karte zu YY. Das ließ sich die YY Kim nicht YY. Nach XX langen Minuten YY sie die YY Kritzeleien: Dennis saß, YY der Karte, auf der weit YY Enteninsel fest!

Kim wollte schon YY aufgeben, aber Lena YY ihr YY: „Mein YY steht XX fest. YY Rettung von Dennis oder gemeinsamer Untergang!"

Nick XX die XX Überlegungen. Mit seiner Seifenkiste „Rasender Todesrenner", der YY Badewanne, könnten sie den dicken Dennis seinem Schicksal YY! Nick versprach ihnen ein glückliches XX.

Lösung

Übung
Endspurt · Entwurf · Entlassung · Entwicklung · Entgleisung · Entwarnung
Endstation · endend · Entwicklung · Entschluss
endlich · entzückend · entkommen · entstanden
endgültig · entzückend · entdecken · entschlossen
endlos · entlang · entfernt · entgehen

Regel 3

Achte auf die Bedeutung!
Man schreibt *war*, wenn das Verb *sein* gemeint ist,
man schreibt *wahr*, wenn das Adjektiv zu *Wahrheit* gemeint ist.

Beispiele

Wahrheit	be**wahr**heiten	**wahr**
Wahrsager	**wahr**sagen	**wahr**scheinlich
Wahrsagerei	**wahr**nehmen	**wahr**heitsliebend

Aber:
Ich **war** da!   Du **warst** allein.   Wo **waren** sie?

Teil 3

Rettung von der Enteninsel

Der dicke Dennis wollte es nicht wahrhaben: | Sein Schlauchboot war abgetrieben! | Hier war Endstation! |

Wo waren nur seine Freunde? | Wahre Freunde lassen sich nicht im Stich! | Wahrscheinlich war seine Flaschenpost nicht angekommen. | Dennis war wahrlich zum Heulen zumute. |

Auf einmal nahm er am Horizont | ein ungewöhnliches Boot wahr. | Lena, Kim und Nick | waren im „Rasenden Todesrenner" unterwegs zu ihm! |

War das eine Freude! | Überglücklich stieg Dennis an Bord. | „Du warst schlau, | die Flaschenpost zu schicken. | Was wahr ist, | muss man wahr lassen", | meinte Nick. |

„Lena war sofort dafür, | dich zu retten", | sagte Kim wahrheitsgemäß. | „Echt wahr?", | strahlte der dicke Dennis. | Doch Lena tat so, | als habe sie das nicht gehört. | Aber das war wahrscheinlich nicht wahr.

(116 Wörter)

Auf geht's!

Schreibe das Diktat ab!

Endstation eines wahren Entdeckers

**Lückendiktat:
Fülle die Lücken!**

war (siebenmal), waren (zweimal), warst, wa......rhaben, nahm wa......r – wa......r (viermal), wa......re, wa......rscheinlich (zweimal), wa......rheitsgemäß – wa......rlich

Der dicke Dennis wollte es nicht _____ haben: Sein Schlauchboot _____ abgetrieben! Hier _____ Endstation!

Wo _____ en nur seine Freunde? _____ e Freunde lassen sich nicht im Stich! _____ scheinlich _____ seine Flaschenpost nicht angekommen. Dennis _____ lich zum Heulen zumute.

Auf einmal nahm er am Horizont ein ungewöhnliches Boot _____. Lena, Kim und Nick _____ en im „Rasenden Todesrenner" unterwegs zu ihm!

_____ das eine Freude! Überglücklich stieg Dennis an Bord. „Du _____ st schlau, die Flaschenpost zu schicken. Was _____ ist, muss man _____ lassen", meinte Nick.

„Lena _____ sofort dafür, dich zu retten", sagte Kim _____ heitsgemäß. „Echt _____ ?", strahlte der dicke Dennis. Doch Lena tat so, als habe sie das nicht gehört. Aber das _____ scheinlich nicht _____ .

Hoppla

Es gibt auch noch das Verb *wahren*, das man mit Dehnungs-h schreibt, und Zusammensetzungen damit.

Zum Beispiel:

*Ein Lügner kann nicht ewig sein Gesicht **wahren**.
Sie **wahren** ihr Geheimnis.
Ich **bewahre** dich in guter Erinnerung.
Bewahre uns vor Unheil.
Kannst du meinen Koffer für mich **aufbewahren**?*

Vier Flieger beim Fliegen und eine Gemeine
Großschreibung

Regel 1   Eigennamen, Substantive und Satzanfänge schreibt man **groß**.

Beispiele

> Nick   Amerika   Bodensee   Kim
> Junge   Schiff   Auto   Kind
>
> Und die Satzanfänge:
> Erst ist es windig. Dann regnet es. Manchmal blitzt es.

Teil 1

Die Flugzeugbauer

Nick hatte im Kino „Sternchen" | einen Film über den tollkühnen Flieger | „Roter Baron" | gesehen. | Dieses Erlebnis machte noch Stunden später | Eindruck auf den Jungen. | Und so beschloss Nick den Bau eines eigenen Flugzeugs. |

Klare Sache, | der dicke Dennis wäre eine große Hilfe. | Nick hatte Glück, | Dennis sagte Minuten später seine Unterstützung zu. | Sofort ging es an die Arbeit. | Der alte Otto, | Nicks Nachbar, | schenkte den Flugzeugbauern seinen Rasenmäher. | Der Motor der Schrottmühle lief noch ohne Probleme. |

Alteisen-Heinz gab den Jungen | Wellbleche für die Flügel. | Und Dennis hatte nach dem Verlust seines Schlauchbootes | ein Paddel übrig. | Das wurde der Propeller. | Das alles schraubten sie an den „Rasenden Todesrenner". |

Lena und Kim würden Augen machen!

(113 Wörter)

Auf geht's!   Schreibe das Diktat ab!

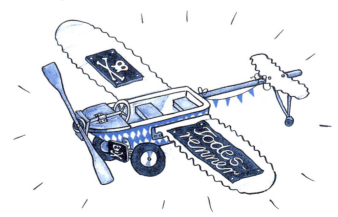

Vier Flieger beim Fliegen und eine Gemeine   **59**

Tipp

Auch die Namen von Ländern schreibt man groß, wie z. B.

Schweiz, Frankreich, Japan,

ebenso die Namen von Städten, Bergen, Flüssen und Seen, wie z. B.

Berlin, Stuttgart, Großglockner, Zugspitze, Donau, Rhein, Bodensee.

Ist ein Adjektiv fester Bestandteil eines solchen Namens, schreibt man es ebenfalls groß, wie z. B.

das Tote Meer, der Atlantische Ozean usw.

**Lückendiktat:
Hier fehlen ja fast alle Anfangsbuchstaben! Setze du sie richtig geschrieben ein!**

......ick hatte im ......ino „......ternchen" einen ......ilm über den tollkühnen ......lieger „......oter ......aron" gesehen. ......ieses ......rlebnis machte noch ......tunden später ......indruck auf den ......ungen. ......nd so beschloss ......ick den ......au eines eigenen ......lugzeugs.

......lare ......ache, der dicke ......ennis wäre eine große ......ilfe. ......ick hatte ......lück, ...ennis sagte ......inuten später seine ......nterstützung zu. ......ofort ging es an die ......rbeit. ......er alte ......tto, ...icks ......achbar, schenkte den ......lugzeugbauern seinen ......asenmäher. ......er ......otor der ......chrottmühle lief noch ohne ......robleme.

......lteisen-......einz gab den ......ungen ......ellbleche für die ......lügel. ......nd ......ennis hatte nach dem ......erlust seines ......chlauchbootes ein ......addel übrig. ......as wurde der ......ropeller. ......as alles schraubten sie an den „......asenden ......odesrenner".

......ena und ......im würden ......ugen machen!

Vier Flieger beim Fliegen und eine Gemeine

Regel 2

Substantivierte Wörter schreibt man **groß**.
Ein **Verb** kann z. B. durch einen vorangestellten Artikel, eine Präposition, ein Adjektiv usw. zum Substantiv werden.

Beispiele

lachen	→	das Lachen	dein Lachen	vor Lachen
weinen	→	das Weinen	ihr Weinen	zum Weinen
husten	→	der Husten	starker Husten	bei Husten
schreien	→	das Schreien	lautes Schreien	beim Schreien

Teil 2

Eine Badewanne lernt fliegen

Tags darauf herrschte ideales Wetter zum Fliegen. | Nick und der dicke Dennis dachten schon beim Aufstehen | an das Dröhnen ihrer Flugmaschine, | wenn sie beim Starten den Motor anwerfen würden. |

Wenig später waren die Jungen gehörig am Schwitzen. | Schließlich musste ihr Flugzeug | zum Abheben auf die Wiese gerollt werden. | In wenigen Minuten würden sie sich emporschwingen. |

Lena und Kim kamen angerannt. | Sie wollten natürlich dabei sein, | wenn es in die Lüfte ging! | Die Jungen zeigten ihr überlegenes Grinsen | und waren den Mädchen | sogar beim Einsteigen behilflich. |

Dann warf Nick den Propeller an! | Das Johlen der Kinder wurde vom Knattern des Motors übertönt. | Heftiges Rumpeln erschreckte sie, | aber fürs Aussteigen war es bereits zu spät.

(113 Wörter)

Auf geht's

Schreibe die Sätze mit den blauen Wörtern im Diktat ab!

Vier Flieger beim Fliegen und eine Gemeine

Tipp

Manchmal erkennst du vielleicht nicht sofort, dass dem Verb ein Artikel vorangestellt ist, weil er sich in einer Wortverbindung mit einer Präposition versteckt.

Solche Wortverbindungen sind zum Beispiel:

beim → bei **dem**   zum → zu **dem**   am → an **dem**

Übung

 Wie muss es heißen, wenn du hier Substantive bildest?

Er ist schnell, wenn er rechnet. Das findet er lächerlich. Er lacht auch viel, wenn er spielt. Nur wenn er aufräumt, lässt er sich Zeit.

Tüfteldiktat:
Hier ist ja alles mit Großbuchstaben abgedruckt! Suche die Wörter heraus, deren Anfangsbuchstaben großgeschrieben werden müssen, und unterstreiche diese Anfangsbuchstaben! Wie viele sind es?

TAGS DARAUF HERRSCHTE IDEALES WETTER ZUM FLIEGEN. NICK UND DER DICKE DENNIS DACHTEN SCHON BEIM AUFSTEHEN AN DAS DRÖHNEN IHRER FLUGMASCHINE, WENN SIE BEIM STARTEN DEN MOTOR ANWERFEN WÜRDEN.

WENIG SPÄTER WAREN DIE JUNGEN GEHÖRIG AM SCHWITZEN. SCHLIEẞLICH MUSSTE IHR FLUGZEUG ZUM ABHEBEN AUF DIE WIESE GEROLLT WERDEN. IN WENIGEN MINUTEN WÜRDEN SIE SICH EMPORSCHWINGEN.

LENA UND KIM KAMEN ANGERANNT. SIE WOLLTEN NATÜRLICH DABEI SEIN, WENN ES IN DIE LÜFTE GING! DIE JUNGEN ZEIGTEN IHR ÜBERLEGENES GRINSEN UND WAREN DEN MÄDCHEN SOGAR BEIM EINSTEIGEN BEHILFLICH.

DANN WARF NICK DEN PROPELLER AN! DAS JOHLEN DER KINDER WURDE VOM KNATTERN DES MOTORS ÜBERTÖNT. HEFTIGES RUMPELN ERSCHRECKTE SIE, ABER FÜRS AUSSTEIGEN WAR ES BEREITS ZU SPÄT.

Übung:
Er ist **im R**echnen schnell. Das findet er **zum L**achen. Er lacht auch viel **beim Sp**ielen. Nur **beim A**ufräumen lässt er sich Zeit.
Tüfteldiktat: 39 Großbuchstaben

Regel 3

Substantivierte Wörter schreibt man **groß**.
Ein **Adjektiv** kann z. B. durch einen vorangestellten Artikel, ein unbestimmtes Zahlwort wie *viel, wenig, etwas, alles* usw. zum Substantiv werden.

Beispiele

wenig Neues	*der Mutige*	*So ein Frecher!*
viel Schönes	*die Hübschen*	*Das ist eine Nette!*
alles Gute	*das Dumme*	
etwas Süßes		

Teil 3

Die Spielverderberin setzt zur Landung an

Nick versuchte alles Mögliche, | die wild gewordene Badewanne zu bändigen. | Schließlich ging der Wagemutige aufs Ganze. |

„Das Wichtige beim Fliegen ist, | daran zu glauben!", | rief Nick. | Das taten sie, | und wie! |

„So etwas Beeindruckendes!", | schrie Lena wegen des lauten Motors. | „Es gibt nichts Schöneres!", | rief auch Kim. | Sie erlebten diesen Nachmittag viel Lustiges. | Ein eigenes Flugzeug! | Nein, so etwas Unglaubliches! |

Dennis ölte alles Quietschende und meinte: | „Nichts Schlimmeres als Motorschaden!" | Weil Nick Lena nicht ans Steuer ließ, | gab es beinahe Saures. | „Badewannen können eh nicht fliegen!", | sagte Lena deswegen beleidigt | und hüpfte ins Gras. | So eine Gemeine! |

Abends lag Nick noch lange wach. | Aber der Rote Baron hätte auch niemals ein Mädchen fliegen lassen!

(114 Wörter)

Auf geht's! Schreibe das Diktat ab!

Vier Flieger beim Fliegen und eine Gemeine

Übung

Schreibe die Substantivierungen richtig! Aus welchen Adjektiven wurden sie gebildet?

nur ......robes, viel ......nsinniges, wenig ......utes, einiges ......nerfreuliche, das ......öse,

viel ......chönes, alles ......chlechte, etwas ......üßes, mehr ......ustiges

Tüfteldiktat:
Substantiviere die Wörter und setze sie in die richtigen Lücken ein!

möglich, ganz, beeindruckend, wichtig, lustig, wagemutig, schöner, gemein, quietschend, sauer, unglaublich, schlimmer

Nick versuchte alles ...., die wild gewordene Badewanne zu bändigen. Schließlich ging der .... aufs ....

„Das .... beim Fliegen ist, daran zu glauben!", rief Nick. Das taten sie, und wie!

„So etwas ....!", schrie Lena wegen des lauten Motors.

„Es gibt nichts ....!", rief auch Kim. Sie erlebten diesen Nachmittag viel .... Ein eigenes Flugzeug! Nein, so etwas ....!

Dennis ölte alles .... und meinte: „Nichts .... als Motorschaden!" Weil Nick Lena nicht ans Steuer ließ, gab es beinahe .... „Badewannen können eh nicht fliegen!", sagte Lena deswegen beleidigt und hüpfte ins Gras. So eine ....!

Abends lag Nick noch lange wach. Aber der Rote Baron hätte auch niemals ein Mädchen fliegen lassen!

Lösung:

Übung:
Die Substantivierungen schreibt man alle groß.
Die Adjektive sind: grob, unsinnig, gut, unerfreulich, böse, schön, schlecht, süß, lustig.

64 Vier Flieger beim Fliegen und eine Gemeine

Ein Bäcker, ein verliebter ...
Kleinschreibung

Regel 1

Adjektive schreibt man **klein**.
Aufgepasst bei Substantivierungen: Manchmal sind Adjektive nur **scheinbar substantiviert** – in Wirklichkeit beziehen sie sich auf ein vorangehendes Substantiv und werden deshalb kleingeschrieben.

Beispiele

*Ich mag r*ote *Gummibärchen und die g*elben *(Gummibärchen).*

*Ein guter Sportler beherrscht nicht nur die l*eichten *Turnübungen. Er beherrscht auch die s*chwierigen *(Turnübungen).*

*Ein fleißiger Koch bereitet alle Mahlzeiten köstlich zu, die w*armen *wie die k*alten *(Mahlzeiten).*

Teil 1

Große Torte statt vieler Worte

Der schöne Sommer ging langsam zu Ende. | Deswegen hatte der dicke Dennis | seine Freunde zu einem Sommerfest eingeladen. |

Es würde viele kleine Kuchen | und einen großen geben. | Die süße Lena | bekäme ein besonders großes Stück Kuchen. | Danach könnten sie alle | das blinkende Sternenzelt betrachten. | Und ein kleiner Stern | würde nur für ihn und Lena blinken. |

Dennis setzte seine spitze Kochmütze | aus altem Zeitungspapier auf | und suchte alles Notwendige zusammen: | frische Eier, | weißes Mehl und viele Nüsse. | Die gemahlenen schüttete er gleich | in den klumpigen Teig, | und mit den ganzen | würde er den Kuchen verzieren. | Ob vier volle Packungen Zucker genügten? |

Dann fiel dem dicken Dennis die Hefe ein. | Hätte er davon lieber die Finger gelassen ...

(115 Wörter)

Auf geht's!

Sprich das Diktat auf Kassette und schreibe es dann allein vom Band ab!

Übung
Bilde scheinbare Substantivierungen und schreibe sie auf!

rot, gelb: Ich mag .... Gummibärchen ....

süß, bitter: Er isst jede Schokolade, ...

brav, frech: Sie liebt nicht nur die .... Kinder, sondern auch ....

Lückendiktat:
Hier fehlen einige Buchstaben. Setze sie in die Lücken ein!

Der ......chöne Sommer ging ......angsam zu Ende. Deswegen hatte der ......icke Dennis seine ......reunde zu einem Sommerfest eingeladen.

Es würde viele ......leine Kuchen und einen ......roßen geben. Die ......üße Lena bekäme ein besonders ......roßes Stück Kuchen. Danach könnten sie alle das ......linkende Sternenzelt betrachten. Und ein ......leiner Stern würde nur für ihn und Lena blinken.

Dennis setzte seine ......pitze Kochmütze aus ......ltem Zeitungspapier auf und suchte alles Notwendige zusammen: ......rische Eier, ...eißes Mehl und viele Nüsse. Die ......emahlenen schüttete er gleich in den ......lumpigen Teig, und mit den ......anzen würde er den Kuchen verzieren. Ob vier ......olle Packungen Zucker genügten?

Dann fiel dem ......icken Dennis die Hefe ein. Hätte er davon lieber die Finger gelassen …

Hoppla
Hast du bemerkt, wie *alles Notwendige* geschrieben wurde? Weißt du noch, warum das so ist? Die Regel steht einige Seiten weiter vorn.

Lösung

Übung:
Ich mag rote Gummibärchen und die gelben.
Er isst jede Schokolade, die süße und die bittere.
Sie liebt nicht nur die braven Kinder, sondern auch die frechen.

Hoppla:
Wenn ein Adjektiv durch ein unbestimmtes Zahlwort wie *alles* substantiviert wird, schreibt man es groß.

Regel 2

Superlative mit *am* schreibt man klein.

Beispiele

*Er kann **am b**esten rechnen.*
*Du schwimmst **am** schnellsten.*
*Sie ist **am** stärksten.*
Am meisten nervt uns der Lärm.

Kuchen mit Knalleffekt

„Viel Hefe ist gut, | noch mehr Hefe ist am besten", | dachte der dicke Dennis. |

Also mischte Dennis | gleich mehrere Päckchen Hefe in den Teig. | Dadurch würde er am schnellsten | und am stärksten aufquellen. | Ohne abzuwarten, | stampfte Dennis den Teig | in eine viel zu kleine Kuchenform | und schob diese in den Backofen. |

In der Zwischenzeit grübelte Dennis | am meisten darüber, | wie er Lena am ehesten dazu bekäme, | sich neben ihn zu setzen. | Ob sie merken würde, | dass er sie von allen am liebsten hatte? |

Der Kuchen im Backofen wurde immer dicker. | Aber am schlimmsten war, | dass Dennis neugierig | seine Nase in den Ofen steckte. | Genau jetzt explodierte der Kuchenteig | und die Backform prallte gegen seine Nase!

(115 Wörter)

 Schreibe das Diktat ab und setze die Superlative zurück in die erste Steigerungsform: *am besten* → *besser* usw.!

Übung

Steigere die Adjektive!

Grundform	erste Steigerungsform	zweite Steigerungsform
schnell	schneller	am schnellsten
faul		
lustig		
witzig		
schlimm		
müde		

Tüfteldiktat:
Hier hat wohl der Teig einige Wörter verklebt. Finde sie und schreibe sie richtig heraus!

„Viel Hefe ist gut, noch mehr Hefe ist ambesten", dachte der dicke Dennis.

Also mischte Dennis gleich mehrere Päckchen Hefe in den Teig. Dadurch würde er amschnellsten und amstärksten aufquellen. Ohne abzuwarten, stampfte Dennis den Teig in eine viel zu kleine Kuchenform und schob diese in den Backofen.

In der Zwischenzeit grübelte Dennis ammeisten darüber, wie er Lena amehesten dazu bekäme, sich neben ihn zu setzen. Ob sie merken würde, dass er sie von allen amliebsten hatte?

Der Kuchen im Backofen wurde immer dicker. Aber amschlimmsten war, dass Dennis neugierig seine Nase in den Ofen steckte. Genau jetzt explodierte der Kuchenteig und die Backform prallte gegen seine Nase!

Übung:
schnell   schneller   am schnellsten
faul   fauler   am faulsten
lustig   lustiger   am lustigsten
witzig   witziger   am witzigsten
schlimm   schlimmer   am schlimmsten
müde   müder   am müdesten

Regel 3

Die **Anredeformen** *du, dein, ihr, euer* usw. schreibt man **klein**.
Nur in Briefen darf man sie auch großschreiben.

Beispiele

> *Bist **du** endlich aufgewacht?*
> *Es ist **euer** Verdienst, unermüdlich habt **ihr** dafür gearbeitet, **euch** gebührt der Dank.*
> *Ich grüße **dich** / **Dich** herzlich, **dein** / **Dein** Nick.*

Teil 3

Das Sommerfest zerbröselt

Am Nachmittag machten sich Nick, | Lena und Kim auf den Weg zu Dennis. |

„Seid ihr sicher, | dass es Kuchen gibt?", | fragte Kim. | „Darauf kannst du wetten", | sagte Nick. | Er knuffte Lena. | „Übrigens, du, | für Verliebte gibt es besonders große Kuchenstücke!" | „Weißt du nicht, | dass ich gerade eine Diät mache?", | fragte Lena schnippisch. | „Ärgert dich das?", | fragte Kim. | Lena verdrehte die Augen. |

Doch an Dennis' Haustür hing nur ein Brief. | Auf dem stand: | „Hallo, ihr / Ihr Lieben, | das Fest fällt aus, | bin leider verhindert. | Grüße an euch / Euch, | euer / Euer dicker Dennis." |

Dennis geschwollene Nase leuchtete in allen Farben. | Der Doktor saß an seinem Bett und fragte: | „Tut dir deine Nase noch weh?" | Da seufzte der dicke Dennis ganz tief.

(116 Wörter)

Auf geht's! Schreibe das Diktat ab und unterstreiche die Anredeformen!

Tipp Großgeschrieben werden stets die höflichen Anredeformen, die sich auf jemanden beziehen, zu dem man **nicht** du sagt.

Zum Beispiel:

*Lieber Herr Nachbar,
wissen Sie, dass Ihr Hund Ihnen ständig ausreißt?
Beim nächsten Mal beiße ich zurück!*

Hoppla Stehen *du, dein, ihr, euer* usw. aber am Satzanfang, schreibt man sie natürlich groß!

**Lückendiktat:
Setze die richtigen Wörter in die Lücken ein!**

……hr (zweimal), ……u (dreimal), ……ich (einmal), ……uch (einmal), ……eine (einmal), ……uer (einmal), ……ir (einmal)

Am Nachmittag machten sich Nick, Lena und Kim auf den Weg zu Dennis.

„Seid …………… sicher, dass es Kuchen gibt?", fragte Kim. „Darauf kannst …………… wetten", sagte Nick. Er knuffte Lena. „Übrigens, ……………, für Verliebte gibt es besonders große Kuchenstücke!" „Weißt …………… nicht, dass ich gerade eine Diät mache?", fragte Lena schnippisch. „Ärgert …………… das?", fragte Kim. Lena verdrehte die Augen.

Doch an Dennis' Haustür hing nur ein Brief. Auf dem stand: „Hallo, …………… Lieben, das Fest fällt aus, bin leider verhindert. Grüße an ……………, …………… dicker Dennis."

Dennis geschwollene Nase leuchtete in allen Farben. Der Doktor saß an seinem Bett und fragte: „Tut …………… …………… Nase noch weh?" Da seufzte der dicke Dennis ganz tief.

Hoppla Hast du gesehen, dass *seid* mit *d* geschrieben wurde? Warum?

Hoppla:
seid ist vom Verb *sein* abgeleitet.

70 Ein Bäcker, ein verliebter …

K Fiebrig sucht, wer Schätze suchen geht
Getrenntschreibung

Regel 1

Verbindungen von **Verb + Verb** schreibt man meist **getrennt**. Die Verbindung *kennen lernen* darf man auch zusammenschreiben: *kennenlernen*.

Beispiele

> Die Kinder **gehen einkaufen**.
> Ob wir das wirklich **essen wollen**?
> Das hab ich ja **kommen sehen**!
> Hier wollten sie noch eine Weile **sitzen bleiben**.

Teil 1

Ein Schatzsucher sucht Verbündete

Nick schlug dem dicken Dennis vor, | Schatzsucher zu werden. | Als Schatzsucher könnten sie | getrost spazieren laufen, | anstatt die Schule zu besuchen. |

„Wie wird man denn Schatzsucher?", | fragte Dennis. | „Man muss einen Schatz suchen gehen, | das ist alles", sagte Nick. | „Ob wir dann nachsitzen müssen?", | grübelte Dennis. | „Meinetwegen, | aber heute muss ich rechnen lernen. | Ich will mich nicht schimpfen lassen!" | Und weg war er. |

Nick konnte seine Wut | im Bauch kochen spüren. | Das hatte er nicht kommen sehen. | So eine großartige Idee | und Dennis kniff! | Na, der sollte ihn kennen lernen / kennenlernen! |

„Dann werde ich eben | Lena und Kim fragen gehen!", | rief Nick dem dicken Dennis nach. | Er würde es sich | doch nicht nehmen lassen, | ein berühmter Schatzsucher zu werden.

(118 Wörter)

 Schreibe die blauen Wortverbindungen ab!

Tipp

Es gibt einige Verben, die sehr häufig neben anderen stehen, aber dennoch getrennt geschrieben werden. Präge sie dir gut ein:

wollen   dürfen   sollen   müssen   können

Nur Verbindungen mit *bleiben* oder *lassen* darf man auch zusammenschreiben, wenn die Bedeutung nicht wörtlich, sondern im übertragenen Sinne gemeint ist.

Zum Beispiel:

Er fragt, was sie **essen wollen***.*
Dieses Jahr wird sie nicht **sitzen bleiben / sitzenbleiben***.*

Übung

Bilde Sätze mit den Verbindungen von Verb und Verb! Denke daran, die beiden Verben getrennt zu schreiben!

kommen sehen ....

sich etwas nicht nehmen lassen ....

schwimmen können ....

spazieren gehen ....

laufen lernen ....

schneiden lassen ....

Schlangendiktat:
Schreibe das Diktat ab und trenne dabei die Wörter richtig!

NickschlugdemdickenDennisvor, Schatzsucherzuwerden. AlsSchatzsucherkönntensieees getrostbleibenlassen, dieSchulezubesuchen.

„WiewirdmandennSchatzsucher?", fragteDennis. „ManmusseinenSchatzsuchengehen, dasistalles", sagteNick. „DieSchulesausenlassen?", grübelteDennis. „Meinetwegen, aber heutemussichrechnenlernen. Ichwillnichtsitzenbleiben!" Undwegwarer.

NickkonnteseineWutimBauchkochenspüren. Dashatteernichtkommensehen. Soeine großartigeIdeeundDenniskniff! Na, dersollteihnkennenlernen!

„DannwerdeichebenLenaundKimfragengehen!", riefNickdemdickenDennisnach. Erwürdeessichdochnichtnehmenlassen, einberühmterSchatzsucherzuwerden.

Übung:
Beispiele: Das hab ich ja kommen sehen! Das werde ich mir nicht nehmen lassen! Ob man hier schwimmen kann? Wollen wir zusammen spazieren gehen? Babys müssen laufen lernen. Sie wollte sich die Haare schneiden lassen.

72   Fiebrig sucht, wer Schätze suchen geht

Regel 2

Substantiv + Verb schreibt man meistens **getrennt**.

Beispiele

> heimlich **Händchen halten**
> draußen **Fußball spielen**
> gemeinsam **Rad fahren**
> an der Kasse **Schlange stehen**

Teil 2

Der Schatzsucher zieht los

Nick sah Lena und Kim | in der Ferne Rad fahren. | Um sie noch einzuholen, | musste er jetzt Gas geben. | Er wollte den Mädchen Mut machen, | ihm bei seiner Schatzsuche zu helfen. |

„Heute Nachmittag grabe ich | den Schatz der neun Gehenkten aus! | Wenn ihr wollt, | können wir Partner werden", | bot Nick den Mädchen an. | „Heute können wir wirklich nicht", | sagte Lena. | „Kim und ich müssen Mathe lernen." | „Ihr macht ja nur nicht mit, | weil ihr Angst habt!", | motzte Nick. | Er hatte es ja gewusst: | Vor Mädchen musste man sich in Acht nehmen. |

Aber er würde seinen Schatz auch allein finden. | Dann würden sie alle Bauklötze staunen | und Schlange stehen, | um den Schatz ansehen zu dürfen!

(114 Wörter)

Auf geht's! Schreibe das Diktat ab!

Fiebrig sucht, wer Schätze suchen geht

Übung

Stelle sinnvolle Wortverbindungen her, indem du mit verschiedenen Farben ankreuzt! Vorsicht, ein Verb ist hier völlig falsch!

○ Farbe ○ zur Kenntnis ○ Rasen ○ Not ○ Fuß ○ in Erfahrung

○ fahren ○ mähen ○ bringen ○ fassen ○ nehmen ○ bekennen ○ leiden

Tüfteldiktat:
Streiche die falschen Verben, schreibe die richtigen dazu und setze die neuen Wortverbindungen in die entsprechenden Lücken ein!

Rad staunen → ....

Gas habt → ....

Schlange nehmen → ....

Angst stehen → ....

Acht machen → ....

Bauklötze lernen → ....

Partner geben → ....

Mut werden → ....

Mathe fahren → ....

Nick sah Lena und Kim in der Ferne .... Um sie noch einzuholen, musste er jetzt .... Er wollte den Mädchen ...., ihm bei seiner Schatzsuche zu helfen.

„Heute Nachmittag grabe ich den Schatz der neun Gehenkten aus! Wenn ihr wollt, können wir ....", bot Nick den Mädchen an. „Heute können wir wirklich nicht", sagte Lena. „Kim und ich müssen ...." „Ihr macht ja nur nicht mit, weil ihr ....!", motzte Nick. Er hatte es ja gewusst: Vor Mädchen musste man sich in ....

Aber er würde seinen Schatz auch allein finden. Dann würden sie alle .... und ...., um den Schatz ansehen zu dürfen!

Lösung:
Übung:
Farbe bekennen, zur Kenntnis nehmen, Rasen mähen, Not leiden, Fuß fassen, in Erfahrung bringen

74 Fiebrig sucht, wer Schätze suchen geht

Regel 3

Verbindungen von **Adjektiv + Verb** schreibt man meist **getrennt**. Wenn durch die Verbindung jedoch eine **neue (übertragene) Bedeutung** entsteht, schreibt man **zusammen**.

Beispiele

laut reden *schnell rennen*
dick werden *sich ähnlich sehen*
etwas übrig lassen *hämisch grinsen*
sich satt essen aber: *etwas satthaben* (= nicht mehr mögen)

Teil 3

Der Schatz bringt kein Glück

Nick konnte beim Alteisen-Heinz | eine rostige Schaufel ausfindig machen. |

„Damit willst du fündig werden?", | lachte Alteisen-Heinz. | „Ich möchte auch noch einmal jung sein!" | „Es gibt einen Schatz der neun Gehenkten!", | rief Nick tierisch sauer. |

Stundenlang durchwühlte Nick den Waldboden, | suchte Bäume nach Räuberzeichen ab | und guckte unter verdächtige Steine. | Das alles musste er | wegen der Räuber heimlich tun. | Das konnte einen vielleicht fertigmachen. |

Da trat er auf etwas Hartes! | Ein Hufeisen! | Das hatte bestimmt | das Pferd eines Räubers verloren! | Nick nahm es und rannte davon. | Sollte sich Alteisen-Heinz | nur über ihn lustig machen! |

Seinen Freunden blieb die Spucke weg, | aber Nick auch. | Er bekam nämlich im Rechnen eine Fünf. | Trotz des Hufeisens!

(111 Wörter)

Auf geht's!

Schreibe die blauen Wortverbindungen im Diktat ab!
Achte darauf, dass *fertigmachen* zusammengeschrieben wird, da es im Sinne von *zermürben* gebraucht wird.

Tüfteldiktat:
Hier steht ja alles getrennt! Schreibe das Diktat in die freien Zeilen ab und achte dabei darauf, was getrennt und was nicht getrennt gehört!

Nick-konn-te-beim-Alt-ei-sen-Heinz-ei-ne-ros-ti-ge-Schau-fel-aus-fin-dig-ma-chen. „Da-mit-willst-du-fün-dig-wer-den?", lach-te-Alt-ei-sen-Heinz. „Ich-möch-te-auch-noch-ein-mal-jung-sein!" „Es-gibt-ei-nen-Schatz-der-neun-Ge-henk-ten!", rief-Nick-tie-risch-sau-er.

Stun-den-lang-durch-wühl-te-Nick-den-Wald-bo-den, such-te-Bäu-me-nach-Räu-ber-zei-chen-ab-und-guck-te-un-ter-ver-däch-ti-ge-Stei-ne. Das-al-les-muss-te-er-we-gen-der-Räu-ber-heim-lich-tun. Das-konn-te-ei-nen-viel-leicht-fer-tig-ma-chen.

Da-trat-er-auf-et-was-Har-tes! Ein-Huf-ei-sen! Das-hat-te-be-stimmt-das-Pferd-ei-nes-Räu-bers-ver-lo-ren! Nick-nahm-es-und-rann-te-da-von. Soll-te-sich-Alt-ei-sen-Heinz-nur-über-ihn-lus-tig-ma-chen!

Sei-nen-Freun-den-blieb-die-Spu-cke-weg, aber-Nick-auch. Er-be-kam-näm-lich-im-Rech-nen-ei-ne-Fünf. Trotz-des-Huf-ei-sens!

Hoppla

Hast du's gesehen: *stundenlang* schreibt man zusammen.

Das pitschenasse, rührselige Ende
Zusammenschreibung

Regel 1

Wenn ein Teil einer Wortverbindung **nicht allein** auftreten kann, schreibt man die Verbindung **zusammen**.

Beispiele

kratzbürstig	langatmig	schnelllebig
trübsinnig	schwermütig	großspurig
übermütig	eindeutig	mehrsprachig

Teil 1

Die allerletzte Chance

Draußen tobte der erste Herbststurm. | Was sollte man an einem solch | trübsinnigen Tag bloß unternehmen? |

Der dicke Dennis wollte gar nicht erst aufstehen. | Eindeutig, | heute würde ein langweiliger Tag. | Dennis zog sich schwermütig | die Bettdecke über den Kopf. |

Da klingelte das Telefon. | Nick war dran. | Großspurig erzählte er vom neuesten Kinofilm, | einem spannenden Mehrteiler. | „Spar dir dein langatmiges Geplappere", | sagte Dennis. | „Ich komme nicht mit." |

Nick schimpfte übermütig: | „Du dickbäuchiger, krummbeiniger Langweiler! | Stell dich nicht so kratzbürstig | und widerspenstig an!" | Lena und Kim wollten doch auch mitkommen. |

Das änderte natürlich alles! | „Jetzt oder nie", | dachte der dicke Dennis. | Heute musste es klappen! | Wenn er und die langmähnige Lena | nur erst mal nebeneinandersitzen würden.

(114 Wörter)

Auf geht's! Schreibe das Diktat ab!

Tipp

Falls du mal unsicher bist: Lies bei einer solchen Wortverbindung jeweils die einzelnen Teile getrennt mit dem übrigen Satz. Dann merkst du sofort, wenn ein Teil nicht allein stehen kann.

Schlangendiktat:
Was ist denn hier passiert? Schreibe das Diktat ab und trenne dabei die Buchstabenschlange an den richtigen Stellen!

DraußentobtederersteHerbststurm. WassolltemananeinemsolchtrübsinnigenTagbloß unternehmen?

DerdickeDenniswolltegarnichterstaufstehen. Eindeutig, heutewürdeeinlangweiligerTag.

DenniszogsichschwermütigdieBettdeckeüberdenKopf.

DaklingeltedasTelefon. Nickwardran. GroßspurigerzählteervomneuestenKinofilm, einem spannendenMehrteiler. „SpardirdeinlangatmigesGeplappere", sagteDennis. „Ichkomme nichtmit."

Nickschimpfteübermütig: „Dudickbäuchiger, krummbeinigerLangweiler! Stelldichnichtso kratzbürstigundwiderspenstigan!" LenaundKimwolltendochauchmitkommen.

Dasändertenatürlichalles! „Jetztodernie", dachtederdickeDennis. Heutemussteesklappen!

WennerunddielangmähnigeLenanurerstmalnebeneinandersitzenwürden.

78   Das pitschenasse, rührselige Ende

Regel 2

Wenn das erste Wort einer Verbindung die **Bedeutung** des zweiten Wortes **verstärkt**, schreibt man die Verbindung meistens **zusammen**.

Beispiele

giftgrün	knallrot	todmüde
klatschnass	brandneu	faustdick
todmüde	stocksteif	blitzschnell
steinhart	eiskalt	urgemütlich

Teil 2

Zwei Freunde im Regen

Der dicke Dennis und Nick | standen vor dem Kino im Regen | und warteten mordsungeduldig auf die Mädchen. | Langsam wurden sie pitschepatschenass. |

„Wenn sie nicht kommen, | ist das megapeinlich", | knurrte Nick stinksauer. | Dennis überkam eine Riesenangst. | „Der Film ist brandneu. | Den dürfen wir nicht verpassen!", | jammerte Nick weiter. |

Dann kamen endlich Lena und Kim. | Unter ihrem Lieblingsregenschirm | sah Lena zuckersüß aus. | „Ich setz mich neben Nick!", | rief Kim blitzschnell. | „Und du?", | fragte Nick Lena. | „Ist mir schnurzegal", | sagte Lena. | Der dicke Dennis schluckte. | Sie hatte ihn nicht mal angesehen! |

Lena setzte sich neben Dennis. | Das tat sie aber nur, | weil kein anderer Platz mehr frei war. | Das spürte er genau. |

Stocksteif schauten sie auf die Leinwand.

(115 Wörter)

Auf geht's!

Schreibe die blauen Wortverbindungen ab!

Tipp

Manche Wörter kommen häufig vor, um andere zu verstärken. Es ist leicht, sie sich zu merken:

mega-   super-   mords-   riesen-

Lückendiktat:
Setze die richtigen Wörter in die entsprechenden Lücken!

mordsungeduldig, Riesenangst, schnurzegal, brandneu, pitschepatschenass, megapeinlich, zuckersüß, stocksteif, Lieblingsregenschirm, blitzschnell, stinksauer

Der dicke Dennis und Nick standen vor dem Kino im Regen und warteten .... auf die Mädchen. Langsam wurden sie ....

„Wenn sie nicht kommen, ist das ....", knurrte Nick .... Dennis überkam eine ....

„Der Film ist .... Den dürfen wir nicht verpassen!", jammerte Nick weiter.

Dann kamen endlich Lena und Kim. Unter ihrem .... sah Lena .... aus. „Ich setz mich neben Nick!", rief Kim .... „Und du?", fragte Nick Lena. „Ist mir ....", sagte Lena. Der dicke Dennis schluckte. Sie hatte ihn nicht mal angesehen!

Lena setzte sich neben Dennis. Das tat sie aber nur, weil kein anderer Platz mehr frei war. Das spürte er genau.

.... schauten sie auf die Leinwand.

Hoppla

Die Regel zur Zusammenschreibung gilt meist auch, wenn das erste Wort die Bedeutung des zweiten Wortes vermindert.

Zum Beispiel:

Das Wasser ist **lauwarm**.

Regel 3

Verbindungen mit *irgend-* schreibt man **zusammen**.

Beispiele

irgendwer	*irgendwie*	*irgendeine*
irgendwem	*irgendwo*	*irgendeiner*
irgendwen	*irgendwann*	*irgendein*
irgendetwas	*irgendwelche*	*irgendjemand*

Teil 3

Was lange währt, wird endlich gut

Das Licht ging aus | und der Film begann. | Von wegen brandneu! | Irgendwo hatte Dennis ihn schon gesehen. |

Lena amüsierte sich über den Film. | Irgendwie fasste der dicke Dennis Mut | und fragte sie: | „Willst du Popkorn?" | Aber Lena schnitt nur irgendeine Grimasse. |

Plötzlich schrie Lena auf! | Irgendjemand wollte heimlich | ihren Regenschirm klauen! | Der dicke Dennis sah | den Langfinger wegrennen. | Dennis lief schnell | von der anderen Seite zum Ausgang. |

Dort konnte Dennis | dem Dieb den Weg versperren. | Schon schnappte sich | irgendein Erwachsener das Bürschchen. | Der Film ging weiter | und Dennis brachte Lena ihren Regenschirm zurück. |

Irgendwann legte Lena | ihre Hand auf seine. | Keiner merkte was. | Der dicke Dennis strahlte. |

Er war nicht mehr irgendwer. | Er war ein Held!

(116 Wörter)

Auf geht's!

Sprich das Diktat auf Kassette und schreibe es dann allein vom Band ab!

Das pitschenasse, rührselige Ende

Tipp Die Beispiele auf der Vorderseite sind fast vollständig. Es gibt keine Verbindungen von *irgend-* mit Adjektiven oder Substantiven.

Lückendiktat:
Setze die Wörter im Diktat richtig zusammen!

............wer, ...wie, ...wo, ...wann, ...eine, ...jemand, ...ein

Das Licht ging aus und der Film begann. Von wegen brandneu! Irgend............ hatte Dennis ihn schon gesehen.

Lena amüsierte sich über den Film. Irgend............ fasste der dicke Dennis Mut und fragte sie: „Willst du Popkorn?" Aber Lena schnitt nur irgend............ Grimasse.

Plötzlich schrie Lena auf! Irgend............ wollte heimlich ihren Regenschirm klauen! Der dicke Dennis sah den Langfinger wegrennen. Dennis lief schnell von der anderen Seite zum Ausgang.

Dort konnte Dennis dem Dieb den Weg versperren. Schon schnappte sich irgend-............ Erwachsener das Bürschchen. Der Film ging weiter und Dennis brachte Lena ihren Regenschirm zurück.

Irgend............ legte Lena ihre Hand auf seine. Keiner merkte was. Der dicke Dennis strahlte.

Er war nicht mehr irgend............. Er war ein Held!

Hoppla Hast du *brandneu* richtig geschrieben?

Ausnahme Von der Regel zur Zusammenschreibung gibt es allerdings eine Ausnahme. Immer wenn das Wörtchen *so* eingefügt ist, wird die Wortverbindung mit *irgend* getrennt!

Zum Beispiel:

Der Dieb war irgend so ein gemeiner Bengel!
Ich habe ja gleich irgend so etwas geahnt.
Du bist auch irgend so jemand, dem das ständig passiert!

Das pitschenasse, rührselige Ende

Grammatische Begriffe

Begriff	Beschreibung	Beispiel
Adjektiv	Eigenschaftswort (Wiewort)	der dicke Dennis, lustig
Artikel	Geschlechtswort (Begleiter)	der, die, das, ein, eine
Diphthong	Doppellaut: aus zwei Vokalen gebildeter Laut	au, äu, eu, ei
Endung	wird an den Wortstamm angehängt	du willst, sie rannten, giftig, die Türen
Konjunktion	Bindewort: verbindet Wörter und Sätze miteinander	und, oder, dass, denn, aber
Konsonant	Mitlaut	b, d, m, r, t (usw.)
Präposition	Verhältniswort: bezeichnet das Verhältnis zwischen Dingen bzw. Lebewesen	auf, bei, zu, an, unter, ohne, wegen, um Dennis liegt auf dem Bett.
Pronomen	Fürwort: Stellvertreter eines Substantivs	er, sie, ihr, wir, man, diese, welcher
Substantiv	Namenwort, Hauptwort, Nomen	Flasche, Stern, Haus, Glück
Substantivierung	als Substantiv verwendetes Wort einer anderen Wortart	das Lachen, beim Spielen, lautes Brüllen, etwas Tolles
Superlativ	zweite Steigerungsform eines Adjektivs	am schnellsten, die schwierigste Aufgabe, das beste Ergebnis
Verb	Zeitwort, Tätigkeitswort	rennen, mogeln, schwören, sein, haben
Vokal	Selbstlaut	a, e, i, o, u
Vorsilbe	steht vor dem Wortstamm	Entschluss, Unheil, vorgestern, verlieben, zerreißen
Wortstamm	Wort ohne Endung und ohne Vorsilbe	die Kinder, glücklich, er lacht, du gehst, verraten
Zahlwort	gibt eine bestimmte (Zahl) oder eine unbestimmte Menge an	eins, zwei, drei, der erste, die dritte, viele, wenig, alle

Teil II:
Deutsch

Aufsatz: Erzählen

Regeln und Übungen

Themenübersicht Teil II

A	**Bevor es losgeht ...**	**88**
1.	... mit diesem Teil des Buches: Einführung	88
2.	.... mit der Klassenarbeit: Checkliste	89
B	**Die Nacherzählung**	**90**
1.	Der erste Schritt: den Inhalt verstehen	90
2.	Der zweite Schritt: den Aufbau verstehen	92
3.	Die Nacherzählung schreiben	94
C	**Erzählen zu Bildern**	**96**
1.	Die Bilder verstehen und den Aufbau planen	96
2.	Die Bildergeschichte gestalten	98
D	**Besser formulieren 1: Wortschatz**	**100**
E	**Eine Vorlage ausgestalten**	**102**
1.	Die Vorlage verstehen	102
2.	Einen Schreibplan erstellen	104
3.	Schreiben	106
F	**Die Fantasiegeschichte**	**108**
1.	Das Thema erfassen und Ideen sammeln	108
2.	Zum Höhepunkt führen und ihn ausgestalten	110
3.	Einleitung und Schluss gestalten	112
G	**Besser formulieren 2: Sätze bauen**	**114**
H	**Die Erlebniserzählung**	**116**
1.	Das Thema erschließen	116
2.	Einen Schreibplan erstellen	118
3.	Die Erlebniserzählung schreiben	120
I	**Der persönliche Brief**	**122**
1.	Den Brief planen	122
2.	Den Brief in die richtige Form bringen	124
J	**Besser formulieren 3: Bildlich schreiben**	**126**

K	Erzählen nach literarischen Vorbildern	128
1.	Fabeln verstehen und umgestalten	128
2.	Fabeln frei gestalten	130
3.	Till-Eulenspiegel-Geschichten verstehen und erzählen	132
4.	Sagen verstehen und erzählen	134

A   Bevor es losgeht ...

1. ... mit diesem Teil des Buches: Einführung

Darum geht's!   **Um welche Aufsatzformen geht es hier?**

Die meisten Aufsätze in den Klassen 5 und 6 sind **Erzählungen**.
Du wirst also viele Geschichten schreiben:
- nacherzählte,
- erlebte,
- erfundene,
- fantastische und
- Geschichten nach literarischen Mustern.

Die **Regeln** dafür findest du hier.
Du sollst
- spannend und anschaulich und
- zusammenhängend erzählen.

So geht's!   **Was lernst du hier?**

Das Erzählen wirst du hier lernen und üben –
und einiges mehr, zum Beispiel
- Themen und Vorlagen verstehen,
- einen Schreibplan erstellen,
- Höhepunkt, Einleitung und Schluss gestalten,
- einen Aufsatz schreiben.

So klappt's!   **Wie gehst du am besten vor?**

Du wirst in sieben Kapiteln die verschiedenen **Aufsatzformen** kennenlernen und in Übungen erarbeiten. Aus den einzelnen **Bausteinen** entstehen dann schon fast ganze fertige Aufsätze. Manchmal findest du auch einen kompletten **Beispielaufsatz**. Du kannst diesen Teil des Buches ganz von vorne durcharbeiten, aber auch ein einzelnes Kapitel, je nachdem, welche Aufsatzform du üben willst. Auch bei den **Zwischenkapiteln** zum sprachlichen Ausdruck ist die Reihenfolge egal.
Es gibt jeweils eine **Musterlösung** mit Hinweisen auf das, was auch in deinem eigenen Text vorkommen sollte.

2. ... mit der Klassenarbeit: Checkliste

Erstens

Vorbereiten
Erst verstehen – dann schreiben!
- Thema, Bild- oder Textvorlage mindestens zweimal genau lesen beziehungsweise anschauen
- Thema, Bild- oder Textvorlage verstehen:
  - Wort- und Sachfragen klären
  - Wichtiges erkennen
  - Zusammenhänge erschließen
  - Höhepunkt erkennen oder ausdenken
- Aufbau planen

Zweitens

Schreiben
Aufsatzschreiben kann man lernen!
- im Präteritum (1. Vergangenheit) erzählen
- wörtliche Rede und Gedanken einfließen lassen
- anschauliche Verben und Adjektive verwenden
- Gefühle, Empfindungen, Gedanken, Wahrnehmungen schildern
- mit der Einleitung in die Handlung einführen
- die Geschichte mit dem Schluss, etwa einer Pointe, abrunden

Drittens

Überarbeiten
Der letzte Schliff!
- den Aufsatz noch einmal kritisch (!) durchlesen
- prüfen, ob alle Dinge unter „Zweitens" beachtet wurden
- wenn nicht: betreffende Stelle überarbeiten
- Rechtschreib-, Grammatik- und Satzbaufehler verbessern

Bevor es losgeht ...

B Die Nacherzählung

1. Der erste Schritt: den Inhalt verstehen

Du erfindest und erzählst sicher gern Geschichten. Das wird auch in den meisten Deutschaufsätzen von dir verlangt. Eine gute Übung dafür ist das Nacherzählen. Achte dabei besonders auf
- **Personen**,
- **Ort** und **Zeit** (wenn sie genannt werden),
- wichtige **Erzählschritte**,
- die **Pointe** (wenn es eine gibt) und den
- **Schluss**.

Übung 1

Lies die folgende Geschichte von Johann Peter Hebel oder lass sie dir vorlesen (zweimal).

Das Mittagessen im Hof

Man klagt häufig darüber, wie schwierig oder gar unmöglich es ist, mit manchen Menschen auszukommen. Das mag freilich auch wahr sein. Allerdings sind viele dieser Menschen nicht wirklich schlimm, sondern nur eigenwillig. Man müsste sie nur wirklich gut kennen und mit ihnen umzugehen wissen, ohne zu eigensinnig oder zu nachgiebig zu sein. Dann wäre mancher von ihnen wohl leicht zur Besinnung zu bringen.
Das ist nun einem Diener mit seinem Herrn gelungen. Dem konnte er manchmal gar nichts recht machen. Oft kam es vor, dass er für etwas büßen musste, an dem er überhaupt nicht schuld war. So kam einmal der Herr sehr missmutig nach Hause und setzte sich zum Mittagessen. Doch da war ihm die Suppe zu heiß oder zu kalt oder keines von beiden – kurz, der Herr war missmutig. Er nahm daher die Schüssel mit dem, was darin war, und warf sie durch das offene Fenster in den Hof hinab.
Was tat der Diener? Kurzentschlossen warf er das Fleisch, das er eben auf den Tisch stellen wollte, mir nichts, dir nichts der Suppe hinterher, auch in den Hof hinab. Dann folgte das Brot, dann der Wein und endlich das Tischtuch mit dem, was noch darauf war – alles landete im Hof.
„Bist du verrückt? Was nimmst du dir heraus?", fragte der Herr und fuhr mit drohendem Zorn von dem Sessel auf. Aber der Diener erwiderte kalt und ruhig:
„Verzeihen Sie mir, wenn ich Ihre Meinung nicht erraten habe. Ich glaubte natürlich, Sie wollten heute im Hofe speisen. Die Luft ist so

heiter, der Himmel so blau! Sehen Sie nur, wie schön der Apfelbaum blüht und wie fröhlich die Bienen in ihm herumschwirren!"
Dass der Herr die Suppe in den Hof hinabwarf, geschah nie wieder! Der Herr erkannte seinen Fehler, und seine Laune heiterte sich beim Anblick des schönen Frühlingstages auf. Er lächelte heimlich über den Einfall seines Aufwärters und dankte ihm im Herzen für die gute Lehre.
(nach Johann Peter Hebel)

Übung 2

Nun beginne damit, einen Stichwortzettel zu Ort, Zeit und Personen anzulegen.

Ort: ....

Zeit: ....

Personen: ....

Merke

Hier gibt es nur Hauptpersonen. Achte sonst immer darauf, welche Personen wichtig sind und welche nur eine Nebenrolle spielen oder sogar weggelassen werden können.

Übung 3

Du sollst nicht wörtlich nacherzählen. Aber die Erwiderung des Dieners musst du möglichst genau wiedergeben. Ergänze.

Der Diener erwiderte: „Verzeihen Sie mir, wenn ich Ihre Meinung ....

.... Ich dachte, Sie wollten ....

.... Heute ist ein so .... Tag!"

Merke

Witze und viele Geschichten haben eine besondere und überraschende Wendung. Eine solche Wendung nennt man **Pointe**. Hier ist das die schlagfertige Antwort des Dieners.

Übung 4

Jetzt eine etwas schwierigere Aufgabe: Welchen Fehler hat der Herr am Schluss eingesehen? Versuche, dies in einem Satz aufzuschreiben.

Der Herr hat eingesehen, dass ....

....

....

B 2. Der zweite Schritt: den Aufbau verstehen

Du kannst die Geschichte nur richtig nacherzählen, wenn du ihren **Aufbau** erfasst und behalten hast. Zum Aufbau gehören:
- Einleitung,
- Spannungsaufbau,
- Höhepunkt,
- Schluss.

Übung 1
Der Höhepunkt ist die Stelle, an der man am meisten gespannt ist, wie es weitergeht. Fasse diese Stelle kurz zusammen.

Die Geschichte ist am spannendsten, als der Diener ....

Übung 2
Welche zwei Fragen stellt sich der Leser hier? Schreibe sie auf.

Der Leser fragt sich,

1. warum der Diener ....

2. ....

Übung 3
Die Geschichte von J. P. Hebel hat eine allgemeine Einleitung. Versuche sie zusammenzufassen, indem du folgenden Satz zu Ende schreibst.

Man kann auch mit schwierigen Menschen auskommen, wenn man ....

Übung 4
Die Einleitung zum Handlungsteil sagt etwas über das Verhältnis der beiden Personen zueinander aus. Wie wird es beschrieben?

Der Diener konnte dem Herrn nichts .... und er wurde oft

bestraft für etwas, ...

Merke
Achte darauf, dass du dich bei den Formulierungen nicht zu weit vom Original entfernst, indem du zu moderne oder umgangssprachliche Wörter verwendest.

Spannung entsteht,
- indem der Handlungsverlauf schneller und die
- Lösung immer fraglicher wird.

Übung 5

Hier findest du noch einmal die Begriffe, die zum Aufbau gehören. Ordne sie der Spannungskurve zu.

Pointe, Spannungsaufbau, Schluss, Einleitungen, Höhepunkt

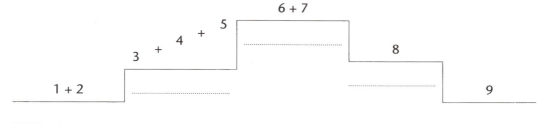

Übung 6

Die folgenden Sätze fassen die Erzählschritte der Spannungskurve zusammen. Sie sind aber durcheinandergeraten. Ordne sie, indem du ihnen die richtigen Nummern (1–9) zuordnest.

.... Ein Diener hatte einen Herrn, dem er nichts recht machen konnte.

.... Dem Herrn passte das Essen nicht.

.... Der Herr erkannte seinen Fehler und freute sich über den schönen Tag und seinen schlagfertigen Diener.

.... Darauf reagierte der Herr zornig und fragte, was das sollte.

.... Der Diener warf das restliche Essen hinterher.

.... Der Herr warf die Suppe aus dem Fenster.

.... Eines Tages kam der Herr missgestimmt zum Mittagessen nach Hause.

1......... Man muss schwierige Menschen gut kennen, um mit ihnen auszukommen.

.... Der Diener antwortete ihm, er habe gedacht, der Herr wolle bei dem schönen Frühlingswetter draußen essen.

Die Nacherzählung

B 3. Die Nacherzählung schreiben

Bevor du mit dem Schreiben beginnst, musst du genau wissen, was verlangt ist. Je nach **Aufgabenstellung** sollst du
- zusammenfassend (bei längeren Texten) oder
- möglichst genau,
- frei ausgestaltet oder
- verändert (z. B. aus einer anderen Sicht oder in Dialogform)

erzählen.

Übung 1
Wie reagiert der Diener auf die Tat des Herrn? <u>Fasse</u> diese Stelle der Geschichte möglichst knapp <u>zusammen</u>, also in einem Satz.

Der Diener ....

Übung 2
Versuche nun, dieselbe Stelle möglichst <u>genau</u> nachzuerzählen.

Der Diener ....

....

....

....

Merke
Denke daran, dass du in derselben Zeit erzählst wie der Originaltext. Meist ist das wie hier das **Präteritum** (1. Vergangenheit).

Übung 3
<u>Schmücke</u> den Höhepunkt <u>aus</u>, indem du schilderst, welche Geräusche zu hören waren, als der Diener das Essen in den Hof warf. Was war wohl noch auf dem Tischtuch und wie klang das beim Aufprall?

Der Diener warf das Fleisch aus dem Fenster. Man hörte es ....

Es folgten das Brot, die Flasche Wein und schließlich kam das Tischtuch mit ....

.... und verursachte ein heftiges

....

Übung 4
Beschreibe jetzt wieder frei ausgestaltet die Heimkehr des Herrn bis zu der Stelle, als er die Suppe in den Hof wirft.

So kam einmal der Herr …

Übung 5
Du kannst die Geschichte nun auch aus der Sicht des Herrn erzählen. Versetze dich in seine Rolle und schildere dieselbe Stelle frei ausgestaltet in der Ichform.

Eines Tages kam ich nach einem sehr unerfreulichen Tag nach Hause …

Übung 6
Wenn dieselbe Stelle aus der Sicht des Dieners erzählt wird, klingt sie ganz anders. Schreibe drei Adjektive für die Gefühle und zwei Sätze für die Gedanken des Dieners auf.

Der Diener war ...., ..., ...

Er dachte: ....

Und: ....

Übung 7
Was könnte der Herr wohl zum Diener sagen? Ergänze.

Der Herr setzte sich zu Tisch und rief: ....

Als die Suppe aufgetragen war, ließ er den Diener erneut holen: ....

....

Übung 8
Du sollst den Höhepunkt einer Geschichte ausgestalten, aber nicht den Spannungsaufbau davor unnötig verlängern. Streiche aus der folgenden Nacherzählung die überflüssigen Sätze.

Einmal kam der Herr zum Mittagessen nach Hause und war sehr schlechter Laune.
Er setzte sich an den Tisch.
Der Diener hatte ihm das Mittagessen bereitet und servierte es ihm.
Als der Diener das Essen aufgetragen hatte, begann der Herr daran herumzumäkeln.
Die Suppe war ihm bald zu heiß, bald zu kalt.
Er meinte, er habe schon oft erklärt, dass es nicht gesund sei, zu heiß zu essen.
Aber darum ging es gar nicht, sondern der Herr war einfach schlecht gelaunt.
Da war ihm vor lauter Schimpfen heiß geworden und er öffnete das Fenster.
Schließlich nahm er die Suppenschüssel und warf sie aus dem offenen Fenster.

Übung 9
Nun hast du die wichtigsten Teile der Nacherzählung beisammen. Schreibe sie in dein Heft.

Die Nacherzählung

C Erzählen zu Bildern

1. Die Bilder verstehen und den Aufbau planen

Zu Bildern hast du bestimmt schon in der Grundschule erzählt. Wichtig ist, dass du
- die Bilder **genau betrachtest** und Notizen dazu machst und
- überlegst, welche **Zusammenhänge** eine Rolle spielen.

Übung 1   Schau die folgenden Bilder genau an. Ihre Reihenfolge ist durcheinandergeraten. Ordne sie von 1 bis 6.

Übung 2   Beantworte für jedes Bild die Fragen:
<u>Wer</u> ist zu sehen? <u>Wo</u> sind die Personen jeweils? <u>Was</u> tun sie?

Bild 1: <u>Mutter</u> <u>sonnt sich</u> <u>auf der Terrasse</u>, wirft einen missbilligenden <u>Blick</u> zum Haus. Die <u>Kinder</u> <u>spielen ein Computerspiel</u>.

Bild 2: ....

Bild 3: ....

Bild 4: ....

Bild 5: ....

Bild 6: ....

Übung 3

Nun geht es um die Zusammenhänge. <u>Warum</u> handeln die Personen so?

Die Mutter schickt die Kinder hinaus, weil ....

Die Kinder verlassen das Haus, weil ....

Die Mutter bleibt im Haus, weil ....

Übung 4

Du siehst hier ein einzelnes Bild. Beantworte die Fragen nach: Wer? Wo? Was?

Wer?   Kind, ...

Wo?   ....

Was (tun sie)? ....

Übung 5

Das, was vorher passiert ist, die Vorgeschichte, musst du dir selbst überlegen. Beantworte die Fragen.

Warum passt der Vater nicht auf das Kind auf?
Wie kommt das Kind an das Telefon?

Übung 6

Wie könnte die Geschichte ausgehen? Streiche, was du für unpassend hältst.

a) Vater erzählt dem Feuerwehrmann vom Brand einer Herdplatte, den er selbst gelöscht habe.
b) Vater und Kind werden eilig auf die Straße gebracht. Dort kommt der Vater endlich zu Wort und kann alles erklären. Die Kosten für den Einsatz werden ihm erlassen.
c) Vater erklärt, was passiert ist. Als die Feuerwehr gerade abziehen will, sieht man Rauch aus dem Nachbarhaus kommen.
d) Vater wirft die Tür zu und flüchtet mit Kind durch die Terrassentür.

Erzählen zu Bildern

C 2. Die Bildergeschichte gestalten

Bevor du schreibst, musst du dir überlegen,
- ob du aus der Sicht eines der Beteiligten in der **Ichform** oder
- eines unbeteiligten Beobachters in der **Er-/Sieform** erzählst
- und wie du die Geschichte spannend und anschaulich **ausgestalten** kannst.

Übung 1
Die Computergeschichte kann nur die Mutter in der Ichform erzählen. Was können die Kinder nämlich nicht sehen?

Sie sehen nicht, was auf den Bildern .... und .... geschieht.

Übung 2
Welche Bilder gehören zum Spannungsaufbau? Schreibe in einem Satz, was geschieht.

Die Spannung wird mit den Bildern .... aufgebaut, als ....

Übung 3
Die Bilder zeigen nicht alles. Zwischen Bild 1 und 2 ist etwas zu ergänzen, ebenso nach dem Höhepunkt in Bild 6. Hast du eine Idee, <u>was</u> geschieht und <u>warum</u>?

Übung 4
Den Spannungsaufbau und den Höhepunkt musst du ausgestalten. Dazu gehört wörtliche Rede (auch Gedanken). Zu welchem Bild passen diese Sätze jeweils?

„So etwas, bei dem Wetter sitzen die Kinder im Zimmer!"
„Ich schalte den Computer ja nur aus … oder nur mal ganz kurz …"
„Aber Mama, wir dachten, die Sonne scheint so schön!?"
„Ach, den Computer haben sie auch wieder nicht ausgeschaltet!"
„Die Sonne scheint – schaltet den Computer aus und geht hinaus zum Spielen!"

Merke
Achte genau auf die **Mimik** (den Gesichtsausdruck) und die **Gestik** (die Haltung und die Bewegungen) der Personen.

Übung 5
Ergänze die Sätze zur Mimik der Personen auf Bild 1 und 2.

Bild 1: Der Gesichtsausdruck der Mutter ist ....

Bild 2: Die Kinder ....

Übung 6 Ergänze die Verben durch folgende Adverbien, die Gefühle wiedergeben. Achte wieder auf die Mimik.

zornig / gemütlich / verblüfft / widerwillig / begeistert / empört / ärgerlich

Die Mutter sonnt sich _____. Die Kinder spielen _____. Die Mutter beobachtet die Kinder _____. Sie schimpft _____. Die Kinder gehen _____ hinaus. Sie schauen _____ durch das Fenster. Sie rufen _____.

Übung 7 Was besagt die Gestik der Personen jeweils?

Bild 2: Die Mutter schaut den Kindern über die Schulter, weil _____

Bild 3: Die Mutter deutet nach draußen, weil _____

Bild 4: Die Mutter wirft einen Blick über die Schulter auf den Bildschirm, weil _____

Bild 5: Die Mutter drückt verstohlen eine Taste, weil _____

Merke
Du brauchst auch eine **Überschrift**. Diese sollte einerseits nicht zu allgemein sein, andererseits nicht zu viel verraten.

Übung 8 Welche der folgenden Überschriften passt am besten?

Ein schöner Sommertag
Auch Mütter dürfen bei schönem Wetter keine Computerspiele machen
Verbotene Spiele

Übung 9 Welcher Höhepunkt ist besser? Finde zwei Gründe dafür.

a) Der Vater öffnete die Haustür. Ein Feuerwehrmann stand davor und fragte, wo es brenne. Der Vater wusste nicht, was los war. Da drehte er sich um und sah seinen Sohn am Telefon. Da wurde ihm alles klar …

b) Der Vater rannte zur Haustür, weil es Sturm läutete. „Aber was soll das denn," stotterte er, „wo brennt's denn?" „Na, bei Ihnen anscheinend. Wir sind von Ihrem Apparat aus angerufen worden. Ihre Nummer ist auf dem Display erschienen!"
„Telefon? Aber …", mit diesen Worten drehte Herr Merz sich zu seinem Sohn um, der selig mit dem Telefonhörer spielte. „Jetzt wird mir einiges klar!", rief er und …

Erzählen zu Bildern

D Besser formulieren 1: Wortschatz

Damit du unterhaltsame, spannende und anschauliche Geschichten erzählen kannst, musst du über einen möglichst großen **Wortschatz** verfügen. Du solltest unter anderem **Oberbegriffe** und **Unterbegriffe** zuordnen und mit **Wortfamilien**, **Wortfeldern** und **Wortbildung** umgehen können.

Übung 1 Streiche den Unterbegriff heraus, der nicht dazugehört. Welcher Oberbegriff passt zu den anderen drei Unterbegriffen?

Linde – Ahorn – ~~Fichte~~ – Kastanie   Laubbäume

Radiergummi – Bleistift – Kaugummi – Füller   ....

Teller – Tasse – Gabel – Schüssel   ....

Orgel – Klarinette – Klavier – Cembalo   ....

Käfer – Ameise – Schlange – Mücke   ....

Übung 2 Streiche das Wort, das nicht zur Wortfamilie gehört.

tonlos – ~~Tonne~~ – Ton – Tonfilm   Maß – mäßigen – massig – maßlos
Schrein – Geschrei – schreien – Schreihals   packen – Gepäck – Gebäck – verpacken

Übung 3 Welches Wort gehört nicht zur Wortreihe?

bezahlen – überweisen – begleichen – ~~verkaufen~~
glauben – meinen – denken – mitteilen
bellen – schreien – röhren – wiehern
schlingen – schlürfen – trinken – gluckern

Übung 4 Kennst du ein anderes Wort dafür?

herablassend	→ überheblich	Ende	→ ....
Abfahrt	→	jetzt	→ ....
Beginn	→	danach	→ ....
billig	→	bekommen	→ ....

Übung 5

Finde möglichst viele Verben zum Wortfeld *gehen* und ordne sie den folgenden beiden Gangarten zu.

sicher / geschickt: flitzen, …
unsicher / ungeschickt: humpeln, …

Übung 6

Finde möglichst viele Verben zum Wortfeld *sagen* und ordne sie der passenden Stimmung zu.

unangenehm: fluchen, …
angenehm: loben, …

Übung 7

Welche Eigenschaften und Verhaltensweisen kann man Menschen in folgenden Situationen zuordnen?

Ein Schüler sitzt im Unterricht: aufmerksam, …
Du hilfst einer alten Dame über die Straße: vorsichtig, …
Ein Maurer arbeitet auf dem Bau: schwitzend, …

Übung 8

Du sollst eine Gruselgeschichte schreiben. Für den Höhepunkt brauchst du viele Ausdrücke für *Angst haben*. Schreibe in der Ich-form die auf, die mit körperlichen Erscheinungen zu tun haben.

ich bekomme eine Gänse<u>haut</u>, ich werde kreide<u>bleich</u>, …

Übung 9

Welches Gefühl passt zur Situation? Verbinde.

Peter gewinnt beim Sportwettbewerb einen Pokal. Er ist …   besorgt
Viviens Vater steht eine schwere Operation bevor. Sie ist …   gekränkt
Ein Freund hat dich zu Unrecht verdächtigt. Du bist …   erleichtert
Fabian hat die Prüfung entgegen seiner Erwartung bestanden. Er ist …   empört
Elisabeth ist nicht zum Geburtstag ihrer Freundin eingeladen. Sie ist …   enttäuscht
Moritz hat nicht das gewünschte Geschenk bekommen. Er ist …   stolz

Übung 10

Welche Nachsilbe passt? Schreibe das Wort richtig auf.

ess   -sam / -sal / -<u>bar</u> → essbar
Scheu   -sam / -sal / -bar →
gewalt   -sam / -sal / -bar →
wind   -isch / -lich / -ig →
bild   -isch / -lich / -ig →

Eine Vorlage ausgestalten

1. Die Vorlage verstehen

Du bekommst in der Klassenarbeit eine Vorlage, die du zu einer unterhaltsamen Geschichte ausgestalten sollst. Das kann sein:
- ein **Erzählanfang**,
- ein **Erzählschluss**,
- ein **Erzählkern** oder
- eine Reihe **Reizwörter**.

Zuerst solltest du herausarbeiten, welche Elemente des Textes eine wichtige Rolle spielen.

Übung 1
Lies den folgenden <u>Erzählanfang</u> genau durch und unterstreiche, was wichtig ist.

Endlich war auch die letzte Stunde zu Ende! Rasch packten wir unsere Schulsachen zusammen und drängten zur Klassenzimmertür. Es war wunderbares Badewetter und auf uns wartete ein Nachmittag am Baggersee. Das heißt, zumindest auf meine Freunde und mich! Ich verließ das Zimmer als Letzter vor der ungeduldig wartenden Lehrerin. „Beeil dich, Emil!", drängte sie. Doch was sah ich da vor mir auf dem Boden liegen? Es war ein Zettel, offenbar eine Mitteilung. Ich hob ihn auf und las ihn im Laufen. „Heute um 15 Uhr bei der Kapelle im Königsdorfer Wald. Unbedingt kommen!!!" Was bedeutete das?

Übung 2
Schreibe nun die Elemente aus dem Text auf, die in der weiteren Erzählung vorkommen müssen.

Orte: _____

Zeit: _____

Personen: _____

Merke
Damit die Geschichte alle wichtigen Informationen enthält, musst du die W-Fragen beantworten: *Wer, wann, wo, was, wie, warum?*

Übung 3
Welche zwei W-Fragen stellen sich Emil und dem Leser am Ende dieses Textes?

Übung 4   Schreibe die wesentlichen Elemente des folgenden Erzählschlusses auf.

Vergnügt packten meine Freunde und ich unsere Badesachen zusammen und fuhren vom Baggersee nach Hause. Das war doch noch ein gelungener Nachmittag geworden. „Die Bande von der Schwarzen Maria haben wir schön aufs Glatteis geführt! Die werden nichts mehr gegen uns aushecken!", meinte ich. „Trotzdem ist es gut, dass wir uns wieder vertragen!", fügte Michael hinzu, der Streit hasste. Recht hatte er.

....

....

Übung 5   Lies den folgenden Erzählkern und unterstreiche, was für die Erzählung wichtig ist.

Mithilfe seiner Fußspuren wurde gestern Nacht ein Einbrecher überführt. Mit Fußtritten hatte Rudi F. (22) die Hintertür eines Sportgeschäfts an der Lenbach-Promenade bearbeitet, um in den Laden zu gelangen. Ein Anwohner beobachtete, wie er mit dem Diebesgut flüchtete. Sein Leugnen vor der Polizei war zwecklos: Die Abdrücke auf der Tür und die seiner Schuhsohlen stimmten überein.

Merke
Du musst nur die wesentlichen Handlungselemente beibehalten. Hier ist es zum Beispiel nicht so wichtig, **wer** den Einbrecher beobachtet hat, sondern **dass** er gesehen wurde.

Übung 6   Ergänze die Reizwortreihen um ein Wort, sodass sie zu den beiden Geschichten oben passen.

Baggersee – Zettel – ....

Einbrecher – Sportgeschäft – ....

Merke
Achte darauf, ob verlangt ist, dass die Reizwörter in der vorgegebenen Reihenfolge in der Erzählung vorkommen. In jedem Fall muss jedes Reizwort eine **Rolle** in der Geschichte spielen.

Übung 7   Schreibe in einem Satz auf, wie die folgenden Reizwörter in einer Geschichte zusammenhängen können: *Zoo – Affe – Hut*.

....

Eine Vorlage ausgestalten

E 2. Einen Schreibplan erstellen

Achte darauf, was von dir verlangt wird. Du sollst zum Beispiel
- in der **Ichform** oder
- in der **Er-/Sieform** erzählen und
- eine **Überschrift** finden.

Dann musst du einen Schreibplan erstellen, indem du die Erzählschritte festlegst:
- **Einleitung**,
- **Hauptteil** mit **Spannungsaufbau** und **Höhepunkt**,
- **Schluss**.

Übung 1 Wer könnte die Geschichte vom Einbrecher erzählen (vgl. Erzählkern)? Finde auch zwei Personen, die nicht ausdrücklich erwähnt werden.

....

....

Übung 2 Lies die beiden folgende Einleitungen. Wer erzählt jeweils?

a) Dieses Mal würde ich es schaffen, das war sicher. Ich hatte das beste Werkzeug der Welt! Knast-Fritzi hatte es mir besorgt. Es konnte gar nicht schiefgehen!

b) Der Tag hatte schon damit angefangen, dass ich die Schlüssel für das Geschäft nicht finden konnte. Als ich sie endlich in der Sofaritze entdeckte, war es fast zehn Uhr und meine Angestellten warteten schon seit einer halben Stunde auf mich!

Übung 3 Finde mindestens zwei passende Überschriften für die Geschichte um den Einbruch.

Verräterische ....

....

Übung 4 Nun beginnst du, die Erzählschritte festzulegen. Bei der Zettelgeschichte ist einiges schon vorgegeben, zum Beispiel die Situation im Erzählanfang (vgl. S. 102). Ergänze die Lücken.

.... hat .... einen ....

gefunden, in dem jemand aufgefordert wird, zu einem .... zu

kommen. Absender und Empfänger sind ....

Übung 5 Fahre nun fort, indem du dir die weiteren Erzählschritte überlegst. Fülle folgende Tabelle aus.

Situation	Brief im Klassenzimmer gefunden, ohne Empfänger und Absender, mit Hinweis auf einen Treffpunkt und eine Uhrzeit
Wer schreibt und **wer** soll zum Treffpunkt kommen?	
Weshalb treffen sie sich?	
Wo ist der Höhepunkt?	
Wie soll die Geschichte ausgehen?	

Übung 6 Du kannst die Erzählschritte auch auf eine Spannungskurve schreiben. Ergänze die fehlenden Schritte.

....

....

Sie gehen heimlich zu dem Treffpunkt   Sie denken sich einen Gegenplan aus

....

Emil findet einen Zettel mit einem Treffpunkt   Versöhnung, Heimfahrt

Übung 7 Die Geschichte über den Einbruch erzählt der mit der Untersuchung beauftragte Detektiv in der Ichform. Die Reihenfolge der Erzählschritte ändert sich dadurch. Nummeriere sie richtig.

.... Der Einbrecher wurde überführt.
.... Der Einbrecher hatte die Tür des Sportgeschäfts eingetreten.
.... Der Einbrecher konnte so in den Laden eindringen.
.... Der Beschuldigte leugnete die Tat.
.... Ich wurde mit der Untersuchung beauftragt.
.... Ich konnte den Tathergang nun erschließen.
.... Ich untersuchte die Fußspuren an der Tür und die Schuhsohlen.
.... Ich stellte ihre Identität fest.

3. Schreiben

Damit deine Geschichte unterhaltsam, also spannend, lustig oder sogar beides wird, musst du **anschaulich** und **abwechslungsreich** schreiben und die einzelnen Erzählschritte, vor allem aber den Höhepunkt **ausgestalten**.

Übung 1

Schon der Anfang wird spannender, wenn du nicht mit dem ersten Erzählschritt anfängst, sondern später einsetzt und ihn dann nachholst. Ergänze den folgenden Erzählanfang.

„Na, Herr Meisterdetektiv, haben Sie mal wieder einen spannenden Fall gelöst?" Die Frage war natürlich nicht ganz ernst gemeint, aber Max Nase konnte es nicht lassen, seinen Stammtischbrüdern _____ .

„Es handelte sich um _____, bei dem alles klar schien: die Tat, der Täter, und es gab einen Zeugen.

Aber _____ ".

Merke

Wenn du an einem späteren Punkt einsetzt, musst du darauf achten, dass die Vorgeschichte in der Vorzeitigkeit, dem **Plusquamperfekt** (3. Vergangenheit), erzählt wird.

Übung 2

Welcher Anfang gefällt dir besser? Streiche die nebenstehenden Adjektive, die deiner Meinung nach nicht zutreffen.

a) An einem schönen Sonntag im Sommer ging Frau Meier mit ihrer Freundin, Frau Müller, in den Zoo. Sie trug einen mit Blumen geschmückten Strohhut.

   spannend
   witzig
   informativ
   langweilig

b) Die Tiere im Zoo haben mindestens so viel zu bestaunen wie die Menschen! So konnten die Affen sich eines Sommersonntages gar nicht sattsehen an dem, was vor ihrem Käfig erblühte. Frau Meier hatte ihre Freundin, Frau Müller, zu einem Spaziergang durch den Zoo eingeladen. Zur Feier des Tages hatte Frau Meier ihren schönsten Blumenhut aufgesetzt.

   spannend
   witzig
   informativ
   langweilig

Übung 3
Wenn du gut erzählen willst, musst du dir Personen und Vorgänge genau vorstellen. Beantworte folgende Fragen.

1. Was empfindet, was tut der Einbrecher, als er merkt, dass er das Schloss der Tür zum Sportgeschäft nicht knacken kann?
2. Wie reagiert er, als er von der Aussage des Beobachters erfährt?

Übung 4
Am meisten musst du den Höhepunkt ausgestalten. Fülle die Lücken in Lisas Ausgestaltung des Erzählkerns mit den folgenden Wörtern aus.

sorgfältig / heftig / ungeduldig / fürchterlich / leise / glücklicherweise / vorsichtig

Das Werkzeug verstaute ich .... in meinem Rucksack. Nun wartete ich .... auf die Dunkelheit. Als es so weit war, schlich ich .... und .... aus dem Haus und über die Straße, wo sich das Geschäft befand. Als ein Hund zu bellen anfing, erschrak ich .... Nach einiger Zeit beruhigte er sich .... Aber mein Herz pochte .... …

Merke
Zur **inneren Handlung** gehören Wahrnehmungen, Empfindungen und Gefühle. Durch mehrere kleine Handlungselemente und wörtliche Rede kannst du einen Höhepunkt mit viel **äußerer Handlung** erzielen.

Übung 5
Ergänze die Satzanfänge zu einem handlungsstarken Höhepunkt.

Die Affen staunten, als sie …
Ein besonders gewitzter Affe streckte seinen langen Arm durch …
Er erwischte zuerst nur …
Als er alle Blumen von Frau Meiers Hut abgezupft hatte, bekam er …
Plötzlich griff Frau Meier an ihren Kopf und begann …

Übung 6
Wenn dir auch noch eine überraschende oder lustige Wende, also Pointe, einfällt, ist dein Aufsatz besonders gelungen. Unterstreiche die Pointe in Peters Aufsatz.

Die beiden Damen gerieten vollkommen aus dem Häuschen und fingen an zu kreischen. Das belustigte die Affen sehr und alle kamen, um zu sehen, was los war. In dem Getöse bemerkte keiner den kleinen Affen, der von einem Ast des Kletterbaums herabhing und den Hut aufgefangen hatte. Da zeigte ein kleiner Junge aufgeregt in den Käfig und alle begannen zu lachen: Der Affe hatte sich den Hut aufgesetzt. Frau Meier war noch so aufgeregt, dass sie zuerst gar nichts bemerkte. Aber dann …

 Die Fantasiegeschichte

1. Das Thema erfassen und Ideen sammeln

 In einer Fantasiegeschichte darf und soll vorkommen, was es in Wirklichkeit gar nicht gibt. Es ist möglich, dass
1. Dinge lebendig werden,
2. Tiere sprechen können,
3. Figuren übernatürliche Fähigkeiten oder außergewöhnliche / fantastische Möglichkeiten haben,
4. Wesen vorkommen, die es nicht wirklich gibt oder
5. Grenzen von Raum und Zeit aufgehoben sind, also Geschichten, die in anderen Ländern oder auf anderen Planeten oder zu anderen Zeiten als der Gegenwart spielen.

Übung 1

Ordne jedes der folgenden Themen der Regel zu. Kreise die jeweils passende(n) Nummer(n) ein.

Ich erwachte als Maus	1	2	3	4	5
Besuch bei meinem Onkel, dem Zauberer	1	2	3	4	5
Mein Name war Weiße Feder	1	2	3	4	5
Das Leben in unserem Kühlschrank	1	2	3	4	5
Der Tag, an dem ich Millionär war	1	2	3	4	5
Was mir das Schlossgespenst erzählte	1	2	3	4	5

Übung 2

Nun erfinde selbst je ein Thema zu den folgenden Arten der Fantasieerzählung. Ergänze die Stichpunkte.

zu Punkt 5: Mit der Zeitmaschine ....

zu Punkt 3: Mein ...., die/der alles konnte

zu Punkt 1: ...., der reden konnte

zu Punkt 4: .... schleicht sich ins Haus

zu Punkt 5: Als ich eines Morgens im / in / auf .... aufwachte

Übung 3

Einiges wird durch das Thema schon festgelegt. Streiche aus, was nicht zum Thema „Mein Name war Weiße Feder" passt.

Ureinwohner Amerikas / Squaw / Überfall / Fahrrad / Felsen / Tipi / Swimmingpool

Übung 4
Jetzt geht es daran, Ideen zu sammeln. Ergänze durch je drei Verben.

Mein Freund Fridolin konnte alles. Er konnte _____

Ich erwachte als Maus und konnte _____ ;

aber ich konnte nicht _____

Merke
Bevor du eine Geschichte planst, wähle das Thema, das dir am meisten zusagt. Dann notiere die Ideen, die dir dazu einfallen.

Übung 5
Beantworte die folgenden Fragen zum Thema „Das Leben in meinem Kühlschrank".

Was spielt sich im Kühlschrank ab?
Wer spielt eine Rolle?
Bei welcher Gelegenheit merkst du es?
Wie reagierst du?

Übung 6
Zum gleichen Thema fällt dir ein Streit ein. Aus welchen Gründen könnte es dazu kommen? Setze die Reihen fort.

Senf +	Marmelade:	Was schmeckt besser?
Cola +		Was ist gesünder?
Tomate +		
Saft +		
Kartoffel +		
Dose +		

Übung 7
Welche Ideen findest du langweilig? Kreuze sie an.

Der Tag, an dem ich zaubern konnte.

- ○ Ich zauberte mir eine Villa und ein großes Auto.
- ○ Ich zauberte mich unsichtbar.
- ○ Ich zauberte, dass ich die Stimmen der Tiere verstand.
- ○ Ich zauberte eine Maschine, mit der man alles sauber machen kann.
- ○ Ich zauberte mir ein besonders schnelles Fahrrad.

Merke
Für den Höhepunkt genügt **eine** Idee, die zum Thema passen muss und die du spannend und unterhaltsam ausgestalten kannst.

Die Fantasiegeschichte

2. Zum Höhepunkt führen und ihn ausgestalten

Zum Höhepunkt führst du in zwei oder drei Erzählschritten.
Mittel zum spannenden Erzählen sind:
- wörtliche Rede, Gedanken, Selbstgespräch, Ausrufe,
- Wahrnehmungen (Hören, Spüren usw.) und Gefühle schildern,
- anschauliche und treffende Ausdrücke,
- bildhafte Redeweise, zum Beispiel Vergleiche.

Übung 1

Du bist als Maus erwacht und gehst über den Frühstückstisch. Was nimmst du wahr? Ergänze.

Mein Körper ist mit einem .... Fell bedeckt und ich habe einen

.... Schwanz. Ich laufe auf ....

Wenn ich etwas sagen will, kommt .... aus meinem

Schnäuzchen. Für mich sieht ein Brotkrümel aus wie ....

Die Kaffeetasse wirkt auf mich wie ....

Übung 2

Du kommst bei deinem Onkel, dem Zauberer, an. Bei ihm ist nichts so wie bei anderen Leuten. Fülle die Lücken aus.

Zum Anwesen meines Onkels ging man auf einem schmalen Weg. Er führte aber nicht

direkt auf das Haus zu, sondern in Form von ....
Am Eingang des Parks, der die Villa umgab, befand sich ein Tor, das aber nicht aus Holz

oder Eisen war, sondern aus ....
Im Park wuchsen eigenartige Bäume. Sie sahen aber nicht aus wie richtige Bäume,

sondern wie .... ,

statt Blätter oder Nadeln trugen sie
Aber das Merkwürdigste war das Haus selbst:
Die Mauern waren nicht aus Ziegeln, sondern aus .... ,

die Fenster waren nicht rechteckig, sondern .... ,

das Dach hatte keinen Giebel, sondern eine .... wie eine Moschee.

Übung 3

Am Höhepunkt soll dein Onkel die Schwerkraft aufheben. Die Gegenstände verhalten sich merkwürdig. Ergänze.

Der Tisch tanzt mit ... / Die Kaffeetassen ... / Du landest mit dem Kopf ...

Übung 4

Pauls Aufsatz über den Zauberer hat keinen klaren Höhepunkt, weil er sich nicht entscheiden konnte. Welche drei Zauberkräfte spielen eine Rolle?

Da wusste ich, dass mein Onkel ein echter Zauberer war! Kaum hatte ich den Gedanken zu Ende gedacht, merkte ich, wie ich zu schrumpfen begann. Nach ein paar Minuten war ich klein wie ein Zwerg. Die Welt sah sehr merkwürdig aus, besonders als eine Katze auf mich zukam. Aber flugs hatte ich schon wieder meine normale Größe. Was war denn das nun wieder? Plötzlich fand ich mich samt dem Kaffeetisch und meinem Onkel in der Luft. Das war ein komisches Gefühl. Als ich wieder auf dem Boden war, dachte ich bei mir: „Wenn ich mir nur viel Geld und Reichtum zaubern könnte!" Kaum gedacht, da türmte sich vor mir ein Berg Goldmünzen auf. „Die würde ich gerne in einen Sack stecken und mitnehmen." Schon lag ein prall gefüllter Jutesack vor mir.

Übung 5

Als Maus triffst du eine Katze. Du stehst ihr gegenüber und hast große Angst. Was sagst du und was antwortet sie?

Maus: Bitte, liebe Katze, bitte _____!

Katze: Nun ja, ich kann es mir ja überlegen. Aber nur unter einer Bedingung: Du musst mir helfen, den bösen Hofhund _____.

Maus: Wie soll ich arme kleine Maus _____?

Katze: Das überlasse ich dir, meine Liebe. Lass dir _____.

Übung 6

Du bemerkst, dass dein Onkel, der Zauberer, seinen Zauber nicht mehr rückgängig machen kann. Was antwortet er?

Du: Onkel, dein Zauberspruch hat nicht gewirkt. Merkst du nicht, dass wir immer noch durch die Luft schweben?

Onkel: Ach _____! Das _____!

Was _____?

Ich habe _____ vergessen!

Du: Oh nein, bitte streng dich an, _____!

Übung 7

Welche Empfindungen hast du, als du verstehst, dass dein Onkel den Zauber nicht mehr beherrscht? Nenne mindestens drei.

Merke

Denke daran, dass alles, was vor und am Höhepunkt vorkommt, bei der Auflösung wieder eine Rolle spielen muss.

Die Fantasiegeschichte

3. Einleitung und Schluss gestalten

Nun musst du den Rahmen planen und gestalten. Die **Einleitung** soll nicht zu lang sein und schnell zum Hauptteil hinführen. Der **Schluss** bringt die Auflösung. Die Einleitung führt aus der Wirklichkeit in die Fantasiewelt, der Schluss wieder zurück in die Wirklichkeit.

Übung 1
Lies den Anfang von Lisas Aufsatz. Wo endet die realistische Einleitung und fängt der fantastische Hauptteil an?

1. An diesem Morgen wachte ich schon vor dem Weckerläuten auf. 2. Ich blinzelte wie immer zu meinem Fenster, um zu sehen, ob die Sonne durch die Jalousie schien. 3. Doch was war das? 4. Ich riss die Augen ganz auf. 5. Aber alles, was ich sehen konnte, war ein riesiges, kariertes Stoffungetüm. 6. Mit einiger Mühe erkannte ich mein Federbett. 7. Ich wollte aufstehen. 8. Eine neue Überraschung: Ich stand schon – aber auf allen vieren! 9. Nun sah ich meine Hände und Füße: Sie hatten sich in Mäusepfoten verwandelt. 10. Ich war kein Mensch, sondern eine Maus!

Übung 2
Du schreibst über eine alte Münze. In der Einleitung musst du folgende Fragen beantworten.

Wo hast du die Münze gefunden?
Wie bist du auf die Münze gestoßen?
Ein Zeichen hat dich auf die besondere Eigenschaft der Münze aufmerksam gemacht. Welches Zeichen kann das sein?

Übung 3
Diese Einleitung ist zu lang. Streiche die überflüssigen Sätze.

Die alte Münze

Meine Eltern hatten sich entschlossen, das Haus auf der Klippe zu kaufen. Es war schon sehr alt, älter als alle Menschen, die wir kannten. Es war mindestens 100 Jahre alt. Meine Eltern wollten es umbauen, deshalb zogen wir noch nicht ein. Am Tag, als wir die Schlüssel bekamen, statteten wir dem alten Gemäuer einen Besuch ab. Es war ein großes, zweistöckiges Haus mit einem wunderschönen Garten. Meine Eltern untersuchten das Erdgeschoss und den ersten Stock. Ich stieg die Treppe hinauf bis zum Dachboden. Um ihn betreten zu können, musste ich eine Luke öffnen. Es war zunächst stockfinster. Dann gewöhnten sich meine Augen an das Dunkel. Durch ein kleines Dachfenster fiel ein fahler Schein in den Raum und erhellte ihn ein wenig. Viele alte Möbel standen herum. Auch ein Klavier war darunter. Spinnweben bedeckten es. Mein Blick fiel auf eine alte Truhe, die aussah wie eine Schatzkiste. Ich öffnete sie. Doch zu meiner Enttäuschung war sie leer. Gerade wollte ich sie wieder schließen, da entdeckte ich auf dem Boden der Kiste eine Münze …

Übung 4

Das Mäuseabenteuer geht zu Ende. Lies die Einleitung aus Übung 1 noch einmal und vervollständige den Schluss.

Das war gerade noch einmal gut gegangen! Zitternd verkroch ich mich unter das riesige ...., das ich am Morgen als Erstes gesehen hatte. Kaum war ich dort, spürte ich, wie meine vier Pfoten sich wieder in .... zurückverwandelten. Ich streckte mich aus und war wieder ....
Beruhigt .... bis zum nächsten Morgen.

Merke

Am Schluss kommst du auf den Anfang zurück. Eine Pointe wäre nicht schlecht, zum Beispiel könnte sich etwas aus der Fantasiewelt in der Wirklichkeit wiederfinden.

Übung 5

Auch die Geschichte von der alten Münze nähert sich dem Ende. Schreibe den Schluss weiter, sodass folgende Elemente der Einleitung wieder vorkommen:

Dachboden, Haus, alte Truhe, alte Münze

Das Abenteuer hatte mich doch sehr ermüdet. Ich sagte dem Seeräuber Lebewohl. Er nahm mich gerührt in die Arme. „Du hast mich von der Last meiner Schuld und der Suche nach dem geraubten Schatz erlöst. Nun kann ich ruhig sterben", sprach er und begann, sich langsam von mir zu entfernen. Gleichzeitig wurde er immer durchsichtiger, bis er schließlich ganz verschwunden war. Ich schaute in das Loch, in dem wir die Schatzkiste gefunden hatten: Es war leer! Da nahm ich meine Münze aus der Hosentasche und hielt sie vor mich hin. Wieder fing sie an zu leuchten und mir den Weg zu weisen. Ich lief und lief, bis ich das Bewusstsein verlor. Da erwachte ich mit einem Mal von einem lauten Ruf.

„Markus, wo bleibst du denn, wir wollen fahren und das .... wieder abschließen!"

Ich schaute benommen um mich. Wo war ich nur? Langsam erkannte ich den .... wieder. Vor mir stand die .... Ja, die sah also nicht nur so aus wie eine Schatzkiste. Der alte Seeräuber fiel mir wieder ein. Oder hatte ich alles nur geträumt?

Da fühlte ich, dass sich meine Hand noch immer fest um etwas schloss. Ich öffnete sie, und was sah ich? Die .... Also war doch etwas an der Geschichte von dem Seeräuber, der für seine Schandtat büßen musste. Schnell stand ich auf und ging zu meinen Eltern.

Die Fantasiegeschichte

Besser formulieren 2: Sätze bauen

 Damit deine Erzählung lebendig wird, musst du den Satzbau **abwechslungsreich gestalten**. Damit Zusammenhänge verständlich werden, musst du Haupt- und Nebensätze **sinnvoll verbinden**.

Übung 1
Die Satzanfänge sind hier zu gleichförmig. Verändere sie, indem du die unterstrichenen Substantive ersetzt.

Mein Freund Paul und ich gingen eines Tages in den Wald.

<u>Paul und ich</u> / .... wollten uns nach einem Lagerplatz umsehen. Paul sagte auf dem Hinweg: „Wir könnten unser Lager auch auf einem Baum aufschlagen!"

<u>Paul</u> / .... lief voran und zeigte auf einen Baum.

<u>Paul</u> / .... war nämlich Spezialist für Baumhäuser.

Übung 2
Man kann den Satzbau auch abwechslungsreich gestalten, indem man Satzteile umstellt. Finde jeweils zwei Möglichkeiten.

Beispiel: Paul sagte auf dem Hinweg ... → Auf dem Hinweg sagte Paul ...

Paul kletterte nun Ast für Ast hinauf.

Nun ....

....

Paul winkte mir vom Wipfel aus fröhlich zu.

....

Übung 3
Sätze, die einen Zusammenhang haben, solltest du verbinden. Achte auf die Wörter, die du zur Verbindung einsetzt.

Paul kletterte auf den Baum. Ich sah gespannt zu.

.... Paul auf den Baum kletterte, sah ich gespannt zu.

Paul trat auf einen morschen Ast. Das Unglück geschah.

....

Merke Bindewörter oder **Konjunktionen** verbinden Hauptsätze *(und, aber, doch, denn, deshalb …)* oder Haupt- und Nebensatz *(als, weil, da, nachdem …)*. Zwischen Hauptsätzen steht ein Komma oder ein Punkt, zwischen Haupt- und Nebensatz steht ein Komma.

Übung 4 Setze in folgende Sätze passende Konjunktionen ein.

Wir aßen den ganzen Topf leer, ... wir waren sehr hungrig.

Als wir auf dem Gipfel ankamen, fing es furchtbar an zu regnen. .... stiegen wir gleich wieder ab.

Ich suchte lange nach der Münze, ... ich fand sie trotz aller Mühe nicht.

Übung 5 Verbinde auch diese Sätze und setze das richtige Satzzeichen.

.... ich in das weihnachtlich geschmückte Wohnzimmer kam wusste ich gar nicht, wo ich zuerst hinschauen sollte. .... nahm mich mein Vater bei der Hand und führte mich zu einem kleinen Tisch neben dem Christbaum. Er sagte: „Das ist für dich." Vor mir stand eine nagelneue Spielkonsole. Ich war ganz aufgeregt .... es eine riesengroße Überraschung war.

Übung 6 Achte beim Ausfüllen auf die richtige Zeitform der Vergangenheit.

.... ich die Spielkonsole genug bewundert ...., probierte ich sie natürlich auch aus. Am nächsten Morgen, ... ich aufgewacht ...., lief ich gleich in das Bescherungszimmer.

Übung 7 Finde vier Möglichkeiten, diese Sätze sinnvoll zu verbinden.

Paul schaltet seinen Computer ab. Er geht spielen.

Merke Verbindungswörter können auch **Relativpronomen** (bezügliche Fürwörter) sein: *der, die, das* oder *welcher, welche, welches*, wie zum Beispiel in: *Der Hut, **den** / **welchen** er trug.*

Übung 8 Was stimmt hier nicht? Verbessere die Sätze durch Umstellen.

Auf dem Schulweg sah ich viele Leute auf den Straßen, die alle zur Arbeit eilten.
Nach dem Essen gab ich unserer Katze eine Schüssel Milch, die sehr hungrig war.
Ich spielte mit Marie auf der Dorfwiese, die am Tag zuvor Geburtstag gehabt hatte.
Sie hatte Stiefel von ihren Großeltern bekommen, die mit Lammfell gefüttert waren.

H Die Erlebniserzählung

1. Das Thema erschließen

Für die Erlebniserzählung gibt es freie Themen, zu denen du dir ein eigenes Erlebnis überlegen sollst. Diese Themen können sein:
- **Rahmenthemen** wie „Ein Erlebnis mit einem Tier" oder
- **eingeschränkte Themen** wie „So ein Pech!", durch welche die Art des Erlebnisses genauer festgelegt wird.

Übung 1
Welche dieser Themen sind Rahmenthemen? Kreuze sie an.

- ○ Eine denkwürdige Schulstunde
- ○ Auf dem Volksfest
- ○ Unvorbereitet in die Schule
- ○ Das ist noch einmal gut gegangen!
- ○ Am Bahnhof

Übung 2
Bernhard hat das Thema „Ein Tiererlebnis" gewählt. Unter seinen Aufsatz hat der Lehrer eine Bemerkung geschrieben. Ergänze sie aus den bisher genannten Themen.

Auf dem Weg zum Reiterhof, wo ich mein Pferd Sultan besuchen wollte, passierte uns fast ein Unglück. Meine Mutter lenkte unseren Wagen. Sie fuhr ziemlich schnell. Auf einmal tauchte vor uns ein Auto mit einem Anhänger auf, in dem offenbar ein Pferd transportiert wurde. Meine Mutter setzte gerade zum Überholen an, da scherte der Anhänger plötzlich aus …
Wir waren beide froh, dass alles doch noch gut gegangen war, und fuhren weiter zum Reiterhof.

Lehrer: Bernhard, du hast leider keinen Aufsatz über ein Tiererlebnis geschrieben,

sondern zum Thema ....

Übung 3
Zum Thema „Ein Erlebnis in der Schule" fallen dir drei Erlebnisse ein. Kreuze an, was wirklich zum Thema passt.

- ○ Während der Mathestunde fällt mir ein, dass ich Mutters Geburtstag vergessen habe.
- ○ Meine Freundin Silvia ist neidisch, weil mir im Kunstunterricht die schönere Bastelarbeit gelungen ist.
- ○ Als ich einmal verschlafen hatte.

Übung 4

Ina und Max haben sich Notizen zum Thema „Zum ersten Mal im Flugzeug" gemacht. Welche Idee findest du besser? Ordne die Anmerkungen des Lehrers Ina (I) oder Max (M) zu.

Ina: Startbahn – Rollen – Beschleunigen – Abheben – Höhe – Rauch – alarmiere die Stewardess – Flammen auf der Tragfläche – Panik – Triebwerk abgeschaltet – Notlandung

Max: Fensterplatz – Anschnallen – Startbahn – Beschleunigung – Flugzeug erhebt sich in die Luft – flaues Gefühl im Magen – über den Wolken – Einladung zum Besuch im Cockpit – Blick aus dem Fenster – Erklärungen des netten Piloten

Lehrer: .... spannend .... anschaulich

.... unglaubwürdig .... übertrieben

Merke

Die Erlebniserzählung ist keine Fantasieerzählung. Du solltest also ein **wirkliches** Erlebnis verwenden oder zumindest etwas, das du so ähnlich erlebt hast. Wenn du dir alles ausdenkst, brauchst du zu viel Zeit und läufst Gefahr, unglaubwürdig zu erscheinen.

Übung 5

Der Lehrer hat dir Themen gestellt, die du selbst ergänzen darfst. Was fällt dir dazu ein? Finde jeweils drei Möglichkeiten.

Immer Ärger mit ....

In / Im / Bei / Auf .... unterwegs

Übung 6

Welche alltägliche Erfahrung oder welches Vorurteil bildet den Hintergrund zu folgenden Themen? Nenne die alltägliche Erfahrung und je zwei Vorurteile.

„Erwachsene haben auch nicht immer recht!"

Alltägliche Erfahrung: ....

„Jungen / Mädchen sind gar nicht so!"

Vorurteile: Jungen sind ....

Mädchen sind ....

Übung 7

In deinem Aufsatz sind Jungen / Mädchen also anders. Wie sind sie? Nenne zwei Eigenschaften, die die Vorurteile widerlegen.

Jungen sind ....

Mädchen sind ....

2. Einen Schreibplan erstellen

 Für die freie Erzählung solltest du dir einen Schreibplan anlegen. Dabei musst du unterscheiden zwischen
- **äußerer** Handlung (Ereignisse, Vorfälle, Handlungen, Rede) und
- **innerer** Handlung (Gedanken, Gefühle, Wahrnehmungen, Empfindungen).

Übung 1
Ordne folgende Verben der äußeren oder inneren Handlung zu.

streiten – rennen – zittern – riechen – schlagen – spüren – antworten – verdächtigen – sich etwas vorstellen – rot werden – regnen – schreien

äußere Handlung: ....
....

innere Handlung: ....
....

Merke
Als Erstes solltest du den **Höhepunkt** festlegen. Alles andere hängt nämlich von ihm ab.

Übung 2
Vervollständige Konrads Schreibplan mit Ideen zur inneren Handlung. Finde je ein Beispiel zu Wahrnehmung, Gefühle und Gedanken.

	äußere Handlung	innere Handlung	
Hinführung zum Höhepunkt	verschlafen, zu spät kommen Weg in die Schule, Versuch, Zeit zu gewinnen		Wahrnehmung
			Gefühle
			Gedanken
Höhepunkt	Betreten des Klassenzimmers		Wahrnehmung
			Gefühle
			Gedanken

118 Die Erlebniserzählung

Übung 3

Andi hat seinen Schreibplan zum Thema „Mädchen sind gar nicht so" begonnen. Setze ihn fort.

Einleitung	Evelyn ist gerade vom Zehnmeterbrett des Schwimmbads gesprungen. Sie ist eine ausgezeichnete Schwimmerin. Nun schauen sie und ihre Freunde zu, wie Peter auf den Sprungturm steigt.
Hinführung	…
Höhepunkt	Peter rutscht auf dem Brett aus, kann sich nur mit Mühe festhalten. Evelyn zögert nicht lange. Sie rennt zur Leiter und klettert auf den Sprungturm …
Schluss	…

Übung 4

Ein Höhepunkt soll spannend, aber nicht übertrieben sein. Streiche durch, was dir übertrieben vorkommt.

Besuch im Schwimmbad

Kind findet seinen Platz nicht mehr / Wasserleiche / Angst, vom Zehnmeterbrett zu springen / Geld verloren / Entführung der kleinen Schwester

Übung 5

Wie könnte die Geschichte „Besuch im Zoo" weitergehen? Welche Fortsetzung ist geeignet? Streiche a oder b.

Mein kleiner Bruder ist entzückt von dem Elefantenbaby. Er würde es am liebsten streicheln. Deshalb beugt er sich immer weiter über den Zaun. Da kommt die Elefantenmutter. Sie streckt ihren Kopf ganz weit vor und
a) taucht ihren Rüssel in den Wassergraben, der das Gehege umgibt. Sie saugt ihn voll Wasser und …
b) packt den Arm meines Bruders. Der schreit laut auf, aber da hängen seine Füße schon in der Luft …

Übung 6

Zum Thema „Besuch im Zoo" macht sich Friederike Notizen zur Einleitung. Dabei geht sie umständlich vor. Kürze, indem du streichst.

Freitagabend – Vater schlägt für Samstag Zoobesuch vor – Mutter will lieber wandern – Diskussion – mein langweiliger Bruder Ferdinand will wie immer gar nichts machen – Ergebnis: Zoo – aufwachen am Samstag – Sonne – Zähne putzen – anziehen – frühstücken – Öffnungszeiten im Internet suchen – Computerpanne beheben – Auto aus der Garage fahren – Aufbruch

Die Erlebniserzählung

3. Die Erlebniserzählung schreiben

Nun kannst du beginnen zu schreiben. Achte darauf, dass Einleitung und Schluss im Verhältnis zum Hauptteil nicht zu lang ausfallen und dass du den Höhepunkt ausgestaltest.

Übung 1

Ellinor, Elise und Erik schreiben zum Thema „Mädchen sind gar nicht so". Unterstreiche jeweils die passende Bemerkung.

Ellinor schreibt:
Ich war mit Annika, Markus, Peter und Patrick im Freibad. Peter behauptete, er könne wie ich vom Zehnmeterbrett springen. Weil es ihm die anderen nicht glaubten, stieg er auf den Sprungturm, traute sich aber nicht …

zu kurz
spannungssteigernd
zu umständlich

Elise schreibt:
„Peter, so komm herunter, tu es nicht!", schrie ich aufgeregt. Selbst auf die Entfernung leuchtete Peters Gesicht bleich, fast grün. Er stand hoch über dem Sprungbecken auf dem Zehnmeterbrett unseres Freibades. Ich sah, dass er große Angst hatte. Markus, Annika und Patrick standen um mich herum und starrten nach oben. Wir waren an diesem heißen Sommertag ins Freibad gefahren und ich hatte Peter eingeladen mitzukommen, obwohl die anderen dagegen waren …

zu kurz
spannungssteigernd
zu umständlich

Erik schreibt:
Es war ein wunderschöner Sommertag. Ich stand früh auf und zog mich schnell an. Dann frühstückte ich. Es gab wie immer Cornflakes mit Kakao. Da läutete das Telefon. Es war Peter. Peter war mein Freund, schon seit dem Kindergarten. Heute rief er an, um mich zu fragen, ob ich Lust hätte, mit ihm und Markus ins Freibad zu fahren. Ich legte den Hörer hin und ging meine Mutter suchen, um sie zu fragen, ob …

zu kurz
spannungssteigernd
zu umständlich

Übung 2

Peter steht auf dem Zehnmeterbrett. Damit die Spannung steigt, solltest du auch wörtliche Rede verwenden. Welche Verben kann man statt *sagen* einsetzen?

„Peter, spring nicht!", <u>sagte</u> Markus aufgeregt.
„Geh einfach langsam rückwärts", <u>sagte</u> Fabian bedächtig.
„Was diesen Kindern so einfällt", <u>sagte</u> eine ältere Dame aufgeregt und schrill.
Patrick <u>sagte</u>: „<u>Sagen</u> Sie uns lieber, was wir tun sollen!"
Da kam ein Bademeister herbei, der die Szene beobachtet hatte. „So, geht mal zur Seite, ihr macht ihn doch nur ganz verrückt", <u>sagte</u> er mürrisch.

Übung 3

Du siehst Peter auf dem Zehnmeterbrett stehen. Ergänze die innere Handlung, indem du die Fragen beantwortest.

Wie sieht Peter aus? – Was hörst du? – Was spürst du auf deiner Haut? Welche Gefühle hast du? – Was denkst du?

Übung 4

Gestalte zum Thema „Verschlafen" den Spannungsaufbau aus, indem du die folgenden Wörter an passenden Stellen einfügst.

plötzlich – hastig – erstaunt – siedend heiß – geschwind – rasch – aufgeregt – eilends

_____ schreckte ich auf. Es hatte an der Tür geklingelt. Wer konnte das so früh schon sein? Ich war ja noch im Schlafanzug! _____ zog ich meine Jeans und ein T-Shirt an und flitzte die Treppe hinunter. Ich öffnete die Haustür nur einen Spaltbreit. Aber das war ja Frau Meier! Mir fiel _____ ein, dass meine Mutter sie gebeten hatte, nach dem Rechten zu sehen. Sie fragte _____: „Warum bist du denn noch hier? Die Schule fängt doch gleich an!" Ich erzählte ihr _____, was los war, und sie lief _____ in die Küche, um mir wenigstens noch einen Kakao zu bereiten. Ich kramte _____ meine Sachen zusammen und kämmte mich _____. Ach, warum hatte ich bloß lange Haare! Ich konnte längst fertig sein …

Übung 5

Christian hat den Höhepunkt zu „Verschlafen" gut ausgestaltet. Nur kommt das Wort *gehen* zu oft vor. Kannst du ihm helfen?

Ich nahm meine Schultasche und _____ los. Als ich auf die Straße _____, wäre ich fast angefahren worden. Ich _____ schnaufend zur Bushaltestelle.

Übung 6

Christian ist auch eine Pointe eingefallen. Vervollständige.

Ich öffnete die Tür zu unserem Klassenzimmer. Doch was sah ich da? Die Kinder liefen herum oder saßen auf den Bänken. Es dauerte eine ganze Weile, bis ich begriff: Der Lehrer _____, und es war niemandem aufgefallen, dass ich verschlafen hatte! Da fiel mir _____, so erleichtert war ich. Trotzdem beschloss ich bei mir, in Zukunft _____.

Übung 7

Schreibe nun einen eigenen Aufsatz zum Thema „Als ich einmal verschlafen hatte".

Die Erlebniserzählung

Der persönliche Brief

1. Den Brief planen

Die Themen zum Brief enthalten wichtige Angaben zu
- **Empfänger** / Adressat (beim persönlichen Brief Verwandte, Freunde, gute Bekannte),
- **Anlass** und
- **Absicht**.

Danach richten sich Ton und Stil deines Briefes.

Übung 1   Vervollständige die folgende Tabelle.

Empfänger	Anlass	Absicht	Ton
Tante	Geschenk	Dank	herzlich aufrichtig
Freund	Ferien	Einladung	
Klassenkamerad		Genesungswunsch	mitfühlend tröstend
	Brieffreundschaft	Erzählen über dein Land / deinen Wohnort	anschaulich informativ
ehemalige Lehrerin	Schulwechsel		unterhaltsam
	Besuch bei Verwandten auf dem Bauernhof	Kätzchen als Haustier	überzeugend

Übung 2   Du möchtest an deine ehemalige Lehrerin schreiben. Welche Anrede ist richtig? Streiche die anderen durch.

Hi Frau Lehrerin!   Sehr verehrte Frau Obermeier, …
Hallo Elisabeth, …   Liebe Frau Obermeier, …

Übung 3   Ersetze die unpassenden Wendungen.

<u>Hallo</u> Frau Obermeier,
über Ihren <u>supertollen</u> Brief habe ich mich <u>krass</u> gefreut.
Das ist ja <u>obergeil</u>, dass Sie wieder eine vierte Klasse haben!
Da können Sie Ihre <u>coolen</u> Arbeitsblätter ja wieder verwenden!

Übung 4

Der Anlass muss sich auf den Ton auswirken. Welche der Bemerkungen hat der Lehrer wohl unter Peters Brief geschrieben? Unterstreiche.

Lieber Fridolin,
na du hast ja ein Pech! Gleich drei Wochen Gips und das bei dem tollen Wetter. Du tust mir wirklich leid. Wir gehen jeden Tag baden. Das macht großen Spaß …

Lehrer: Dein Brief ist herzlich / einfühlsam / taktlos / ichbezogen / mitfühlend.

Übung 5

Ina soll einer afrikanischen Brieffreundin erklären, was ein Zoo ist. Welche wichtigen Informationen fehlen? Notiere sie.

Am Sonntag war ich mit meiner Familie im Zoo. Bei Euch gibt es so etwas wohl nicht, da bei Euch die Tiere auf freier Wildbahn herumlaufen. Wir betraten den Zoo durch das Eingangstor. (1) Als Erstes besuchten wir die Affen. Sie turnten auf ihren Bäumen umher. (2) Dann gingen wir zum Streichelzoo. (3) Eine Ziege schubste meine kleine Schwester, sodass sie weinte …

1: Bevor man den Zoo betreten kann, muss man _____

2: Die Tiere befinden sich in _____

3: Ein Streichelzoo ist _____

Übung 6

Paul schreibt einen Brief, in dem er seine Eltern überzeugen will, dass er ein Kätzchen vom Bauernhof seiner Tante nach Hause mitbringen darf. Er überlegt zuerst, welche Gegenargumente die Eltern haben könnten. Ergänze.

Katzen zerkratzen _____

Katzen fangen _____

Katzen kann man nicht _____

Katzen verlieren _____

Katzen kosten _____

Übung 7

Nun versucht Paul, diese Argumente zu widerlegen. Kannst du seinen Stichwortzettel schreiben?

kratzen: _____

Mäuse: _____

Urlaub: _____

Kosten: _____

Der persönliche Brief

2. Den Brief in die richtige Form bringen

Wie beim „echten" Brief spielt beim Brief als Aufsatz die Form eine große Rolle. Dazu gehören der **Briefkopf** mit Ort, Datum, Anrede, der **Schluss** mit Grußformel und Unterschrift sowie die **Gliederung** in Absätze.

Übung 1 Peter schreibt am 15. Januar 20.. aus Bremen an seine Tante Lissy und lässt auch Onkel Holger vielmals grüßen. Fülle die Lücken entsprechend aus.

.... B.................................., ...

.... Tante Lissy,

(…)

.... an Onkel Holger

.... Peter

Übung 2 Tante Lissy hat Peter einen Schülerduden zur Grammatik zum Geburtstag geschenkt. Was aus dem Stichwortzettel ist überzeugend für einen Dankesbrief? Unterstreiche.
Lege anschließend die Reihenfolge für den Brief fest.

.... Hilfe bei Hausaufgaben
.... Erwin, der Streber in eurer Klasse, hat auch einen
.... die Geldausgabe wäre nicht nötig gewesen
.... die jüngere Schwester wird ihn auch brauchen können
.... du bist stolz, weil du für deine Eltern manches nachschlagen kannst
.... die spannendste Lektüre seit langem

Übung 3 Paul will seine Eltern in dem Brief überzeugen. Wie sollte er ihn gliedern? Bestimme die Reihenfolge der Abschnitte.

.... Anrede

.... Nachfrage nach Wohlergehen

.... Unterschrift

.... Bitte

.... Beschreibung des Kätzchens

.... Erzählung vom Bauernhof

.... Grußformel

.... Argumente für ein Kätzchen als Haustier

Übung 4
Der Brief von Peter an Tante Lissy ist gut gegliedert. Gib den Abschnitten je eine Überschrift.

Liebe Tante Lissy, ...

über Deinen Brief habe ich mich sehr gefreut. Nun habe ich endlich Zeit, Dir zu antworten.   Antwort

Der Duden, den Du mir zu meinem Geburtstag geschickt hast, ist ein sehr nützliches Geschenk. Ich danke Dir ganz herzlich dafür.   ....

Ich brauche ihn fast täglich bei den Hausaufgaben und oft kann ich auch für meine Eltern etwas nachschlagen. Lisa geht zwar erst in die zweite Klasse, aber bald wird sie ihn auch brauchen können.   ....

Komm uns doch in den Ferien mal besuchen, wir würden uns alle sehr freuen und wir könnten meinen Geburtstag gleich noch einmal feiern.   ....

Bis dahin liebe Grüße, auch an Onkel Holger   ....

Dein Peter   ....

Merke
Wenn du in deinem Brief ein Erlebnis erzählen sollst, gilt für den Aufbau des Erzählteils dasselbe wie für die anderen Erzählformen.

Übung 5
Vervollständige die Gliederung eines Erzählbriefs.

1. Anrede
2. Einleitung
3. ....
4. ....
5. ....
6. Grußformel
7. ....

Übung 6
Kurz vor dem Schulaufsatz schreibst du noch einmal auf, worauf es ankommt. Ergänze den Notizzettel.

Briefkopf mit Angaben zu ...., Bezug zum ....,

Schluss mit ...., Anlass und ....,

Gliederung in ....

Der persönliche Brief

J Besser formulieren 3: Bildlich schreiben

Es gibt viele Ausdrücke und Redewendungen, die etwas in übertragener Form ausdrücken. Dahinter steckt ein **Bild**, ein **Vergleich** *(wie)* oder eine **Metapher** (ohne *wie*).

Beispiele

messerscharf → scharf wie ein Messer
ein Brett vor dem Kopf haben → nichts verstehen
der Kopf der Bande → der Anführer

Übung 1 Welche Farbe passt wozu? Bilde die Adjektive.

Blut / Hemd / Erdbeere + rot → blutrot

Kohle / Schornsteinfeger / Pech + schwarz → ....

Erde / Hirsch / Kastanie + braun → ....

Schnee / Eis / Wand + weiß → ....

Übung 2 Auch Substantive werden so ähnlich gebildet. Welches Tier passt zu welchem Wort? Verbinde mit Linien.

Angst   Geier
Frech   Fink
Dreck   Hase
Schmutz   Spatz
Pleite   Dachs

Übung 3 Es gibt auch Redensarten mit Tiervergleichen. Hier sind sie durcheinandergeraten. Schreibe die richtigen Wendungen auf.

scheu, langsam, hässlich, aufpassen, flink, schlafen, fleißig

wie ein Wiesel
wie ein Luchs
wie eine Biene
wie ein Reh
wie eine Schnecke
wie ein Murmeltier
wie eine Kröte

Übung 4 — Was stimmt nicht? Verbessere.

Er benimmt sich wie eine Katze im Porzellanladen. ....

Das Kind ist stur wie ein Fisch. ....

Die Nachbarin schwatzt wie ein Fink. ....

Die Frau watschelt wie ein Nashorn. ....

Übung 5 — Oft werden Wortpaare verwendet, um etwas zu verdeutlichen. Ergänze.

wie Hund und Katze   Tür ....

mit Mann ....   mit Leib ....

mit Haut ....   mit Kind ....

wie Pech ....   Mord ....

Übung 6 — Auch Sprichwörter sind meist bildlich zu verstehen. Oft bestehen sie aus zwei Teilen. Verbinde die richtigen Hälften.

1. Wer andern eine Grube gräbt,   a) sind des Hasen Tod.
2. Steter Tropfen   b) wenn das Kind hineingefallen ist.
3. Den Brunnen zudecken,   c) dann hast du in der Not.
4. Viele Hunde   d) höhlt den Stein.
5. Wer A sagt,   e) fällt selbst hinein.
6. Bellende Hunde   f) verderben den Brei.
7. Viele Köche   g) beißen nicht.
8. Spare in der Zeit,   h) muss auch B sagen.

Übung 7 — Kannst du Redensarten richtig verwenden und ihre Gemeinsamkeit erkennen? Setze sie an die richtige Stelle.

bis ans Ende der Welt – kein Ende nehmen – das Ende vom Lied – ein Ende haben – Ende gut, alles gut – mit seinem Latein am Ende sein – am falschen Ende anfassen

Auch die schönste Feier muss einmal ein ....

Das .... war, dass er auch noch alles bezahlen musste!

Erst hatten wir geglaubt, wir würden nie fertig. Aber was soll's – ....

Wenn wir gewusst hätten, dass diese Veranstaltung ....

Der Elektriker hatte alles versucht, doch jetzt war er ....

Du hast die ganze Sache ...., sonst wärst du längst fertig.

Er wird den Mörder verfolgen, wenn es sein muss bis ....

Besser formulieren 3: Bildlich schreiben

Erzählen nach literarischen Vorbildern

1. Fabeln verstehen und umgestalten

In Fabeln sprechen und handeln **Tiere**, selten auch Pflanzen oder Gegenstände. Eigentlich geht es aber um das Verhalten von Menschen. Die Figuren in Fabeln verkörpern gegensätzliche Eigenschaften. Dabei kann dasselbe Tier je nach Zusammenhang unterschiedliche Eigenschaften haben, so kann die Maus in einer Fabel schwach, in einer anderen schlau sein. Fabeln enthalten eine **Lehre** oder **Moral**.

Übung 1
Lies die folgende Fabelerzählung. Unterstreiche und notiere dann die Gegensätze, die du erkennen kannst.

1. Eines Tages besuchte die Stadtmaus ihre entfernte Cousine, die Feldmaus, auf dem Lande. 2. Diese bewirtete sie mit Getreidekörnern, Nüssen und Bucheckern. 3. Da meinte die Stadtmaus: „Das ist ja ganz nett, aber im Grunde lebst du doch in sehr ärmlichen Verhältnissen! Komm mich einmal besuchen und lass dir zeigen, was ein Leben in Luxus ist!" 4. Einige Tage darauf machte sich die Feldmaus auf den Weg in die Stadt. 5. Die Stadtmaus empfing sie in der Speisekammer mit einem Festmahl aus Speck, Käse, Wurst und vielen anderen Köstlichkeiten. 6. Gerade als sie sich daran gütlich taten, öffnete sich die Tür und der Koch steckte den Kopf herein. 7. Blitzschnell war die Stadtmaus in ihrem wohlbekannten Schlupfloch verschwunden, während die arme Feldmaus in der ihr unbekannten Umgebung verzweifelt nach einem Versteck suchte, wobei sie um ein Haar noch in eine Falle geraten wäre. 8. Zum Glück schloss der Koch die Tür wieder, ohne sie entdeckt zu haben. 9. „Das genügt, liebe Cousine", sprach die Feldmaus zur Stadtmaus, als sie sich wiedertrafen, „lieber lebe ich in Armut und dafür in Sicherheit, anstatt den Reichtum mit einem Leben in ständiger Gefahr zu bezahlen!" 10. Und sie kehrte zufrieden zurück in ihr Mäuseloch auf dem Land.
(nach Martin Luther)

Übung 2
Welche Lehre erteilt die Feldmaus der Stadtmaus? Unterstreiche die zutreffenden Formulierungen.

Eitelkeit wird bestraft
Besitz belastet
Wer andern eine Grube gräbt, fällt selbst hinein
Jeder muss auf seine Art glücklich sein

Übung 3

Dieser Fabel fehlen die Absätze. Schreibe die Sätze auf, wo Einleitung und Hauptteil, einschließlich der Moral, enden.

Einleitung: ....

Hauptteil: ....

Übung 4

Du kannst die Fabel auch aus der Sicht der Feldmaus in der Ichform erzählen. Wie müssten dann die ersten beiden Sätze lauten?

1. Eines Tages lud ich ....

2. Ich ....

Übung 5

Beide Mäuse erleben die Geschichte ganz unterschiedlich. Welche Stelle ist jeweils aus der Sicht der Feldmaus und der Stadtmaus der Höhepunkt?

Für die Feldmaus ist der Höhepunkt da, wo ....

Für die Stadtmaus ist der Höhepunkt da, wo ....

Übung 6

Für welche menschlichen Eigenschaften stehen die beiden Mäuse? Streiche, was nicht passt.

Feldmaus: schwach / dumm / arm / genügsam / freiheitsliebend / neidisch
Stadtmaus: listig / verwöhnt / tollkühn / stark / eingebildet / kompromissbereit

Übung 7

Wie würde sich die Moral ändern, wenn die Stadtmaus das letzte Wort hätte? Verwende mindestens zwei der folgenden Bausteine.

Mut – wagen – Risiko – Genuss – Gewinn

Übung 8

Schreibe nun die Fabel so um, dass die Moral lautet: „Ohne Risiko kein Gewinn". Was erwidert die Stadtmaus der Feldmaus? Ergänze.

„Meine Liebe, das siehst du ganz falsch. Das bisschen .... ist doch leicht zu ertragen. Dafür genieße ich mein .... und all den .... Was nützt mir die ...., wenn ich .... muss und mir nichts .... kann!"

K 2. Fabeln frei gestalten

Du weißt nun, was eine Fabel ausmacht, und kannst selbst eine schreiben. Der Lehrer gibt dir entweder die beteiligten Figuren oder die Lehre vor.

Übung 1
Welches Tier und welche Eigenschaft bilden jeweils Gegensätze?

Löwe	+	stark	↔	Maus	+	....
Hase	+	....	↔	Igel	+	....
Wolf	+	....	↔	....	+	unschuldig
Eule	+	weise	↔	....	+	schön / stolz
Löwe	+	stark	↔	Mücke	+	....

Übung 2
Paul soll eine Fabel über eine Eule und einen Pfau schreiben. Es fehlen ihm noch ein paar Begriffe. Kannst du helfen?

„Bin ich nicht ....?", sagte der Pfau zur Eule und schlug ein Rad. Die Eule aber war sehr weise, so sehr, dass sie sogar die Tages........................ lesen konnte und daher über alle Neuigkeiten Bescheid wusste. „Du bist vielleicht ...., aber auch ziemlich .... Sonst wüsstest du, dass die Pfauenfänger des Königs im Land sind und würdest dich ....!"

Übung 3
Pauls Fabel geht für den Pfau schlecht aus. Was könnte die Eule am Ende sagen? Vielleicht kennst du ein Sprichwort?

Hochmut ....

Merke
Die Lehren vieler Fabeln kann man in Form von **Sprichwörtern** und **Redensarten** ausdrücken. Das sind allgemein bekannte Lebensweisheiten in knapper, oft bildlicher Form, wie:
Wer andern eine Grube gräbt, fällt selbst hinein.

Übung 4
Andrea denkt über eine Fabel nach zu der Redensart „Vom Regen in die Traufe kommen". Was ist wohl gemeint?

Regen: unangenehme ....   Traufe: ....

Übung 5

Jetzt sucht Andrea Tiere, die dazu passen könnten. Ergänze ihre Notizen.

Maus: Der „Regen" ist für sie die Falle, die „Traufe" ist die ....

Fliege: Sie entkommt gerade noch der Spinne, aber dann ....

Chamäleon: Es entkommt dem Tierfänger, indem es die Farbe der Straße annimmt; dort jedoch wird es beinahe ....

Übung 6

Markus schreibt über „Hochmut kommt vor dem Fall". Zuerst überlegt er, was das Sprichwort bedeutet. Kannst du seine Notizen mit mindestens zwei Begriffen ergänzen?

Hochmut: Überheblichkeit, ...

Fall: ....

Übung 7

Die Hauptrollen sollen Pflanzen spielen. Zwei hat er schon. Welche Pflanze könnte jeweils einen Gegensatz bilden?

Rose ↔ ....

Schilfrohr ↔ ....

Übung 8

Die Fabel vom Schilfrohr und der Eiche kennst du vielleicht: Die mächtige Eiche wird vom Sturm umgestürzt, das Rohr biegt sich im Wind. Wie könnte die Fabel entsprechend für die Rose und das Gänseblümchen ausgehen?

Übung 9

Du bekommst nun Teile einer Fabel und die Aufgabe, sie so fortzusetzen, dass der scheinbar Mächtige sich als Angeber erweist. Wie könnte es weitergehen?

„Du lächerliches, unscheinbares Geschöpf!", rief der Löwe einer vorbeifliegenden Stechmücke zu.

„Du glaubst wohl .... !", erwiderte die Mücke.

Wütend schnappte der Löwe nach der Mücke. Diese jedoch ....

Der Löwe versuchte, ... ,

aber ....

Schließlich ....

„Siehst du", sagte die Mücke, „................. !"

3. Till-Eulenspiegel-Geschichten verstehen und erzählen

Till Eulenspiegel hat es wohl wirklich gegeben. Es wurden viele Geschichten über seine **Schelmenstreiche** erfunden, mündlich weitergegeben und später auch aufgeschrieben. Mit seinen Streichen stellte er die **Schwächen** seiner Mitmenschen bloß.

Übung 1

Lies die folgende Geschichte. Im Anschluss findest du Sätze, die die Abschnitte zusammenfassen. Nummeriere sie so, dass die Reihenfolge stimmt.

Einmal hatte Till Eulenspiegel auf einem Fest zu viel getrunken und suchte sich ein Plätzchen zum Schlafen in einem Hof, in dem Bienenstöcke standen und Bienenkörbe gelagert waren. Er kroch in einen leeren Korb und schlief sogleich ein.

Mitten in der Nacht kamen zwei Diebe, um einen Bienenkorb zu stehlen. Sie suchten sich den schwersten aus, in der Meinung, dieser sei auch der wertvollste. Das war natürlich der, in dem Eulenspiegel schlief. Als die Diebe den Korb anhoben, wachte er auf und begriff schnell, was die beiden vorhatten.

Es war stockfinster und die Diebe konnten die Hand vor den Augen nicht sehen. Da griff Eulenspiegel aus dem Korb und zog den vorangehenden Mann fest an den Haaren. Der glaubte, sein Kumpan habe ihn gezogen, und schimpfte ordentlich los. Der andere gab zurück: „Wie soll ich dich an den Haaren ziehen, wo ich doch beide Hände zum Tragen brauche!" Eulenspiegel freute sich und nach einer Weile zog er den anderen Dieb so fest an den Haaren, dass dieser aufschrie: „Du beschuldigst mich, dabei reißt doch du mich an den Haaren!" Nun gerieten die beiden in einen immer heftigeren Streit, bis sie den Korb fallen ließen, um aufeinander loszugehen. Dabei entfernten sie sich so weit von dem Korb, dass sie ihn, als sie voneinander abgelassen hatten, in der Dunkelheit nicht mehr wiederfinden konnten.

Eulenspiegel aber grinste sich eins, und als er sah, dass es noch Nacht war, rollte er sich wieder in den Korb und schlief friedlich bis zum Sonnenaufgang.

.... Eulenspiegel zettelt einen Streit zwischen zwei Dieben an.
.... Eulenspiegel schläft in einem leeren Bienenkorb.
.... Der Bienenkorb wird von zwei Dieben gestohlen.
.... Eulenspiegel hat die Diebe verjagt und schläft weiter.

Übung 2

Welcher Umstand ist für Till Eulenspiegels List notwendig?

Übung 3

Welche menschlichen Schwächen stellt Till Eulenspiegel hier bloß?

Die zwei Männer stehlen den Korb aus … / Sie verlieren den Korb wegen ihrer …

Übung 4

Die Eule und der Spiegel sind Bestandteile von Tills Namen. Was könnte das bedeuten?

Till ist .... wie eine Eule. Er hält den Menschen ....

Merke

In einem anderen Typ Eulenspiegel-Geschichten nimmt Till **Redensarten** wörtlich. Damit man diese Geschichten wirklich verstehen kann, muss man die übertragene Bedeutung der Redensarten kennen.

Übung 5

Sebastian hat eine Geschichte begonnen. Welche Redensart könnte gemeint sein? Ergänze.

Der Bäckermeister sah, dass Till auf der Bank hinter dem Haus saß und vor sich hin träumte. Es war aber noch jede Menge Teig da, der zu Gebäck verarbeitet werden musste. Der Meister rief Till und sagte zu ihm: „Nun ....

..........................., damit du bis Feierabend fertig wirst!"

Als der Meister nach drei Stunden kam, um nach dem Backwerk zu sehen, sah er Till zu seinem großen Ärger immer noch gemütlich auf der Bank sitzen. Er hatte seinen Kittel ausgezogen ....

Übung 6

Till Eulenspiegel liest den Anschlag „Buchhalter gesucht". Welche Tätigkeit schwebt ihm vor?

Übung 7

Ordne die Bedeutungen den entsprechenden Redensarten zu.

einen Strich unter etwas ziehen	seine Meinung offen sagen
die Ärmel hochkrempeln	etwas Unangenehmes tun oder in Kauf nehmen müssen
die Katze im Sack kaufen	jemanden unterstützen
jemandem unter die Arme greifen	etwas unbesehen kaufen
in den sauren Apfel beißen	etwas als endgültig erledigt betrachten / mit etwas abschließen
kein Blatt vor den Mund nehmen	bei einer Arbeit tüchtig zupacken

Übung 8

Fällt dir eine Till-Eulenspiegel-Geschichte zur Redensart „die Katze im Sack kaufen" ein?

4. Sagen verstehen und erzählen

 Sagen haben im Gegensatz zu Märchen einen **wahren Kern**: eine Naturerscheinung, ein Bauwerk, einen Ort oder eine Person aus einer vergangenen Zeit. Sagen versuchen, das Besondere zu erklären. Sie sind mit **übernatürlichen Elementen** ausgeschmückt und oft in verschiedenen Fassungen überliefert.

Übung 1 Lies folgende Sage und untersuche den Aufbau. Setze am Rand fort: A für die Einleitung, B 1, 2, 3 für die Erzählschritte des Hauptteils und C für den Schluss. Markiere die fehlenden Absätze mit einem Schrägstrich.

A Im Münchner Liebfrauendom kann man noch heute unter der Orgelempore einen in den Steinboden eingelassenen Fußtritt sehen. Viele Geschichten werden erzählt, die diese merkwürdige Erscheinung zu erklären versuchen. Der ehrgeizige Dombaumeister Jörg Halspach hat vor über 500 Jahren diesen Dom an der Stelle einer viel kleineren Kirche erbaut.
Doch mitten in der Arbeit, als er schon voller Stolz das gewaltige Bauwerk entstehen sah, suchte der Teufel ihn heim. Der hatte schon lange und voller Misstrauen und Neid betrachtet, wie hoch und lichterfüllt der Dom geriet und wie viele Seelen er fassen würde, derer er dann wohl nicht mehr habhaft werden könnte. Nun drohte er dem Baumeister, sein Werk mit allen Mitteln, die in seiner Macht stünden, zu zerstören – es sei denn, er schließe einen Pakt mit ihm. Der Baumeister fürchtete Hölle und Teufel, aber noch viel mehr ein Misslingen seines großartigen Baus, und willigte ein. Der Teufel verlangte, dass man im Innenraum des Doms kein Fenster sehen dürfe, in der Hoffnung, dass dieser dann dunkel bliebe. Der ehrgeizige Jörg gab seine Zustimmung, allerdings hatte er sich im Geheimen eine List überlegt. Als der Dom seiner Vollendung entgegenging, führte der Architekt den Teufel an die Stelle unter der Orgelempore, von der aus man wegen der Säulenreihen keines der prächtigen hohen Fenster sehen konnte.
Der Teufel, wütend über die gelungene List, stampfte so fest mit dem Fuß auf, dass sein Fußabdruck sich tief in den Stein eingrub.

Übung 2 Sagen versuchen, Ursachen, das heißt <u>Motive</u>, für das Handeln von Menschen zu finden. Welche Motive spielen in der Sage vom Teufelstritt eine Rolle?

Der Teufel verlangt einen Pakt, weil er neidisch ist.

Der Baumeister willigt ein, weil ....

Der Teufel stampft auf, weil ....

Übung 3   Welche Zusammenhänge könnte es geben?

schiefe Kirchturmspitze – erboster Herr – Herr statt des Kutschers auf dem Kutschbock:

Der Herr war mit dem Teufel im Bunde und lenkte die Kutsche _____

_____

Bergmassiv – zwei hohe und dazwischen fünf kleinere Spitzen – Watzmann, seine Frau und fünf Kinder – arme vertriebene Bergbauernfamilie:

Der Watzmann war ein strenger _____,der eine arme Bergbauernfamilie

_____; deshalb ist er mit seiner Familie

_____.

Übung 4   Gestalte den Höhepunkt anschaulich mithilfe der folgenden Verben.

setzen – hüpfen – sich hangeln – springen – grunzen – sich nähern – anknabbern – wuchten – stupsen – sausen

Unter dem Giebel eines Jagdschlösschens Friedrichs II. bei Potsdam kann man, wenn man genau hinsieht, die steinerne Abbildung eines Äffchens erkennen. Gerne erzählen die Bewohner der umliegenden Dörfer seine Geschichte.
Als Friedrich noch ein Säugling war, hatte die Amme ihn eines Tages in seiner Wiege an die weit geöffneten Fensterflügel gestellt, damit er frische Luft bekomme und einem vergnügt in den Bäumen herumturnenden Äffchen zusehen könne, das in dem Park des Schlösschens wohnte. Die Kinderfrau war gerade zur Tür hinaus, da näherte sich ein hungriges Wildschwein dem Schlösschen. Seit Langem war von hier keine Jagdgesellschaft mehr losgezogen, und so wimmelte es von mancherlei Getier.

Das Schwein _____ die Vorderhufe auf die Fensterbank und _____ zufrieden, als es den friedlich schlafenden Knaben sah. Schnell _____ es seinen massigen Hintern auf die Fensterbank und _____ in das Zimmer. Es war ein sehr hungriges Schwein, deshalb _____ es sich gierig der Wiege und _____ den Säugling mit der Schnauze an, um ihn umzudrehen und seine vielversprechende Rückseite _____. Das Äffchen hatte dem Treiben des Schweins schon eine Weile zugesehen. Als das Schwein sich anschickte, in den Po des Knaben zu beißen, _____ sich der Affe von Ast zu Ast, _____ den Baumstamm hinunter, zog sich am Fenstergriff hoch und _____ behände durch das Fenster zu der Wiege. Dort griff es vor den Augen des verdutzten Schweines das Kind mit seinem langen Arm und verließ den Raum auf dem gleichen Wege …

Teil III:
Mathematik

Grundrechenarten, Größen, Gleichungen

Regeln und Übungen

Themenübersicht Teil III

1. Unser Zahlensystem 140
2. Die Dualzahlen 142
3. Die römischen Zahlen 144
4. Addition und Subtraktion 146
5. Rechengesetze der Addition 148
6. Aufstellen von Termen 150
7. Multiplikation 152
8. Die Potenzschreibweise 154
9. Division 156
10. Besonderheiten bei der Multiplikation und Division 158
11. Alles zusammen 160
12. Längeneinheiten 162
13. Gewichte 164
14. Zeiten 166
15. Geschwindigkeit 168
16. Maßstab und Verhältnisse 170
17. Gleichungen I 172
18. Gleichungen II 174
19. Ungleichungen 176
20. Teilbarkeit 178
21. Die Primfaktorzerlegung 180
22. Gemeinsame Teiler 182
23. Gemeinsame Vielfache 184
24. Zum Knobeln 186

❶ Unser Zahlensystem

Wir verwenden in unserem Zahlensystem die Ziffern 0, 1, 2, ..., 9. Je nachdem an welcher Stelle eine Ziffer in einer Zahl steht, hat sie einen anderen Wert: Einer (E), Zehner (Z), Hunderter (H), Tausender (T), ... Deshalb heißt unser Zahlensystem auch Stellenwertsystem oder Dezimalsystem (= Zehnersystem). 1, 10, 100, 1000, ... sind die Stufenzahlen des Zehnersystems. Man erhält sie jeweils durch Multiplikation mit der Grundzahl 10.

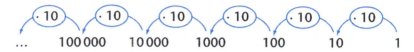

Beispiel

Bei der Zerlegung einer Zahl in Stufen stellt man fest, wie oft jede Stufenzahl in der Zahl vorkommt:

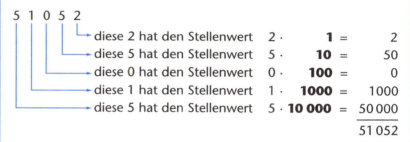

oder kürzer:
51 052 = 5 · 10 000 + 1 · 1000 + 0 · 100 + 5 · 10 + 2 · 1 =
= 5 · 10 000 + 1 · 1000 + 5 · 10 + 2 · 1
bzw.:
51 052 = 5ZT 1T 5Z 2E

Übung 1

Zerlege wie im Beispiel in Stufen.

a) 3185

b) 54 056

c) 5 301 360

d) 60 010 002

e) 7 012 008 105

f) 1 234 567 890

Übung 2

Schreibe die vorkommenden Zahlen in Ziffern.

a) In das größte Fußballstadion Europas, das Nou-Camp-Stadion in Barcelona, passen einhundertneuntausendachthundertfünfzehn Zuschauer.

b) Die durchschnittliche Entfernung der Erde zur Sonne beträgt einhundertneunundvierzig Millionen fünfhundertachtundneunzigtausenddreißig Kilometer.

c) Auf der Erde leben derzeit ungefähr sechs Milliarden zweihundertdreiundzwanzig Millionen einhundertfünfzigtausend Menschen.

Übung 3

Es gibt 13 983 816 verschiedene Möglichkeiten, einen Lottoschein (6 aus 49) auszufüllen. **Schreibe diese Zahl in Worten.**

Übung 4

Gib folgende Zahlen an:

a) die zweitkleinste fünfstellige Zahl.

b) die größte sechsstellige Zahl, die aus verschiedenen Ziffern besteht.

c) die kleinste siebenstellige Zahl, die aus verschiedenen Ziffern besteht.

Übung 5

Wie viele dreistellige Zahlen haben

a) eine 3 an der Einerstelle?

b) eine 4 an der Hunderterstelle?

c) mindestens eine 5 (egal an welcher Stelle)? (Knobelaufgabe! Tipp: Jede Zahl zählt nur 1x!)

2 Die Dualzahlen

Die Grundzahl des Dualsystems (= Zweiersystem) ist die 2. Zum Schreiben von Dualzahlen benötigt man daher nur zwei Ziffern, 0 und 1. Die Stufenzahlen des Dualsystems erhält man jeweils durch Multiplikation mit 2:

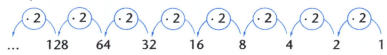

Beispiele

Um eine Zahl vom Zweier- ins Zehnersystem umzurechnen, musst du die Ziffern der Dualzahl mit den jeweiligen Stufenzahlen multiplizieren.

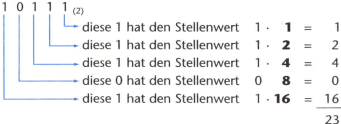

oder kürzer: $10111_{(2)} = 1 \cdot 16 + 0 \cdot 8 + 1 \cdot 4 + 1 \cdot 2 + 1 \cdot 1 = 23$

Um eine Zahl vom Zehner- ins Zweiersystem umzurechnen, musst du herausfinden, aus welchen Stufenzahlen des Zweiersystems sich die Zehnerzahl zusammensetzt.

$22 = 1 \cdot 16 + 0 \cdot 8 + 1 \cdot 4 + 1 \cdot 2 + 0 \cdot 1 = 10110_{(2)}$

Nebenrechnung:

22	
−16	16 passt rein → 1
6	8 passt nicht rein → 0
−4	4 passt rein → 1
2	
−2	2 passt rein → 1
0	1 passt nicht rein → 0

Übung 1 Schreibe im Zweiersystem die Zahlen von 1 bis 10 auf.

Übung 2 Schreibe im Zehnersystem.

a) $101_{(2)}$

b) $11001_{(2)}$

c) $101010_{(2)}$

d) $10011_{(2)}$

e) $1101001_{(2)}$

f) $100110011_{(2)}$

Übung 3 Schreibe im Zweiersystem.

a) 17

b) 35

c) 112

d) 32

e) 53

f) 235

Übung 4 Welche Zahl folgt im Zweiersystem auf:

a) 101

b) 10011

c) 11110

d) 11111

3 Die römischen Zahlen

Die Römer benutzten kein Stellenwertsystem, sondern verwendeten verschiedene Buchstaben für die jeweiligen Zahlen:

Buchstabe	I	V	X	L	C	D	M
Wert	1	5	10	50	100	500	1000

Zum Schreiben von Zahlen wurden die Buchstaben miteinander kombiniert. Dabei galten folgende Regeln:

1. Steht hinter einem Buchstaben der Buchstabe einer kleineren Zahl, so werden die Werte der Buchstaben zusammengezählt. Steht vor einem Buchstaben der Buchstabe einer kleineren Zahl, so wird dieser Wert abgezogen. Dabei darf nur ein Buchstabe einer kleineren Zahl vorangestellt werden.
   Beispiel: XVI = 10 + 5 + 1 = 16; XL = 50 − 10 = 40
   998 = CMXCVIII (und nicht IIM)

2. Die Zeichen I, X, C und M dürfen höchstens dreimal hintereinander verwendet werden.

3. V, L und D dürfen nicht vor dem Buchstaben einer größeren Zahl stehen und dürfen nicht zweimal hintereinander verwendet werden.

Übung 1 Zähle mit römischen Zahlen von 1 bis 10.

Übung 2 Schreibe im Zehnersystem.

a) XVI

b) LXIV

c) XCVIII

d) MDCCLXIX

e) CDXLVII

f) MMCMXXIV

Übung 3 Schreibe als römische Zahl.

a) 19

b) 76

c) 388

d) 1434

e) 1981

f) 2233

Übung 4 Gib die folgenden Jahreszahlen als römische Zahlen an.

a) Mit dem Bau des Kölner Doms wurde 1248 begonnen.

b) Der Mathematiker Adam Riese starb 1559 in Annaberg.

c) Galileo Galilei wurde 1564 in Pisa geboren.

d) Die Münchner Frauenkirche wurde 1756 fertiggestellt.

Übung 5 Schreibe als Dualzahl.

a) XVII

b) XLVI

c) CXXIV

4 Addition und Subtraktion

Bei der Addition und Subtraktion verwendet man folgende Fachbegriffe:

Summe: 12   +   17   =   29
           1. Summand   2. Summand   Wert der Summe

Differenz: 137   −   89   =   48
           Minuend   Subtrahend   Wert der Differenz
           Merkhilfe: **M**(inuend) kommt im Alphabet vor **S**(ubtrahend)

In der Regel stehen die Zahlen in den Aufgaben nebeneinander, so dass du auch nebeneinander rechnen solltest. Hier empfiehlt es sich, die bereits verwendeten Ziffern mit einem Punkt zu markieren. Wenn du wie bisher untereinander addieren willst, solltest du dies in einer Nebenrechnung tun. Achte dabei auf eine ordentliche Schreibweise, so dass Einer unter Einer, Zehner unter Zehner, Hunderter unter Hunderter usw. stehen. Dies geht am besten, wenn du die Kästchen deines Heftes ausnutzt.

Beispiel

14 7̇8̇3̇ + 1̇8̇6̇6̇ = 16 649

1̇3̇1̇9̇ − 1̇5̇8̇ = 1161

350 561 + 489 017 = 839 578   NR: 350 561
                                                +489 017
                                                839 578

Übung 1

Addiere nebeneinander.

a) 137 + 561 =

b) 489 + 596 =

c) 1387 + 5699 =

d) 458 997 + 327 568 =

e) 13 875 + 587 + 11 621 =

f) 56 879 + 128 977 + 547 324 =

Übung 2

Subtrahiere nebeneinander.

a) 642 – 431 =

b) 735 – 259 =

c) 5678 – 949 =

d) 66 742 – 546 =

e) 894 562 – 45 213 =

f) 987 654 – 123 456 =

Übung 3

Welche Ziffern gehören in die Lücken?

```
  1_59              89_1
 +581_             -1_59
 _1_2              _77_
```

Übung 4

Wie ändert sich der Wert einer Summe, wenn man

a) beide Summanden um 3 vergrößert?
   Der Wert der Summe ist

b) beide Summanden um 5 verkleinert?
   Der Wert der Summe ist

c) den 1. Summanden um 7 vergrößert und den 2. Summanden um 3 verkleinert?
   Der Wert der Summe ist

Übung 5

Wie ändert sich der Wert einer Differenz, wenn man

a) den Minuenden um 4 verkleinert?
   Der Wert der Differenz ist

b) den Subtrahenden um 7 vergrößert?
   Der Wert der Differenz ist

c) Minuend und Subtrahend um 3 verkleinert?
   Der Wert der Differenz ist

⑤ Rechengesetze der Addition

Bei längeren Rechnungen verwendet man Klammern. Was in Klammern steht, wird zuerst berechnet. Bei der Addition ändert sich das Ergebnis nicht, wenn man Klammern umsetzt oder weglässt. Außerdem darf man in Summen die Reihenfolge der Summanden vertauschen.

Allgemein lauten diese Gesetze:
Assoziativgesetz: $(a + b) + c = a + (b + c) = a + b + c$
Kommutativgesetz: $a + b = b + a$

a, b und c sind dabei beliebige natürliche Zahlen

Beispiele

Mit Hilfe dieser beiden Gesetze kannst du oft einfacher rechnen:
$173 + (586 + 27) = (173 + 27) + 586 = 200 + 586 = 786$

Treten in einem Term mehrere Additions- und Subtraktionsrechnungen auf, ändert sich nichts am Ergebnis, wenn du zuerst alle Zahlen, die addiert werden müssen, zusammenzählst und alle Zahlen, die subtrahiert werden müssen, zusammenzählst und dann die Ergebnisse voneinander abziehst.
$75 - 38 + 13 - 43 + 12 + 47 - 16$
Summe aller Plusglieder: $75 + 13 + 12 + 47 = 147$
Summe aller Minusglieder: $38 + 43 + 16 = 97$
Zusammen: $147 - 97 = 50$

Übung 1

Berechne möglichst geschickt, indem du das Kommutativgesetz verwendest.

a) $35 + 43 + 15 =$

b) $189 + 137 + 11 =$

c) $5678 + 3547 + 222 =$

Übung 2   Berechne möglichst geschickt, indem du das Assoziativgesetz verwendest.

a) 247 + (53 + 129) =

b) (1829 + 14) + 5136 =

c) 275 + (25 + 187) + 13 =

Übung 3   Berechne möglichst geschickt, indem du beide Gesetze verwendest.

a) (454 + 328) + 46 =

b) 785 + (139 + 15) + 51 =

c) 17 + 29 + 13 + (11 + 86) + 14 =

Übung 4   Zeige jeweils an einem selbst gewählten Zahlenbeispiel, dass das Kommutativ- und das Assoziativgesetz bei der Subtraktion nicht gelten.

Übung 5   Berechne.

a) 90 − 35 − 17 =

b) 90 − (35 + 17) =

c) 90 − (35 − 17) =

d) 90 − 35 + 17 =

Übung 6   Berechne wie im Beispiel 2.

a) 23 + 56 − 42 − 17 + 31 − 12 =

b) 158 − 79 + 112 − 141 − 14 + 542 =

c) 789 − 438 + 1582 + 564 − 1791 + 5687 − 1475 =

6 Aufstellen von Termen

In der Mathematik bezeichnet man Zahlen, Platzhalter und alle daraus gebildeten Rechenausdrücke als Terme. Für größere Terme benötigt man in der Regel Klammern. Was in Klammern steht, wird zuerst berechnet. Bei mehreren ineinander geschachtelten Klammern beginnt man bei der innersten und schreibt die Teile der Rechnung, bei denen man noch nichts rechnen konnte, unverändert ab. Kommen in einem Term keine Klammern vor, rechnet man von links nach rechts.

Beispiele

$$147 + [(568 + 157) - (4193 - 3589)] = 147 + [725 - 604]$$
$$= 147 + 121 = 268$$

Beim Aufstellen von Termen musst du auf die richtige Reihenfolge achten:
Addiere die Zahl 17 zur Summe der Zahlen 25 und 13:
(25 + 13) + 17
aber:
Addiere zur Zahl 17 die Summe der Zahlen 25 und 13:
17 + (25 + 13)

Übung 1

Berechne.

a) 354 + (1256 − 985) =

b) (2347 − 1251) − (245 − 139) =

c) 5648 − [(158 + 753) + 254] =

d) (6231 − 1489) − 2874 + 1557 =

e) [135 + (564 − 329)] − [17 + (234 − 56) − 153] =

Übung 2

Stelle zuerst einen Term auf und berechne diesen dann.

a) Subtrahiere die Summe aus 123 und 475 von 1568.

b) Addiere die Differenz aus 427 und 285 zu 1894.

c) Addiere zur Summe der Zahlen 125 und 16 die Differenz von 146 und 23.

d) Subtrahiere die Differenz der Zahlen 5631 und 4567 von der Summe aus 723 und 467.

e) Addiere zu 46 eine Differenz, deren Minuend die Summe aus 34 und 57 und deren Subtrahend die Differenz aus 57 und 23 ist.

Übung 3

Ein Gymnasium hatte zu Beginn des letzten Schuljahres 946 Schüler. Im Laufe des Jahres verließen 43 Schüler die Schule und 37 traten neu ein. Im Frühjahr verließen 56 Abiturienten die Schule.
Wie viele Schüler hat das Gymnasium zu Beginn des neuen Schuljahres, wenn sich 127 Schüler für die 5. Klasse angemeldet haben?

Übung 4

Das Münchner Olympiastadion fasst 63 000 Zuschauer. Beim Spiel von 1860 München gegen den FC Bayern war das Stadion ausverkauft. 13 500 Karten gingen an die Zuschauer mit Jahreskarte. Zusätzlich wurden im Vorverkauf 25 600 Karten an Bayern-Fans und 18 220 Karten an Löwen-Fans verkauft. Zu Beginn des Spiels standen 19 870 Fans vor den Kassen Schlange, um noch eine Karte zu bekommen.
Berechne, wie viele Personen keine Karte erhielten.

7 Multiplikation

Die Multiplikation ist eine Kurzschreibweise für die Addition gleicher Summanden: 3 + 3 + 3 + 3 = 4 · 3. Dabei gelten folgende Begriffe:

Produkt: 4   ·   3   =   12
           1. Faktor   2. Faktor   Wert des Produkts

Beispiel

> Beim schriftlichen Multiplizieren musst du auf eine saubere Schreibweise untereinander achten (Kästchen ausnutzen und evtl. Endnullen anhängen).
>
> ```
> 345 · 159
>   34500
>   17250
>    3105
>   54855
> ```

Bei der Multiplikation gelten ebenfalls das Kommutativ- und das Assoziativgesetz.
Kommutativgesetz: $a \cdot b = b \cdot a$
Assoziativgesetz: $(a \cdot b) \cdot c = a \cdot (b \cdot c) = a \cdot b \cdot c$
                     a, b und c sind beliebige natürliche Zahlen

Mit Hilfe des Kommutativgesetzes kannst du beim schriftlichen Multiplizieren leichter rechnen, indem du den Faktor als Zweites schreibst, der kürzer ist, mehr Einser, Nullen und gleiche Ziffern enthält.

Übung 1

Berechne möglichst geschickt, indem du das Kommutativgesetz verwendest.

a) 837 · 3 =

b) 56 · 12 =

c) 102 · 493 =

d) 511 · 765 =

e) 5632 · 3371 =

f) 5501 · 3782 =

Übung 2

Berechne möglichst geschickt, indem du das Assoziativgesetz verwendest.

a) 2 · (5 · 29) =

b) 4 · (25 · 17) =

c) (37 · 8) · 125 =

d) (417 · 50) · 20 =

e) 5 · (200 · 125) · 8 =

f) 41 · 250 · 4 =

Übung 3

Berechne möglichst geschickt, indem du beide Gesetze verwendest.

a) (50 · 87) · 20 =

b) (247 · 125) · (2 · 8) =

c) 4 · (47 · 25) · 17 =

d) 20 · 4 · 25 · 5 =

e) (125 · 50) · 8 · 2 =

f) 5 · (25 · 125) · 4 · 8 =

Übung 4

Wie ändert sich der Wert eines Produkts, wenn man

a) beide Faktoren verdoppelt?

b) den ersten Faktor verdoppelt und den zweiten Faktor halbiert?

c) den ersten Faktor verdoppelt und den zweiten Faktor verdreifacht?

Übung 5

In drei Häusern leben jeweils vier Katzen. Jede Katze fängt am Tag fünf Mäuse. Jede Maus isst wiederum sechs Ähren Getreide. Aus jeder Ähre können sieben Gramm Mehl gewonnen werden.
Wie viel Gramm ergibt das insgesamt?

8 Die Potenzschreibweise

Das Produkt gleicher Faktoren lässt sich kürzer schreiben:
$3 \cdot 3 \cdot 3 \cdot 3 = 3^4$. 3^4 heißt Potenz und wird „drei hoch vier" gesprochen. 3 heißt Grundzahl oder Basis und gibt an, welcher Faktor multipliziert wird. 4 heißt Hochzahl oder Exponent und gibt an, wie oft der Faktor 3 vorkommt.

Beachte

$2^5 = 2 \cdot 2 \cdot 2 \cdot 2 \cdot 2 = 32$ ist nicht das Gleiche wie $2 \cdot 5 = 10$
$2^5 = 2 \cdot 2 \cdot 2 \cdot 2 \cdot 2 = 32$ ist nicht das Gleiche wie $5^2 = 5 \cdot 5 = 25$

Beispiele

> Potenzen mit der Grundzahl Zehn heißen Zehnerpotenzen:
> $10^2 = 10 \cdot 10 = 100$
> $10^3 = 10 \cdot 10 \cdot 10 = 1000$
> $10^4 = 10 \cdot 10 \cdot 10 \cdot 10 = 10\,000$
>
> Dabei ist die Anzahl der Nullen gleich der Zahl im Exponenten.
> Deshalb gilt: $10^1 = 10$ und $10^0 = 1$
>
> Mit Hilfe der Zehnerpotenzen lassen sich große Zahlen kürzer schreiben:
> $7\,000\,000 = 7 \cdot 1\,000\,000 = 7 \cdot 10^6$

Übung 1   Schreibe als Potenz.

a) $5 \cdot 5 \cdot 5 =$ 　　　　　　　　d) $25 =$

b) $7 \cdot 7 \cdot 7 \cdot 7 \cdot 7 \cdot 7 =$ 　　　　e) $49 =$

c) $3 \cdot 5 \cdot 5 \cdot 5 \cdot 3 \cdot 3 \cdot 5 =$ 　　　f) $27 =$

Übung 2   Schreibe als Produkt und berechne.

a) $5^3 =$

b) $4^4 =$

c) $7^4 =$

Übung 3

Potenzen mit dem Exponenten 2 bezeichnet man als Quadratzahlen, z. B. $25^2 = 25 \cdot 25 = 625$. Anstatt „fünfundzwanzig hoch zwei" sagt man auch „fünfundzwanzig Quadrat".
Schreibe alle Quadratzahlen mit einer Basis zwischen 1 und 20.

Übung 4

Schreibe folgende große Zahlen mithilfe einer Zehnerpotenz.

a) $30\,000 =$

b) $6\,100\,000 =$

c) $780\,000\,000 =$

Übung 5

Berechne.

a) $3^2 \cdot 6^2 =$

b) $3^2 + 4^3 =$

c) $5^3 + 2^6 =$

d) $(3 + 3^2)^2 =$

e) $7^2 + 7^3 =$

f) $(2^3 + 12) \cdot 8^3 =$

Übung 6

Welche Zahl kann man anstelle von ▢ einsetzen?

a) $3^2 + 4^2 = ▢^2$

b) $5^2 + ▢^2 = 13^2$

c) $▢^3 = 64$

d) $2^▢ = 32$

Die Potenzschreibweise

9 Division

Bei der Division gelten folgende Begriffe:

Quotient: 28   :   7   =   4
                Dividend   Divisor   Wert des Quotienten

Bei der schriftlichen Division betrachtest du die ersten Ziffern des Dividenden und schaust, wie oft der Divisor enthalten ist. Im Beispiel ist 98 viermal in 462 enthalten. Das Produkt 4 · 98 = 392 wird von 462 subtrahiert, die nächste Ziffer an das Ergebnis angehängt und mit der sich ergebenden Zahl 705 wieder von vorne begonnen. Geht die Divisionsrechnung mit der letzten Ziffer nicht auf, so schreibst du den verbleibenden Rest, der immer kleiner als der Divisor ist, hinter das Ergebnis. Mit einer Multiplikationsprobe kannst du überprüfen, ob du richtig gerechnet hast.

Beispiele

```
  46256 : 98 = 472        6192 : 68 = 91  Rest 4
 -392                    -612
  ‾‾‾                     ‾‾‾
   705                      72
  -686                     -68
   ‾‾‾                      ‾‾
   196                       4
  -196
   ‾‾‾
     0
```

Probe: 472 · 98 = 46 256   Probe: 91 · 68 + 4 = 6188 + 4 = 6192

Übung 1

Berechne.

a) 204 : 12 =

b) 6968 : 67 =

c) 69 741 : 567 =

d) 285 852 : 332 =

e) 787 696 : 541 =

f) 9 751 588 : 4523 =

Übung 2

Bestimme den Rest.

a) 400 : 31 =
   Rest:

b) 777 : 28 =
   Rest:

c) 358 : 67 =
   Rest:

d) 5489 : 21 =
   Rest:

e) 12 689 : 561 =
   Rest:

f) 67 851 : 12 =
   Rest:

Übung 3

Berechne und überprüfe dein Ergebnis mit einer Multiplikationsprobe.

a) 1755 : 39 =   Probe:

b) 14 637 : 41 =   Probe:

c) 2050 : 33 =   Probe:

Übung 4

Welche Ziffern gehören in die Lücken?

```
  6 8 8 _ : 5 _ = 1 _ 3
- 5 _
  1 2 _
- 1 1 2
  _ _ _
- 1 6 8
  0
```

```
  _ _ _ 5 : _ _ = 3 5
- 1 3 5
  2 2 _
- _ _ _
  0
```

Übung 5

Eine Schulklasse mit 32 Schülern fährt ins Landschulheim. Für den Bus müssen insgesamt 240 € bezahlt werden, Unterkunft und Verpflegung kosten für die ganze Gruppe 3408 €.
Wie viel muss jeder Schüler zahlen?

Jeder Schüler muss   € zahlen.

Übung 6

In einem Öltank befinden sich 6000 Liter Heizöl.
Wie viele ganze Tage reicht das Öl, wenn täglich durchschnittlich 43 Liter verbraucht werden?

Das Öl reicht für   Tage.
Dann bleiben noch   Liter übrig.

10 Besonderheiten bei der Multiplikation und Division

Bei der Multiplikation und der Division mit der Zahl 0 musst du folgende Besonderheiten beachten (a ist eine beliebige natürliche Zahl):

Multiplikation mit 0: $a \cdot 0 = 0$
Division mit 0: $0 : a = 0$
     $a : 0$ geht nicht
     $0 : 0$ geht nicht

Also unbedingt merken: **Durch Null kann man nicht dividieren!**

Bei der Multiplikation einer Zahl mit einer Summe oder Differenz gibt es durch die Distributivgesetze zwei Möglichkeiten zu rechnen. Welche Möglichkeit einfacher ist, hängt von der Aufgabenstellung ab.

Distributivgesetze:
$a \cdot (b + c) = a \cdot b + a \cdot c$
$a \cdot (b - c) = a \cdot b - a \cdot c$
(a, b und c sind beliebige natürliche Zahlen)

Zahlenbeispiele:
$3 \cdot (4 + 5) = 3 \cdot 9 = 27$ und $3 \cdot 4 + 3 \cdot 5 = 12 + 15 = 27$
$7 \cdot (9 - 6) = 7 \cdot 3 = 21$ und $7 \cdot 9 - 7 \cdot 6 = 63 - 42 = 21$

Beispiele

> Mit Hilfe der Distributivgesetze lässt sich oft einfacher rechnen.
> $23 \cdot 176 + 23 \cdot 24 = 23 \cdot (176 + 24) = 23 \cdot 200 = 4600$
> $63 \cdot 99 = 63 \cdot (100 - 1) = 63 \cdot 100 - 63 \cdot 1 = 6237$

Übung 1

Berechne durch Anwenden des Distributivgesetzes auf zwei verschiedene Arten.

a) $5 \cdot (15 + 3) =$
oder

b) $37 \cdot (56 + 12) =$
oder

c) $21 \cdot (10 + 5) =$
oder

Übung 2

Berechne mithilfe des Distributivgesetzes möglichst einfach.

a) $567 \cdot 123 + 567 \cdot 77 =$

b) $345 \cdot 512 - 345 \cdot 12 =$

c) $869 \cdot 498 + 112 \cdot 869 =$

d) $193 \cdot 256 + 256 \cdot 254 + 256 \cdot 113 =$

e) $786 \cdot 199 =$

f) $652 \cdot 998 =$

Übung 3

Gib, falls möglich, die Werte der folgenden Terme an.

a) $222 \cdot (222 : 222) =$

b) $333 : (333 - 333) =$

c) $444 - 444 : 444 =$

d) $555 \cdot 555 \cdot (555 - 555) =$

e) $(666 : 666 - 1) : 666 =$

f) $(0 : 121) : (11 \cdot 11 - 121) =$

Übung 4

Berechne. Was stellst du fest?

a) $370 : 10 =$

b) $7800 : 100 =$

c) $67\,000 : 1000 =$

d) $8\,100\,000 : 1000 =$

e) $45\,000 : 5000 =$

f) $72\,000 : 900 =$

Feststellung:

Besonderheiten bei der Multiplikation und Division

⑪ Alles zusammen

Bei umfangreicheren Rechenaufgaben ist auf die richtige Reihenfolge der Rechenschritte zu achten.
Es gilt: **Klammern vor Potenzen vor Punkt vor Strich**
Merke dir außerdem: Was noch nicht zum Rechnen dran, schreibe unverändert an.

Beispiel

Addiere zum Produkt aus 7 und 13 die Differenz der Zahlen 128 und 74 und dividiere das Ergebnis durch 5.
$[7 \cdot 13 + (128 - 74)] : 5 = [91 + 54] : 5 = 145 : 5 = 29$

Übung 1   **Berechne.**

a) $12 \cdot 24 + (139 - 13) =$

b) $47 + 13 \cdot (28 - 72 : 4) =$

c) $(13 \cdot 11 + 153 : 9) \cdot 27 =$

d) $6 \cdot \{[(13 + 7 \cdot 9) : 2 + 2] + 8\} =$

e) $7^3 + (192 + 8 \cdot 16) : 4 + 1 =$

f) $4000 + 2000 \cdot [2773 : 47 - (1612 - 1598)] =$

Übung 2   **Stelle einen Term auf und berechne.**

a) Dividiere das Produkt aus 23 und 36 durch die Summe aus 13 und 5.

b) Multipliziere die doppelte Summe aus 26 und 47 mit der Differenz der Zahlen 273 und 189.

c) Dividiere das Quadrat aus 12 durch den Quotienten der Zahlen 192 und 32.

d) Addiere zu 235 eine Differenz, deren Minuend 2582 und deren Subtrahend das Produkt aus 17 und 31 ist.

e) Subtrahiere die Summe aus 33 und 44 vom Produkt dieser Zahlen.

f) Multipliziere 45 mit einem Quotienten, dessen Divisor die Differenz aus 16 und 8 ist und dessen Dividend das Produkt aus 16 und 8 ist.

Übung 3

Setze jeweils eine Klammer, so dass die Rechnung richtig wird.

a) 12 · 56 − 4 = 624

b) 4704 : 98 − 8 · 3 = 120

c) 199 + 17 · 28 − 16 · 24 = 5664

Übung 4

Klaus kauft zum Schulanfang zwölf große Hefte, von denen eines 65 Cent kostet, und zu jedem Heft einen farbigen Umschlag zu je 45 Cent. Außerdem benötigt er einen neuen Füller, der 12 € kostet, und drei Päckchen Tintenpatronen zu je 1 €. Seine Mutter gibt ihm 30 € mit. Auf dem Heimweg kauft Klaus sich vom restlichen Geld ein Eis. **Wie viele Kugeln erhält er, wenn eine Kugel 60 Cent kostet?**

Übung 5

In einem Mehrfamilienhaus wohnen im Erdgeschoss acht Personen. Im ersten Stock sind es drei Personen weniger als im zweiten Stock, in dem doppelt so viele Menschen leben wie im Erdgeschoss.
Wie viele Einwohner hat das Haus?

Übung 6

Herr Schnell kauft sich ein neues Auto für 18 900 €. Er zahlt 7100 € in bar an und möchte den Restbetrag in 20 Monatsraten abzahlen. Nach acht Monaten kann er zusätzlich 1080 € zahlen.
Wie hoch sind danach die restlichen Raten?

12 Längeneinheiten

Eine Größe setzt sich aus einer Maßzahl und einer Einheit zusammen. Größen bestimmt man durch Messen. Dabei vergleicht man, wie oft eine festgelegte Einheit in der zu messenden Größe enthalten ist. Für die Längenmessung wurde die Länge „1 Meter" durch das Urmeter in Paris festgelegt. Davon abgeleitet gibt es folgende Längeneinheiten:

Millimeter:	1 mm
Zentimeter:	1 cm = 10 mm
Dezimeter:	1 dm = 10 cm
Meter:	1 m = 10 dm = 100 cm
Kilometer:	1 km = 1000 m

Beispiel

Um Größen addieren und subtrahieren zu können, müssen sie die gleiche Einheit besitzen. Daher musst du vor dem Rechnen alle Größen in die kleinste vorkommende Einheit umwandeln.
13 m 89 cm − (8 m 1 dm 2 cm + 45 dm) = 1389 cm
$$ − (812 cm + 450 cm)$$
$$= 1389 cm − 1262 cm$$
$$= 127 cm = 1 m 27 cm$$

Übung 1

Schreibe in der angegebenen Einheit.

a) 21 cm =   mm
b) 32 m =   mm
c) 3 km 15 m =   dm

d) 20 km 15 dm =   cm
e) 78 000 cm =   m
f) 125 000 mm =   dm

Übung 2

Schreibe in gemischten Einheiten (z. B.: 123 cm = 1 m 2 dm 3 cm).

a) 103 mm
b) 1250 cm
c) 100 116 dm

d) 98 523 cm
e) 307 882 mm
f) 500 127 m

Übung 3

Schreibe in der kleinsten vorkommenden Einheit.

a) 5 m 7 cm

b) 2 dm 3 mm

c) 3 km 40 m

d) 9 m 7 mm

e) 3 km 2 dm 9 mm

f) 112 km 7 dm

Übung 4

Berechne.

a) 4 dm + 47 cm

b) 254 m + 320 m + 875 m

c) 34 m + 34 dm + 34 cm

d) 87 m − 145 cm

e) 14 m 12 cm + (815 cm − 2 m 7 dm)

f) 37 km 12 m − (942 m − 12 m 7 cm)

Übung 5

Claudia und Sabine planen eine 310 km lange Radtour. Am ersten Tag fahren sie 75 km. Am zweiten Tag schaffen sie 12 km mehr und am dritten Tag 8 km weniger als am ersten Tag.
Wie viele Kilometer müssen sie am letzten Tag noch zurücklegen?

Übung 6

Auf einer Drahtrolle sind 35 m Draht aufgewickelt. An einen Kunden wird zuerst ein 7 m 35 cm langes Stück und später werden zwei 37 dm lange Stücke verkauft.
Wie viel Draht ist danach noch auf der Rolle?

Übung 7

Klaus will eine 2 m 10 cm lange Holzleiste in 15 cm lange Stücke zersägen.
Wie oft muss er sägen?

13 Gewichte

Die wichtigsten Gewichtseinheiten sind:

Milligramm	1 mg
Gramm	1 g = 1000 mg
Kilogramm	1 kg = 1000 g
Tonne	1 t = 1000 kg

Außerdem werden häufig noch die alten Einheiten Pfund (1 Pfd. = 500 g), Zentner (1 Ztr. = 50 kg) und Doppelzentner (1 dz = 100 kg) verwendet.

Beispiele

> Beim Dividieren von Größen muss man darauf achten, ob durch eine Zahl oder eine Größe dividiert wird.
>
> **2 kg Gummibärchen werden in 16 Tüten aufgeteilt. Wie schwer ist jede Tüte?**
> 2 kg : 16 = 2000 g : 16 = 125 g
> Hier teilt man eine Größe (2000 g) durch eine Zahl (16). Als Ergebnis erhält man dann eine Größe (125 g).
> Also gilt: **Größe : Zahl = Größe**
>
> **2 kg Gummibärchen werden in 250 g schwere Tüten aufgeteilt. Wie viele solche Tüten erhält man?**
> 2 kg : 250 g = 2000 g : 250 g = 8
> Hier wird eine Größe (2000 g) durch eine andere Größe (250 g) geteilt. Dazu müssen beide Größen die gleiche Einheit haben. Das Ergebnis ist dann eine Zahl (8).
> Es gilt also: **Größe : Größe = Zahl**

Übung 1

Schreibe in der angegebenen Einheit.

a) 55 t =   kg

b) 12 kg 500 g =   g

c) 30 g =   mg

d) 750 kg =   Ztr.

e) 2 kg 500 g =   Pfd.

f) 1 t 10 kg 100 g =   mg

Übung 2

Ordne die folgenden Gewichte der Größe nach.

a) 40 kg; 41 500 g; 39 t; 42 kg 500 g

b) 3 kg 700 g; 3 t 600 mg; 380 000 mg; 39 000 g

Übung 3

Berechne.

a) 47 g + 568 g

b) 5 kg 56 g – 259 g

c) 4 · (2 t 256 kg + 4 t 786 kg)

d) (470 kg + 2560 g) : 5

e) (44 g 25 mg – 456 mg) : 9 mg

f) 50 t : 5 kg – 48 mg : 4 mg

Übung 4

Familie Reise fährt mit ihrem Auto in Urlaub. Das Auto wiegt leer 1020 kg, das zulässige Gesamtgewicht ist 1550 kg. Herr Reise wiegt 76 kg, seine Frau 58 kg und die Kinder 35 kg und 43 kg.
Wie viel kg an Gepäck dürfen sie noch mitnehmen?

Übung 5

Ein Behälter wiegt leer 4 kg 600 g und mit Schrauben gefüllt 13 kg. Eine Schraube wiegt 15 g.
Wie viele Schrauben sind in dem Behälter?

Übung 6

Claudia möchte wissen, wie viel sie jeden Tag in die Schule schleppen muss. Ihre leere Schultasche wiegt 1450 g, alle Bücher zusammen 2 kg 18 g, ihr Mäppchen 280 g und die Brotzeit 210 g. Außerdem hat sie 12 Hefte dabei, von denen eines 65 g wiegt.
Kann sie ihr 350 g schweres Stofftier auch noch einpacken, wenn sie insgesamt nicht mehr als 5 kg tragen will?

14 Zeiten

Die wichtigsten Zeiteinheiten sind:

Sekunde	1 s
Minute	1 min = 60 s
Stunde	1 h = 60 min = 3600 s
Tag	1 d = 24 h

Beispiel 1

Beim Umwandeln von Sekunden in Minuten musst du die Sekunden durch 60 teilen. Das Ergebnis gibt die Minuten an. Bleibt bei der Division ein Rest, sind dies die verbleibenden Sekunden. Genauso musst du vorgehen, wenn du Minuten in Stunden umrechnen willst.

8652 s = (8652 : 60) min = 144 min 12 s = 2 h 24 min 12 s

2 h 15 min 47 s = 135 min + 47 s = 135 · 60 s + 47 s
 = 8100 s + 47 s = 8147 s

Beispiel 2

Da das Umrechnen in eine andere Zeiteinheit kompliziert ist, ist es beim Rechnen mit Zeiten in der Regel einfacher, wenn du nach Einheiten getrennt rechnest. Beim Subtrahieren musst du in manchen Fällen zuerst eine Stunde in 60 Minuten umwandeln, um rechnen zu können.

17 d 12 h 54 min + 2 d 18 h 48 min = 19 d 30 h 102 min
 = 20 d 7 h 42 min

15 h 11 min − 3 h 35 min = 14 h 71 min − 3 h 35 min
 = 11 h 36 min

Beispiel 3

Frau Schmitt betrat um 10.49 Uhr die Arztpraxis und kam erst um 12.13 Uhr ins Sprechzimmer des Arztes. Wie lange musste sie warten?

 11 min 1 h 13 min
10.49 Uhr → 11.00 Uhr → 12.00 Uhr → 12.13 Uhr
Sie musste 11 min + 1 h + 13 min = 1 h 24 min warten.

Übung 1

Wandle in die angegebene Einheit um.

a) 4 min =   s
b) 12 h =   min
c) 3 h 48 min =   min
d) 5 h 12 min =   s
e) 168 h =   d
f) 840 s =   min
g) 7860 s =   h   min
h) 29 362 s =   h   min   s

Übung 2

Ordne der Größe nach, indem du alle Zeiten auf die gleiche Einheit bringst.

a) 12 min 20 s; 1 h 3 min; 135 s

b) 900 s; 65 min; 1 h 15 min; 73 min 45 s

c) 18 h; 1 d 2 h; 1450 min; 86 000 s

Übung 3

Berechne.

a) 23 h 47 min + 8 h 23 min =
b) 3 h 48 min – 1 h 17 min =
c) 7 d 12 h + 4 d 19 h 56 min + 17 h 37 min =
d) 5 h 24 min – 2 h 49 min =

Übung 4

Herr Stress verlässt morgens um 5.55 Uhr das Haus, um mit dem Zug um 6.08 Uhr von S-Dorf nach A-Stadt zu fahren. Er erreicht A-Stadt um 6.30 Uhr und fährt mit dem Zug um 6.39 Uhr nach M-Stadt weiter, wo er um 7.15 Uhr ankommt. Dort muss er noch 12 Minuten zu Fuß zu seiner Firma gehen.

a) **Wie lange sitzt Herr Stress täglich im Zug?**

b) **Um wie viel Uhr muss er abends von seiner Firma losgehen, wenn er für den Rückweg genauso lange braucht wie für den Hinweg und er um 18.00 Uhr wieder zu Hause sein will?**

15 Geschwindigkeit

Die Geschwindigkeit wird in der Regel in km/h angegeben. Eine Geschwindigkeit von 100 km/h bedeutet, dass in der Zeit 1 h eine Strecke von 100 km zurückgelegt wird (wenn man immer gleich schnell fährt). Für die wichtigen Größen hat man Abkürzungen eingeführt, um nicht so viel schreiben zu müssen: v für Geschwindigkeit, s für Strecke und t für Zeit.

Beispiel

Herr Reise fährt auf der Autobahn in 3 Stunden 405 Kilometer weit. Wie hoch ist seine durchschnittliche Geschwindigkeit?
Um die gesuchte Geschwindigkeit zu berechnen, musst du die Strecke durch die Zeit teilen (kurz: $v = s : t$).
v = 405 km : 3 h = 135 km/h

Anschließend fährt er auf der Landstraße zwei Stunden lang mit einer Geschwindigkeit von 93 km/h. Wie weit kommt er?
Um die gesuchte Strecke zu berechnen, musst du die Zeit mit der Geschwindigkeit multiplizieren (kurz: $s = v \cdot t$).
s = 2 h · 93 km/h = 186 km

Zum Schluss muss er mit 50 km/h noch 25 Kilometer durch eine Stadt fahren. Wie lange benötigt er dafür?
Um die gesuchte Zeit zu berechnen, musst du allgemein die Strecke durch die Geschwindigkeit teilen (kurz: $t = s : v$). Du kannst dir aber auch überlegen, dass er für 25 km eine halbe Stunde benötigt, wenn er für 50 km eine ganze Stunde braucht.

Übung 1 Berechne jeweils die fehlende Größe.

s	240 km		882 km	10 km	280 km	
t	3 h	6 h			240 min	4 h 30 min
v		75 km/h	126 km/h	60 km/h		90 km/h

Übung 2

Ein Flugzeug benötigt für die 12 600 km lange Strecke von Frankfurt nach New York acht Stunden.

a) **Wie groß ist seine durchschnittliche Geschwindigkeit?**

b) **Wie lange würde ein Fußgänger mit 5 km/h für diese Strecke brauchen?**

Übung 3

Herr Kaufmann kann auf der Autobahn drei Stunden lang mit einer Geschwindigkeit von 128 km/h fahren. Dann kommt er in einen Stau und er fährt zwei Stunden lang nur noch mit einer durchschnittlichen Geschwindigkeit von 52 km/h.
Welche Strecke hat er zurückgelegt?

Übung 4

Familie Schön startet um 7.30 Uhr in ihren Italien-Urlaub. Sie können die 450 km lange Strecke durchschnittlich mit 100 km/h fahren.
Zu welcher Uhrzeit kommen sie an?

Übung 5

Die Erde benötigt für die 149 022 000 km lange Umrundung der Sonne ungefähr ein Jahr (= 365 Tage und 6 Stunden).
Berechne die Geschwindigkeit der Erde in km/h.

Geschwindigkeit

16 Maßstab und Verhältnisse

Auf Landkarten wird stets der Maßstab angegeben, in dem die Karten gezeichnet sind. Ein Maßstab von 1 : 200 000 bedeutet, dass 1 cm auf der Karte 200 000 cm = 2 km in Wirklichkeit entspricht. Misst man nun auf der Karte eine Länge von 3 cm, so ist die Strecke in Wirklichkeit auch dreimal so lang, also 3 · 2 km = 6 km.

Beispiele

Klaus möchte zum Bergsteigen. In seiner Karte mit dem Maßstab 1 : 35 000 misst er für den Weg bis zum Gipfel mit dem Lineal 21 cm und 5 mm. Wie lang ist die Strecke, die er laufen muss?

1 cm auf der Karte entspricht 35 000 cm = 350 m in Wirklichkeit.
21 cm auf der Karte entsprechen dann 21 · 350 m = 7350 m.
5 mm auf der Karte entsprechen 350 m : 2 = 175 m.
Er muss also insgesamt 7350 m + 175 m = 7525 m laufen.

Ein derartiger Zusammenhang zwischen zwei Größen kommt häufiger vor, wenn sich die eine Größe verdoppelt oder verdreifacht, so verdoppelt oder verdreifacht sich auch die andere Größe. Kostet beispielsweise eine Kugel Eis 50 Cent, so kosten drei Kugeln auch dreimal so viel. Hat man umkehrt für 40 Liter Benzin 43,20 € bezahlt, so kostet ein Liter auch nur den vierzigsten Teil von 43,20 €, also 4320 Cent : 40 = 108 Cent = 1,08 €.

Übung 1

Ute plant mit einer Karte im Maßstab 1 : 150 000 eine Radtour. Mit einem Lineal misst sie die Längen der einzelnen Tagesabschnitte. Die Strecke des ersten Tages ist auf der Karte 22 cm lang, der zweite Tagesabschnitt 3 dm und die Strecke des dritten Tages 26 cm und 5 mm.
Berechne die Länge der einzelnen Abschnitte und die Gesamtstrecke der Fahrradtour.

Übung 2 Welchen Maßstab hat eine Karte, bei der eine 3 km lange Strecke 6 cm misst?

Übung 3 Die Entfernung München – Berlin beträgt in der Luftlinie ungefähr 500 km. **Wie lang ist diese Strecke auf einer Deutschlandkarte im Maßstab 1 : 2 500 000?**

Übung 4 In einer Karte im Maßstab 1 : 50 000 beträgt die Entfernung zwischen A-Stadt und B-Dorf 8 cm. **Wie lang ist diese Strecke auf einer Karte im Maßstab 1 : 80 000?**

Übung 5 Im Supermarkt kostet eine Tafel Schokolade 54 Cent. **Wie viel kosten drei Tafeln?**

Übung 6 Herr Spar kauft eine Kiste mit zwölf Flaschen Wein für 55,20 €. **Wie viel kostet eine Flasche?**

Übung 7 Das Licht legt in einer Sekunde 300 000 km zurück. **Welche Strecke legt es in einer Minute, einer Stunde, einem Tag und einem Jahr (= ein Lichtjahr) zurück?**

Übung 8 Im Mittelalter wurden noch andere Längeneinheiten als heute verwendet. Ein Klafter bestand aus drei Ellen. Eine Elle war zwei Fuß und ein Fuß bestand aus zwölf Zoll. **Wie lang war ein Klafter, wenn ein Zoll 24 mm lang war?**

⑰ Gleichungen I

Bei Zahlenrätseln und bestimmten Textaufgaben ist es sinnvoll, für die gesuchte Größe einen Platzhalter (= Variable, meist x) einzuführen und dann die sich ergebende Gleichung zu lösen. Bei Gleichungen mit großen Zahlen kannst du an einer gleichartigen Hilfsgleichung mit kleinen Zahlen überlegen, wie die Gleichung zu lösen ist. Als Test, ob du richtig gerechnet hast, kannst du immer eine Probe machen, indem du die errechnete Lösungszahl in die ursprüngliche Gleichung anstatt x einsetzt.

Beispiel 1

Ein Summand ist in einer Gleichung die unbekannte Zahl:

$x + 5 = 7$	$x + 5258 = 7492$
$x = 7 - 5$	$x = 7492 - 5258$
$x = 2$	$x = 2234$
Probe: $2 + 5 = 7$	Probe: $2234 + 5258 = 7492$

Durch das Kommutativgesetz macht es keinen Unterschied, ob der erste oder zweite Summand unbekannt ist.

Beispiel 2

Der Minuend ist in einer Gleichung die unbekannte Zahl:

$x - 4 = 3$	$x - 4821 = 3567$
$x = 4 + 3$	$x = 4821 + 3567$
$x = 7$	$x = 8388$
Probe: $7 - 4 = 3$	Probe: $8388 - 4821 = 3567$

Beispiel 3

Der Subtrahend ist in einer Gleichung die unbekannte Zahl:

$9 - x = 2$	$9573 - x = 2583$
$x = 9 - 2$	$x = 9573 - 2583$
$x = 7$	$x = 6990$
Probe: $9 - 7 = 2$	Probe: $9573 - 6990 = 2583$

Übung 1 **Löse die folgenden Gleichungen.**

a) $23 + x = 79$ $x =$

b) $x - 86 = 25$ $x =$

c) $47 - x = 23$ $x =$

d) $x + 564 = 589 + 254$ $x =$

e) $4892 - x = 1538$ $\qquad x =$

f) $x + (871 - 652) = 683 + 256$ $\qquad x =$

g) $x - 5432 = 8457$ $\qquad x =$

h) $7523 - x = 5429 + 431$ $\qquad x =$

Übung 2

Stelle zu den Zahlenrätseln eine Gleichung auf, indem du x als unbekannte Zahl einsetzt, und löse die Gleichung.

a) Welche Zahl muss man von 127 subtrahieren, um 58 zu erhalten?

$\qquad x =$

b) Zu welcher Zahl muss man 546 addieren, um 4623 zu erhalten?

$\qquad x =$

c) Von welcher Zahl muss man 2564 abziehen, um 1867 zu erhalten?

$\qquad x =$

d) Von welcher Zahl muss man die Summe aus 16 781 und 3156 subtrahieren, um die Differenz aus 13 124 und 4367 zu erhalten?

$\qquad x =$

e) Wenn man zu einer Zahl 17 addiert und das Ergebnis von 57 subtrahiert, so erhält man 25.

$\qquad x =$

Übung 3

Bei einem Radiosender müssen die Zuhörer in einem Spiel den Wasserstand einer Badewanne auf dem Dach des Sendegebäudes schätzen. In der Vorwoche stand das Wasser 45 cm hoch in der Wanne. Durch schönes Wetter zu Wochenanfang verdunstete Wasser und der Wasserstand nahm um 13 mm ab. Nach einem heftigen Schauer am Mittwoch stieg er wieder um 15 cm.
Wie viel Wasser verdunstete bis Sonntag, wenn dann der Wasserstand 51 cm betrug?
Stelle eine Gleichung auf und löse sie.

$x =$

18 Gleichungen II

Beispiel 1

Ein Faktor ist in einer Gleichung die unbekannte Zahl:
$4 \cdot x = 12$ $405 \cdot x = 1620$
$x = 12 : 4$ $x = 1620 : 405$
$x = 3$ $x = 4$

Beispiel 2

Der Dividend ist in einer Gleichung die unbekannte Zahl:
$x : 9 = 3$ $x : 986 = 37$
$x = 9 \cdot 3$ $x = 986 \cdot 37$
$x = 27$ $x = 36\,482$

Beispiel 3

Der Divisor ist in einer Gleichung die unbekannte Zahl:
$56 : x = 7$ $549 : x = 61$
$x = 56 : 7$ $x = 549 : 61$
$x = 8$ $x = 9$

Beispiel 4

In umfangreicheren Gleichungen musst du zuerst alle Rechnungen ausführen, die du gleich rechnen darfst (auf Punkt vor Strich achten!). Danach kann es sein, dass du zweimal eine Gleichung lösen musst, um x zu erhalten.

$17 \cdot x + (47 - 19) = 48 + 31$
$(17 \cdot x) + 28 = 79$

(zuerst musst du nach dem 1. Summanden $17 \cdot x$ auflösen)

$17 \cdot x = 79 - 28$
$17 \cdot x = 51$

(erst jetzt kannst du nach dem unbekannten Faktor x auflösen)

$x = 51 : 17$
$x = 3$

Probe: $17 \cdot 3 + 28 = 79$

Übung 1

Löse die folgenden Gleichungen.

a) $156 \cdot x = 3588$ $x =$

b) $x : 28 = 75$ $x =$

c) $568 : x = 71$ $x =$

d) $x \cdot (332 - 145) = 17 \cdot 11$ $x =$

e) $x : (13 + 14) = 189 : 7$ $x =$

f) $(x + 17) \cdot 25 = 3750$ $x =$

g) $270 : x - 25 = 160 : 8$ $x =$

h) $(x - 56) : (23 + 34) = 256$ $x =$

Übung 2

Stelle eine Gleichung auf und löse sie.

a) Welche Zahl muss man durch 17 dividieren, um 51 zu erhalten?

$x =$

b) Mit welcher Zahl muss man 53 multiplizieren, um 4717 zu erhalten?

$x =$

c) Durch welche Zahl muss man 441 dividieren, um 63 zu erhalten?

$x =$

d) Welche Zahl muss man mit der Summe aus 8234 und 583 multiplizieren, um die Differenz aus 490 und 47 zu erhalten?

$x =$

Übung 3

Klaus denkt sich eine Zahl. Wenn er diese Zahl mit 5 multipliziert und dann die Summe aus 47 und 43 subtrahiert, erhält er den Quotienten aus 420 und 28.
Welche Zahl hat Klaus sich gedacht?

$x =$

Übung 4

Ein Vater verteilt an seine drei Kinder Salzstangen. Jedes Kind erhält 24 Stück. Vom Rest isst er den vierten Teil selbst.
Wie viele Salzstangen waren in der Packung, wenn der Vater 11 Stück bekommt? Stelle eine Gleichung auf und löse sie.

$x =$

Gleichungen II

19 Ungleichungen

Ungleichungen erkennst du an den Zeichen < (kleiner), > (größer), ≤ (kleiner oder gleich), ≥ (größer oder gleich) oder ≠ (ungleich). Bei manchen Aufgaben stehen nicht alle Zahlen zum Lösen der Ungleichung zur Verfügung. Diejenigen Zahlen, die man für die Variable einsetzen darf, stehen in der Grundmenge $\mathbb{G}$. Die Zahlen aus der Grundmenge, die die Ungleichung dann tatsächlich lösen, schreibt man in die Lösungsmenge $\mathbb{L}$.

Ungleichungen löst du am einfachsten, indem du das Ungleichheitszeichen durch ein Gleichheitszeichen ersetzt und die entstandene Gleichung löst. Hast du die Lösungszahl der Gleichung, die so genannte Grenzzahl, musst du dir überlegen, ob die Lösungszahlen der Ungleichung kleiner oder größer als diese Grenzzahl sind, ob die errechnete Grenzzahl ebenfalls eine Lösung ist und ob die Lösungsmenge noch durch eine weitere Zahl begrenzt wird.

Beispiel 1

$\mathbb{G} = \mathbb{N}$
$(345 + 47) - x > 23 \cdot 12$
$(345 + 47) - x = 23 \cdot 12$
$392 - x = 276$
$x = 392 - 276$
$x = 116$
$\mathbb{L} = \{1; 2; 3; ...; 115\}$

Wäre als Grundmenge die Menge $\mathbb{G} = \{10; 20; 30; ...\}$ gegeben, so würde man bei der gleichen Aufgabe die Lösungsmenge $\mathbb{L} = \{10; 20; 30; ...; 110\}$ erhalten, da nur Zahlen in der Lösungsmenge vorkommen dürfen, die auch in der Grundmenge enthalten sind.

Beispiel 2

Bei einer Doppelungleichung sind zwei Ungleichungen zusammengefasst. Zum Lösen muss man die Doppelungleichung in zwei getrennte Ungleichungen aufspalten, diese lösen und für die endgültige Lösungsmenge überprüfen, welche Zahlen die Lösungsmengen $\mathbb{L}_1$ und $\mathbb{L}_2$ gemeinsam haben.

$$1378 < x - 137 \leq 1584$$

$1378 < x - 137$	$x - 137 \leq 1584$
$1378 = x - 137$	$x - 137 = 1584$
$x = 1378 + 137$	$x = 1584 + 137$
$x = 1515$	$x = 1721$
$\mathbb{L}_1 = \{1516; 1517; 1518; ...\}$	$\mathbb{L}_2 = \{137; 138; ...; 1721\}$

$$\mathbb{L}_{ges} = \{1516; 1517; ...; 1721\}$$

Übung 1 Gib bei folgenden Ungleichungen die Lösungsmenge zu der angegebenen Grundmenge an.

a) $x + 28 < 152$ $\quad \mathbb{G} = \{2; 4; 6; 8; …\}$ $\quad \mathbb{L} =$

b) $238 - x \leq 185$ $\quad \mathbb{G} = \mathbb{N}$ $\quad \mathbb{L} =$

c) $x - 2594 > 586$ $\quad \mathbb{G} = \{1; 3; 5; 7; 9; …\}$ $\quad \mathbb{L} =$

d) $738 < x + 492$ $\quad \mathbb{G} = \{10; 20; 30; 40; …\}$ $\quad \mathbb{L} =$

Übung 2 Gib bei folgenden Doppelungleichungen die Lösungsmenge an ($\mathbb{G} = \mathbb{N}$).

a) $47 < x \leq 140$ $\quad \mathbb{L} =$

b) $12 \leq x - 5 < 15$ $\quad \mathbb{L} =$

c) $237 < x + 184 < 943$ $\quad \mathbb{L} =$

d) $549 \geq x - 128 > 349$ $\quad \mathbb{L} =$

e) $423 \leq 867 - x \leq 756$ $\quad \mathbb{L} =$

⑳ Teilbarkeit

Bei der Division ist es oft nützlich zu wissen, ob die Rechnung aufgeht. Bleibt bei der Division von *a* durch *b* kein Rest, so sagt man, *a* ist durch *b* teilbar bzw. *b* ist ein Teiler von *a* bzw. *a* ist ein Vielfaches von *b*. Ist *b* ein Teiler von *a*, so schreibt man *b* | *a*, ansonsten *b* ∤ *a*. Bei vielen Zahlen lässt sich gleich auf den ersten Blick feststellen, durch welche Zahlen sie teilbar sind.

Eine Zahl ist genau dann teilbar durch

2, wenn die letzte Ziffer gerade ist, also 0, 2, 4, 6, 8,

5, wenn die letzte Ziffer eine 0 oder eine 5 ist,

10, wenn die letzte Ziffer eine 0 ist,

25, wenn die letzen beiden Ziffern 00, 25, 50 oder 75 sind,

4, wenn die aus den letzten beiden Ziffern gebildete Zahl durch 4 teilbar ist,

8, wenn die aus den letzten drei Ziffern gebildete Zahl durch 8 teilbar ist,

3, wenn die Quersumme der Zahl (= Summe aller Ziffern) durch 3 teilbar ist,

9, wenn die Quersumme der Zahl durch 9 teilbar ist.

Beispiele

2520 ist durch 2, 5 und 10 teilbar, weil die letzte Ziffer eine 0 ist.

2520 ist durch 4 teilbar, weil 20 durch 4 teilbar ist.

2520 ist durch 8 teilbar, weil 520 durch 8 teilbar ist.

2520 ist durch 3 und 9 teilbar, weil die Quersumme (2 + 5 + 2 + 0 = 9) durch 3 und 9 teilbar ist.

2520 ist durch 6 teilbar, weil alle Zahlen, die durch 2 und 3 teilbar sind, auch durch 6 teilbar sind.

2520 ist durch 7 teilbar. Dafür gibt es aber keine Regel, sondern du musst es durch Nachrechnen herausfinden.

Übung 1

Kreuze in der folgenden Tabelle alle Teiler an.

ist teilbar durch	2	3	4	5	6	7	8	9	10
48									
52									
72									
156									
256									
494									
1480									
20 048									
301 812									

Übung 2

Gib alle Teiler an.

a) 30 $\mathbb{T}_{30} =$

b) 99 $\mathbb{T}_{99} =$

c) 150 $\mathbb{T}_{150} =$

Übung 3

Gib alle Ziffern an, die man in die Lücke schreiben kann, damit eine wahre Aussage entsteht.

a) 2 | 254_

b) 3 | 24_1

c) 4 | 51_4

d) 6 | 984_

21 Die Primfaktorzerlegung

Alle Zahlen, die genau zwei Teiler haben (die 1 und die Zahl selbst), bezeichnet man als Primzahlen. Die ersten Primzahlen sind 2, 3, 5, 7, 11, 13, 17, 19, 23, 29, 31, 37. (Beachte, dass 1 keine Primzahl ist!). Um herauszufinden, ob eine Zahl eine Primzahl ist, musst du überprüfen, ob sie durch eine Primzahl teilbar ist. Dabei genügt es, die Primzahlen zu testen, deren Quadrat kleiner als die zu untersuchende Zahl ist.

Beispiel

Um zu überprüfen, ob 137 ein Primzahl ist, musst du schauen, ob sie durch 2, 3, 5, 7 oder 11 teilbar ist. 13 muss nicht mehr überprüft werden, da $13^2 = 169 > 137$. Nach den Teilbarkeitsregeln ist 137 nicht durch 2, 3 und 5 teilbar. Durch Nachrechnen ergibt sich, dass 7 und 11 auch keine Teiler von 137 sind. Also ist 137 eine Primzahl.

Jede Zahl lässt sich als ein Produkt schreiben, bei dem alle Faktoren Primzahlen sind. Diese Schreibweise ist eindeutig und wird als Primfaktorzerlegung der Zahl bezeichnet. Gleiche Primfaktoren schreibt man dabei in der Regel als Potenz.

Beispiele

$2580 = 10 \cdot 258 = 2 \cdot 5 \cdot 2 \cdot 129 = 2 \cdot 5 \cdot 2 \cdot 3 \cdot 43 = 2^2 \cdot 3 \cdot 5 \cdot 43$

Mit Hilfe der Primfaktorzerlegung kannst du leicht sämtliche Teiler einer Zahl finden. Dazu musst du alle Produkte berechnen, die du aus den Primfaktoren bilden kannst. Dies ergibt alle Teiler der Zahl.

$330 = 2 \cdot 3 \cdot 5 \cdot 11$
Teiler sind 1, die Primfaktoren und die Zahl selbst: 1; 2; 3; 5; 11; 330
Produkte aus je zwei Primfaktoren:
$2 \cdot 3 = 6$ $\qquad$ $2 \cdot 5 = 10$ $\qquad$ $2 \cdot 11 = 22$
$3 \cdot 5 = 15$ $\qquad$ $3 \cdot 11 = 33$ $\qquad$ $5 \cdot 11 = 55$
Produkte aus je drei Primfaktoren:
$2 \cdot 3 \cdot 5 = 30$ $\qquad$ $2 \cdot 3 \cdot 11 = 66$
$2 \cdot 5 \cdot 11 = 110$ $\qquad$ $3 \cdot 5 \cdot 11 = 165$
$\mathbb{T}_{330} = \{1; 2; 3; 5; 6; 10; 11; 15; 22; 30; 33; 55; 66; 110; 165; 330\}$

Übung 1 Welche der folgenden Zahlen sind Primzahlen?
Gib bei den anderen Zahlen jeweils einen Teiler an.

a) 47

b) 57

c) 67

d) 139

e) 441

f) 1541

Übung 2 Zerlege die folgenden Zahlen in Primfaktoren.

a) 48

b) 58

c) 68

d) 140

e) 442

f) 1542

Übung 3 Bestimme mit Hilfe der Primfaktorzerlegung sämtliche Teiler.

a) 77 $\mathbb{T}_{77} =$

b) 44 $\mathbb{T}_{44} =$

c) 78 $\mathbb{T}_{78} =$

d) 805 $\mathbb{T}_{805} =$

e) 132 $\mathbb{T}_{132} =$

f) 546 $\mathbb{T}_{546} =$

Übung 4 Gib zu folgenden Zahlen die Anzahl der Primfaktoren und die Anzahl der Teiler an.

a) 15

b) 21

c) 42

d) 66

e) 210

f) 1155

㉒ Gemeinsame Teiler

 Sind zwei Zahlen durch dieselbe Zahl teilbar, so bezeichnet man diese Zahl als gemeinsamen Teiler. Unter allen gemeinsamen Teilern einer Zahl gibt es den größten gemeinsamen Teiler, kurz ggT. Haben zwei Zahlen keinen gemeinsamen Teiler außer der 1, so bezeichnet man sie als teilerfremd.

Beispiel 1

Um den ggT von zwei Zahlen zu bestimmen, musst du zuerst beide Zahlen in Primfaktoren zerlegen. Der ggT ist dann das Produkt aus den Primfaktoren, die in beiden Zahlen gemeinsam vorkommen.
105 = 3 · $\underline{5}$ · $\underline{7}$
280 = 2 · 2 · 2 · $\underline{5}$ · $\underline{7}$
ggT (105; 280) = 5 · 7 = 35

Beispiel 2

Auf dieselbe Art und Weise erhältst du bei drei Zahlen den ggT aus dem Produkt der Primfaktoren, die in allen drei Zahlen gemeinsam vorkommen.
63 = 3 · $\underline{3}$ · $\underline{7}$
231 = $\underline{3}$ · $\underline{7}$ · 11
357 = $\underline{3}$ · $\underline{7}$ · 17
ggT (63; 231; 357) = 3 · 7 = 21

Übung 1

Überprüfe, ob die angegebenen Zahlen teilerfremd sind, und gib andernfalls einen gemeinsamen Teiler an.

a) 33 und 57

d) 56 und 225

b) 22 und 63

e) 4851 und 5200

c) 169 und 78

f) 3125 und 5150

Übung 2

Bestimme den ggT.

a) 24 und 39

b) 35 und 63

c) 72 und 180

d) 342 und 612

e) 637 und 455

f) 5720 und 1485

g) 12, 42 und 150

h) 480, 840 und 1680

Übung 3

Herr Schreiner will eine 1,20 m lange und eine 525 cm lange Holzleiste in möglichst große, gleich lange Stücke zersägen.
Wie lang sind die Stücke und wie viele Stücke erhält er?

Übung 4

Familie Müller will den Boden ihres Wohnzimmers (Länge 7 m 56 cm, Breite 4 m 50 cm) ohne Schneiden mit quadratischen Platten fliesen.
Welche Seitenlänge dürfen die Fliesen höchstens haben?

Übung 5

In Familie Bauers Haus ist der Keller 2 m 24 cm hoch, das Erdgeschoss 2 m 40 cm.
Welche Höhe dürfen die Treppenstufen höchstens haben, wenn die Stufen überall gleich hoch sein sollen?

Übung 6

In einem Sägewerk sollen drei Baumstämme mit 42 cm, 66 cm und 78 cm Durchmesser in gleich dicke Bretter zersägt werden.
Welche Bretterstärken (in ganzen cm) kommen infrage?

23 Gemeinsame Vielfache

Multipliziert man eine Zahl mit einer natürlichen Zahl, so erhält man ein Vielfaches der Zahl. Jede Zahl hat unendlich viele Vielfache. Betrachtet man die Vielfachen von zwei verschiedenen Zahlen, so findet man immer unendlich viele gemeinsame Vielfache. Besonders wichtig ist es oft, das kleinste gemeinsame Vielfache, kurz kgV, zweier Zahlen zu kennen.

Beispiel

> Um das kgV zweier Zahlen zu bestimmen, musst du zuerst beide Zahlen in Primfaktoren zerlegen. Das kgV ist dann das Produkt aus allen Primfaktoren der ersten Zahl und denen, die zusätzlich in der zweiten Zahl vorkommen. Bei drei Zahlen musst du das Ergebnis noch mit allen Primfaktoren multiplizieren, die zusätzlich in der dritten Zahl vorkommen.
> 48 = 2 · 2 · 2 · 2 · 3
> 66 = 2 · 3 · 11
> kgV (48; 66) = 2 · 2 · 2 · 2 · 3 · 11 = 48 · 11 = 528

Übung 1

Schreibe jeweils die ersten zehn Vielfachen von 12 und 18 auf und gib die gemeinsamen Vielfachen an.
Welches ist das kleinste Vielfache?

Übung 2

Bestimme das kgV der folgenden Zahlen

a) 24 und 36

d) 1224 und 5600

b) 55 und 75

e) 54, 76 und 88

c) 378 und 648

f) 260, 510 und 884

Übung 3

Multipliziere die folgenden Zahlen miteinander, bestimme dann den ggT und das kgV und multipliziere ggT und kgV miteinander.

a) 84 und 126

b) 36 und 54

c) 50 und 160

Was fällt dir auf?

Übung 4

Vom Hauptbahnhof fährt alle 20 Minuten ein Bus der Linie A und alle 35 Minuten ein Bus der Linie B. Um 8 Uhr fahren beide gemeinsam am Bahnhof los.
Um wie viel Uhr ist dies wieder der Fall?

Übung 5

Bei einer Modelleisenbahn benötigt ein Zug auf der inneren Bahn 24 Sekunden und auf der äußeren Bahn 40 Sekunden für eine Runde. Die beiden Züge starten gleichzeitig am Bahnhof.
Nach welcher Zeit sind sie wieder zusammen am Bahnhof und wie viele Runden haben die Züge jeweils zurückgelegt?

Übung 6

Susanne, Ulrike und Claudia treffen sich im Schwimmbad. Susanne geht alle 14 Tage, Ulrike alle 8 Tage und Claudia jeden zweiten Tag.
Nach wie vielen Tagen treffen sie wieder zusammen?

Übung 7

Ein Traktor hat vorne ein Rad mit 150 cm Umfang und hinten ein Rad mit 3 m 20 cm Umfang. Man bringt bei beiden Rädern an der Stelle eine Markierung an, an der sie den Boden berühren.
Wie viele Umdrehungen müssen beide Räder machen, damit wieder beide Markierungen am Boden sind?

Übung 8

Finde alle Zahlenpaare, die 18 als kleinstes gemeinsames Vielfaches haben.

24 Zum Knobeln

Übung 1 Gib die nächsten beiden Zahlen an, mit denen du die Zahlenfolgen logisch fortsetzen kannst.
a) 1   2   3   5   8   13
b) 1   2   4   7   11   16
c) 2   4   3   6   5   10   9
d) 1   3   8   24   29   87   92

Übung 2 Ersetze die Buchstaben durch Ziffern. Unterschiedliche Buchstaben stehen dabei für verschiedene Ziffern.

a) ```
     ZWEI
    +ZWEI

     VIER
    ```

c)  ```
     LIMO
    +COLA
    -----
    SPEZI
    ```

b) ```
     WORT
     WORT
    +WORT

     SATZ
    ```

d)  ```
     SONNE
    +STRAND
    ------
    FERIEN
    ```

Übung 3 Ergänze bei folgenden magischen Quadraten die fehlenden Zahlen (zwischen 1 und 16), so dass die Summe der Zahlen in jeder Zeile, jeder Spalte und in jeder Diagonale gleich ist.

16	3	2	13
5			8
	6		
4			

1	14		12
15	4		
		16	3
8			13

Übung 4 Sechs Raucher rauchen sechs Zigaretten in sechs Minuten. Wie viele Zigaretten rauchen zwölf Raucher in zwölf Minuten?

Übung 5 Eine Schnecke sitzt am Boden eines 5 m tiefen Brunnens. Sie schafft es, jeden Tag 75 cm hochzukriechen, rutscht aber nachts wieder 20 cm hinunter. Nach wie viel Tagen kommt sie aus dem Brunnen heraus?

Übung 6 Klaus ist 36 Jahre alt. Er ist damit doppelt so alt wie Susanne war, als Klaus so alt war, wie Susanne jetzt ist. Wie alt ist Susanne?

Übung 7 Schreibe die Zahlen von 1 bis 9 (jede nur einmal) in die Lücken. Auf Punkt vor Strich achten!

	+		·		= 15
+		+		·	
	+		−		= 10
·		−		+	
	+		·		= 13
=		=		=	
31		1		31	

	+		−		= 6
·		+		·	
	·		+		= 42
−		·		+	
	+		·		= 41
=		=		=	
7		79		23	

Übung 8 Schreibe die Zahlen von 1 bis 10 jeweils als eine Rechnung, die aus genau viermal der Zahl 4 besteht, die mit beliebigen Rechenzeichen verknüpft werden können.

Beispiel: 12 = (4 + 44) : 4   17 = 4 · 4 + 4 : 4

Teil IV:
Englisch

Verben und Zeiten

Regeln und Übungen

Themenübersicht Teil IV

A Hilfsverben 192
1. *be* im Präsens 192
2. *have got* im Präsens 194
3. Gemischte Übungen 196

B Gegenwartszeiten 198
1. Present Progressive 198
2. Simple Present in positiven Sätzen 200
3. Simple Present in Verneinungen, Fragen und Befehlen 202
4. Simple Present ↔ Present Progressive 204
5. Gemischte Übungen 206

C Zukunftszeiten 208
1. Going to-Future 208
2. Will-Future 210
3. Going to-Future ↔ Will-Future 212
4. Gemischte Übungen 214

D Vergangenheitszeiten 216
1. Simple Past in positiven Sätzen 216
2. Simple Past in Verneinungen und Fragen 218
3. Past Progressive und Simple Past 220
4. Present Perfect 222
5. Present Perfect Progressive und Present Perfect Simple 224
6. Present Perfect mit *since* und *for* 226
7. Simple Past ↔ Present Perfect 228
8. Gemischte Übungen 230

E Modale Hilfsverben 232
1. *can, may, must, needn't* 232
2. Ersatzformen der Modal Auxiliaries 234
3. Gemischte Übungen 236

F A Mixed Bag 238

Tabelle Irregular Verbs 240

Hilfsverben

1. *be* im Präsens

Das Verb *be* kann als Hilfsverb zur Bildung von verschiedenen Zeiten oder als Vollverb benutzt werden. Es wird folgendermaßen konjugiert:

positiver Satz	negativer Satz	Frage
I **am**	I **am not**	**Am** I?
You **are**	You **are not**	**Are** you?
He / She / It **is**	He / She / It **is not**	**Is** he / she / it?
We **are**	We **are not**	**Are** we?
You **are**	You **are not**	**Are** you?
They **are**	They **are not**	**Are** they?

Im positiven und negativen Satz gibt es hiervon auch Kurzformen, die sogenannten *short forms*.

positiver Satz	negativer Satz
I'm	I'm not
You're	You aren't (oder: You're not)
He / She / It's	He / She / It isn't
We're	We aren't (oder: We're not)
You're	You aren't (oder: You're not)
They're	They aren't (oder: They're not)

Bei der Antwort auf Fragen mit *be* antwortet man nicht einfach nur mit *Yes* oder *No*, sondern mit der Kurzantwort, der sogenannten *short answer*.

– Bei **positiven** Antworten verwenden wir als Kurzantwort die *long forms*:

Are you German?	Yes, **I am**.
Is he happy?	Yes, **he is**.

– Bei **negativen** Antworten verwenden wir als Kurzantwort die *short forms*:

Are you German?	No, **I'm not**.
Is he happy?	No, **he isn't**.

Übung 1

Die Nachbarsjungen Steven und Peter lernen sich kennen. Setze die fehlenden *long forms* von *be* ein.

1. Hello, I .... Steven. Who .... you?
2. I .... Peter. And this .... my sister Paula. She .... twelve.
   How old .... you?
3. I .... eleven and my brother Stan .... eleven, too. We .... twins.
4. Oh, that .... interesting. And your parents, where .... they from?
5. We .... all from London. London .... very nice.

Übung 2

Verneine die folgenden Sätze mit der *short form*.

1. Mary is very tall.
2. We are sisters.
3. My brother is a nice boy.
4. My father is a teacher.
5. My mother is at work.
6. They are nice parents.

Übung 3

Verkürze den folgenden Text mit Hilfe der *short forms*.

I am Steven. I am eleven years old and I live in London with my family. We are English. We are a very happy family. My brother and I, we are in class five. This is my father. He is a teacher. This is my mother. She is a teacher, too. At the moment they are at school. But they are not working, they are preparing a party for the pupils. That is great, is it not?

.... Steven. .... eleven years old and I live in London with my family. .... English. .... a very happy family. My brother and I, ... in class five. This is my father. .... a teacher. This is my mother. .... a teacher, too. At the moment .... at school. But they .... working, ... preparing a party for the pupils. .... great, ... it?

Übung 4

Vervollständige die folgenden Fragen mit der richtigen Form von *be* und beantworte sie mit der passenden *short answer*.

1. .... you German?   Yes, ...
2. .... Peter your boyfriend? No, ...
3. .... these your parents?   Yes, ...
4. .... your sister stupid?   No, ...
5. .... I pretty?   Yes, ...
6. .... we late?   No, ...

2. *have got* im Präsens

have wird als Hilfsverb für die Bildung anderer Zeiten verwendet; als Vollverb muss man immer *have got* benutzen. Dieses wird folgendermaßen konjugiert:

positiver Satz	negativer Satz	Frage
I **have got** You **have got** He / She / It **ha_s_ got** We **have got** You **have got** They **have got**	I **haven't got** You **haven't got** He / She / It **ha_s_n't got** We **haven't got** You **haven't got** They **haven't got**	**Have** I **got**? **Have** you **got**? **Ha_s_** he / she / it **got**? **Have** we **got**? **Have** you **got**? **Have** they **got**?

Bei Antworten auf Fragen mit *have got* gibt es wieder zwei Möglichkeiten:

– **positive** Antworten:
Have you got a sister?   Yes, **I have**.
Has he got a brother?   Yes, **he has**.

– **negative** Antworten:
Have you got a sister?   No, **I haven't**.
Has he got a brother?   No, **he hasn't**.

Übung 1

Sandra stellt ihre Familie vor. Vervollständige mit der jeweils richtigen Form von *have got*

I'm Sandra Big. I .... two brothers. Their names are Steven and Stan. They .... a big room together. Steven .... a cat, but Stan .... a pet. I .... a small dog. His name is Oscar. Oscar .... a little blue basket where he sleeps. We .... a big house, but we .... a big garden. Our parents .... two cars: our mother .... a blue one. Our father .... a blue car, he .... a big black car for our big family.

Übung 2

Frage Sandra nach den angegebenen Dingen und lasse sie antworten.

.... dog?   Yes, ...

.... rabbit?   No, ...

.... garden?   No, ...

Übung 3

Wie sieht's denn bei dir aus? Beantworte die folgenden Fragen.

1. Have you got a sister?
2. Have you got a brother?
3. Have your parents got two cars?
4. Has your mother got a cat?
5. Have you got many friends?
6. Has your father got a good job?

Übung 4

Sandras Freund Peter hat bei einer Befragung folgende Antworten gegeben. Wie lauteten die Fragen?

1. .... a sister?   Yes, I have.
2. .... a brother?   No, I haven't.
3. .... your sister .... her own room?   No, she hasn't.
4. .... a big house?   Yes, we have.
5. .... your mother .... a shop?   No, she hasn't.
6. .... a big garden?   Yes, we have.

Übung 5

Finde etwas über Stevens Klassenkameraden heraus. Stelle Steven die passenden Fragen und finde die richtigen Antworten.

Beispiel: Tom – dog (yes)
   Has Tom got a dog? – Yes, he has.

1. Mary – cat (yes)
2. Lucy – dog (no)
3. Your friends – big house (no)

Hilfsverben **195**

3. Gemischte Übungen

Hier kannst du nochmal alles wiederholen, was du über die beiden Hilfsverben *be* und *have got* gelernt hast.

Übung 1

be oder *have got*? Setze das richtige Hilfsverb in der richtigen Form ein und du wirst viel über John erfahren.

I .... John. I live in London. I .... twelve years old. My family .... very big: I .... two brothers and two sisters. We .... a very nice house with a garden, but the garden .... very big, it .... small. It .... too small for a dog, so we .... one. But my sister Mary .... a rabbit and I .... a white rat. They .... very nice animals. We .... a happy family!

Übung 2

Jetzt kannst du dich noch mal vergewissern, ob du alles richtig verstanden hast. Stelle John die passenden Fragen und lasse ihn antworten. Benutze *be* und auch *have got*.

white rat?

.... Yes, ...

15 years old?

.... No, ...

nice house?

.... Yes, ...

your garden very big?

.... No, ...

Übung 3

Holger kann noch nicht so gut Englisch wie du. Finde die Fehler in seinen Antworten und korrigiere sie.

Are you German?	Yes, I'm.	....
Have you got a sister?	Yes, I've.	....
Are you ten?	No.	....

Übung 4

Hier siehst du einige Informationen über die Schulfreunde von Steven und Stan. Was kannst du über sie sagen? Denke auch an Verneinungen! (3 Sätze mit *be* und 3 Sätze mit *have got*)

	cat	dog	sister	eleven	twelve
Tom	X		X		X
Alison		X		X	
Frank					X

....
....
....
....
....
....

Übung 5

Übersetze das folgende Gespräch. Schreibe in dein Heft.

1. Wer seid ihr?
2. Wir sind Molly und Dolly. Wir sind Schwestern.
3. Wir haben einen netten Bruder. Er ist 12 Jahre alt.
4. Wo sind eure Eltern?
5. Sie sind in der Schule. Sie sind Lehrer.
6. Sie haben viele Schüler.
7. Wir haben ein großes Haus mit einem kleinen Garten.
8. Habt ihr auch ein Haus? – Ja.
9. Haben eure Eltern zwei Autos? – Nein.

B Gegenwartszeiten

1. Present Progressive

Die Verlaufsform des Präsens, das sogenannte *present progressive*, wird auch oft *present continuous* genannt oder einfach nur als die *-ing*-Form des Präsens bezeichnet.

Bildung:

Das *present progressive* wird gebildet aus der Form von *be + Verb + -ing*

Satz: She **is** sing**ing**.
Verneinter Satz: She **isn't** sing**ing**.
Frage: **Is** she sing**ing**?

Merke

Besonderheiten bei der Schreibung:
- stummes *-e* fällt weg.
- Konsonant am Ende wird verdoppelt, wenn er hinter einem kurzen, betonten Vokal steht.
- *-ie* wird zu *-y*.

- *He is co*m*ing.*
- *We are si*tt*ing on a chair.*
- *John is swi*mm*ing.*

- *Fred is l*y*ing on the floor.*

Gebrauch:
Da es eine vergleichbare Zeit zu den englischen Verlaufsformen nicht gibt, müssen wir uns den Gebrauch besonders gut einprägen! Das *present progressive* wird verwendet:

- für Handlungen, die **gerade im Moment des Sprechens** ablaufen
- für die Beschreibung von **Geschehnissen auf Bildern, Fotos** etc.
- für **länger andauernde Handlungen**, die bereits begonnen, aber **noch nicht abgeschlossen** wurden

She is eating an apple <u>at the moment</u>. <u>Listen</u>, our neighbour is playing the trumpet again! <u>Look</u>, he's climbing the tree!

I'm reading a very interesting book <u>at the moment</u>. (auch, wenn der Sprecher gerade nicht am Lesen ist)

Merke

Signalwörter: **(right) now, at the moment, just, still, look!**

Übersetzung:
Um die Verlaufsform auszudrücken, fügen wir in die deutsche Übersetzung am besten immer das Wort „gerade" ein:

She's eating an apple.   Sie isst **gerade** einen Apfel.
He's climbing the tree!   Er klettert **gerade** den Baum hinauf!

Übung 1   Bilde die *-ing*-Form der folgenden Verben

to go ....   to put ....

to lie ....   to write ....

to fly ....   to stop ....

to sit ....   to drink ....

Übung 2   Steven will ein interessantes Bild beschreiben. Was sagt er?

Look, there is a girl. She .... (sit) on a chair. She .... (drink) a glass of milk. Her sister is there, too. She .... (eat) a piece of bread. The sun .... (shine). I can see the girls' brother, too. He .... (climb) a tree. His mother .... (shout). His father .... (run) out of the house. The dog .... (bark). What an exciting picture!

Übung 3   Stelle die passenden Fragen, beantworte sie und berichtige die Aussagen, wenn nötig.

Beispiel: Tony – ~~play tennis~~ – play football.
Is Tony playing tennis? – No, he isn't. He is playing football.

1. Tim – ~~sit on a chair~~ – sit on the sofa.

2. Ronny – ~~eat an apple~~ – have a glass of lemonade.

3. Dad – wash up – yes!

4. Mum – ~~clean the window~~ – lie in bed.

5. Tim and Tom – helping their father – yes!

Übung 4   Michi schaut bei seinen Nachbarn durchs Fenster und beschreibt, was er sieht. Übersetze seine Beobachtungen in deinem Heft.

1. Herr Müller spült gerade Geschirr.
2. Frau Müller liest gerade ein Buch.
3. Die Kinder machen gerade ihre Hausaufgaben.
4. Der Hund liegt gerade auf dem Boden. Er schläft.
5. Die Katze rennt gerade durchs Haus.

2. Simple Present in positiven Sätzen

Das *simple present* (oft auch nur *present tense* genannt) ist die einfache Gegenwartsform.

Bildung:
- Das *simple present* wird gebildet, indem man einfach das Verb in der Grundform benutzt
- In der 3. Person Singular muss immer ein *-s* an die Grundform des Verbs angehängt werden

*I **live** in a small house.*
*You **make** nice cakes.*
*We **have** breakfast at 10.*
*He **lives** in a small house.*
*She **makes** nice cakes.*
*She **has** breakfast at 10.*

Merke

HE, SHE, IT – DAS -S MUSS MIT!

Besonderheiten bei der Schreibung der 3. Person Singular:
- nach *-o* und den Zischlauten *-ch, -s, -sh, -x* und *-z* wird *-es* angehängt
- nach einem Konsonanten wird *-y* zu *-ie*

He g<u>oes</u> to school.
Mr Miller tea<u>ch</u>es English.

Tom hur<u>r</u>ies to school every day.
Sally c<u>r</u>ies all day long.

Gebrauch:
Wir benutzen das *simple present*, um über allgemeine Dinge und Handlungen in der Gegenwart zu sprechen. Es wird verwendet für
- **regelmäßige** Handlungen
- **Tatsachenbeschreibungen**
- **Zustandsverben**, die sogenannten *state verbs*

Mary goes to school <u>every day</u>.
The old tree <u>stands</u> next to our house.
This soup <u>tastes</u> terrible!

Merke

Signalwörter:
always, never, normally, usually, often, sometimes (direkt vor dem Verb)
on (Sundays, Fridays…), every (day, week…) (Satzanfang oder Satzende)
einige *state verbs*:
feel, notice, believe, hope, imagine, know, see, smell, taste, understand, want.

Übung 1
Was machen die Connors jeden Tag? Ergänze mit den richtigen Verbformen. Vorsicht bei der 3. Person Singular!

The Connors .... (live) in London. Every day Mr Connor .... (have) breakfast at seven o'clock. Then he .... (take) a shower, he .... (brush) his teeth, and at eight o'clock he .... (rush) to work. He .... (drive) a taxi every day. His children Peter and Paula .... (get up) at eight o'clock. After breakfast they .... (go) to school and they .... (get) home at a quarter past four in the afternoon, when their mother already .... (make) tea for them.

Übung 2
Noch mehr Infos über Peter und Paula Connor. Ordne das passende Verb zu und setze es in der richtigen Form ein.

do – eat – finish – go (2x) – meet – start – take – walk

Peter and Paula .... to school every day. Peter .... to school, Paula .... her bike. Their lessons .... at nine o'clock. Peter and Paula .... lunch at school. School .... at four o'clock in the afternoon. Then the children .... their homework. After that they .... their friends and they .... to bed at nine o'clock in the evening.

Übung 3
Bilde Sätze aus den Wörtern. Achte auf die Stellung der Signalwörter!

1. Peter / go / to the cinema / every Saturday.
2. he / meet / his friends / there / always.
3. they / watch / action films / often.
4. the film / begin / at three o'clock.
5. the children / go home / at five o'clock / normally.

Übung 4
Was weißt du über Sandras Woche? Bilde Sätze in deinem Heft.

	Monday	Tuesday	Wednesday	Thursday	Friday
play table tennis		X	X		
play tennis	X				X
go to the youth club		X			
watch a film					X
meet Sally & John			X	X	

Beispiel: Sandra plays table tennis every Tuesday and Wednesday.
1.
2.
3.
4.

B 3. Simple Present in Verneinungen, Fragen und Befehlen

Vollverben bilden im Englischen ihre Verneinung immer mit dem Hilfsverb *do*. Dieses hat in der 3. Person Singular die Sonderform *does*.

don't / doesn't + Verb   I ***don't** speak German*.
                            *He **doesn't** eat meat*.

Auch Fragen werden mit *do* bzw. *does* gebildet:
Do / Does + Subjekt+ Verb   ***Do** you **speak** English?*
                               ***Does** he **eat** meat?*

Merke

Hier gilt der Merksatz „*He, she, it – das -s muss mit!*" NUR für das Hilfsverb *do* (aus dem dann *does* wird), nicht aber auch noch für das Verb! *Does he eat?* (**nicht:** ~~*Does he eats*~~)

Achtung

Bei Fragen nach dem Subjekt des Satzes (Wer? oder Was?) brauchen wir keine Umschreibung mit *do*!
Who / What / Which + simple present   ***Who goes** to school by bike?*
                                         ***Which** teacher always **comes** late?*

- Für die **Befehlsform** wird die **Grundform** des Verbs verwendet, und zwar sowohl für eine als auch für mehrere Personen.
- In der **negativen Befehlsform** greifen wir auf die Umschreibung mit *do* zurück.

*Sally, **eat** your meal!*
*Peter and Paula, **write** a letter to your grandma!*

***Don't eat** too much chocolate!*
***Don't talk** during my English lesson!*

Übung 1   Viele falsche Informationen über unsere Londoner Freunde. Verneine die folgenden Sätze.

1. Peter likes vegetables. _____
2. His sister plays the guitar. _____
3. I know the Connors. _____
4. Mrs Big goes to work in the afternoon. _____

Übung 2

In einem Interview für die Schülerzeitung wird Mrs Big über ihr Privatleben ausgefragt. Welche Fragen hat der Redakteur gestellt? Kannst du auch ihre Antworten vervollständigen?

1. you / go to school by bike? / Yes
2. your husband / work as a teacher, too? / Yes
3. he / teach English? / No
4. you / like your job? / Yes

Übung 3

Natürlich hat Mrs Big auch ein paar schwierige Schülerinnen und Schüler, die sie manchmal mit Befehlen ermahnen muss. Kannst du ihr dabei helfen?

1. Kathy, _____ (not write) letters in my lesson!

2. Bob, _____ (pay) attention, please!

3. Lizzy, _____ (not drink) tea now!

4. Come on, John, _____ (open) your book now!

5. Amy and Linda, _____ (not talk) to each other!

Übung 4

Der Schülerzeitungsartikel über Mrs Big ist erschienen. Ergänze die fehlenden Verbformen. Vergiss das -s in der 3. Person Singular aus dem letzten Kapitel nicht!

This is Mrs Big. She _____ (teach) English and German. She _____ (like) Italian food, but she _____ (not drink) wine. She _____ (love) cats and dogs and she _____ (drive) a blue car. She _____ (not take) her five children to school and she _____ (not come) to work with her husband, who is a teacher, too. Her children _____ (not ask) her many questions at home, but sometimes they _____ (not know) how to do their homework. Then Mrs Big _____ (help) them, of course. At school she always _____ (help) pupils with problems, too. Mrs Big is a very nice teacher and we all _____ (like) her very much.

B 4. Simple Present ↔ Present Progressive

Wie du jetzt weißt, gibt es im Englischen, im Gegensatz zum Deutschen, zwei Gegenwartsformen, die man jeweils nur in ganz bestimmten Zusammenhängen benutzt. Die Regeln wurden unter dem Punkt „Verwendung" in den jeweiligen Kapiteln bereits vorgestellt. Hier noch mal alle auf einen Blick und im direkten Vergleich:

Simple Present	Present Progressive
• **regelmäßige** Handlung (üblicherweise, oft, immer, nie) • **Tatsachenbeschreibung** • bei *state verbs* (Zustandsverben wie z. B. *be, believe, feel, forget, hear, hope, know, like, love, notice, see, smell, think, understand, want, wish*)	• **gerade im Moment** ablaufende Handlung

Auch die **Signalwörter**, die für die jeweilige Zeit stehen, hier noch einmal zusammengefasst und einander gegenübergestellt:

Simple Present	Present Progressive
always, every (day, week, month), never, normally, often, on (Mondays, Tuesdays) sometimes, usually	*at the moment, now, this (afternoon, evening) today*

Übung 1
Unterstreiche das Signalwort, welches dir hilft, die richtige Zeit für den Satz zu finden. Streiche anschließend die falsche Zeit durch.

1. Mr Connor always drives / is driving a taxi.
2. Mrs Connor goes / is going to school every day.
3. Look, Paula has / is having breakfast!
4. Mr Connor works / is working in the garden right now.
5. He works / is working in the garden every morning.

Übung 2
Mrs Smith ist heute ziemlich überarbeitet und verwirrt und macht deswegen total seltsame Sachen. Setze die richtige Zeit ein.

1. It's eleven o'clock and Mrs Smith .... (lie) in bed, even though she usually .... (get up) at seven o'clock in the morning.
2. Usually she .... (wash) the dishes in the sink (= Spülbecken), but today she .... (wash) them in the washing machine.
3. Normally she .... (tidy up) the children's rooms, but today she .... (make) them dirty.

Übung 3

Hier ist ein Porträt von Tina, einer Klassenkameradin der Zwillinge Steven und Stan. Wenn du die Verben in der richtigen Zeit einsetzt, wirst du einiges über sie erfahren.

Tina is eleven years old. She .... (play) basketball very well, and normally she .... (play) it every day. But today she .... (not play) because she is ill. She is in bed. Today the weather isn't fine, it .... (rain). In London it .... (rain) very often. This is why Tina and her friends normally .... (meet) at Jeffrey's house in the afternoon. At the moment all her friends .... (sit) on Jeffrey's sofa and .... (drink) coke. Tina usually .... (drink) coke in the afternoon, too, but today she .... (have) tea because she .... (not feel) well.

Übung 4

Kannst du die folgenden Sätze sinnvoll mit den Ausdrücken in Klammern ergänzen?

1. Jeffrey is at home at the moment. (drink coke with his friends)

   ....

2. His friends are there, too. (visit him every week)

   ....

3. Tina is in bed. (not play basketball today)

   ....

Übung 5

Tina ist es daheim ein wenig langweilig. Deswegen ruft sie bei Jeffrey an und fragt ihm Löcher in den Bauch. Übersetze ihre Fragen und Jeffreys Antworten in deinem Heft.

1. Spielt ihr gerade Basketball? – Nein.
2. Aber ihr spielt (doch) jeden Nachmittag Basketball!
3. Aber es regnet im Moment.
4. Schauen unsere Freunde gerade Fernsehen?
5. Ja, sie schauen (doch) immer Fernsehen.

Gegenwartszeiten

B 5. Gemischte Übungen

Langsam wird es Zeit, dass wir alle Gegenwartszeiten und ihre unterschiedliche Anwendung noch einmal wiederholen und vor allem üben. Danach wirst du viel sicherer in ihrer Verwendung sein!

Übung 1

Als Einstieg setzt du am besten die folgenden Sätze in jeweils beide Zeiten. Setze außerdem jeweils ein passendes Signalwort mit hinzu.

1. John /sit on a chair.

   simple: ....

   progressive: ....

2. Mary / come home.

   simple: ....

   progressive: ....

3. George and Sally / work at school.

   simple: ....

   progressive: ....

4. We / buy clothes in the department store.

   simple: ....

   progressive: ....

Übung 2

Sieh dir mal Stevens Kalender an. Danach kannst du die Sätze korrekt ergänzen.

Monday	Tuesday	Wednesday	Thursday	Friday	Saturday	Sunday
play tennis	*take the dog for a walk*	*play basketball*	*meet friends*	*go to the cinema*	*play tennis*	*sleep*

1. On Mondays Steven ....

2. Today is Saturday. Steven .... at the moment.

3. On Tuesdays Steven .... the dog for a walk.

4. He always .... basketball on Wednesdays.

5. It's Thursday evening. Where is Steven? He .... friends.

6. .... Steven .... to the cinema on Fridays?

7. It's Sunday afternoon. .... Steven ....

206 Gegenwartszeiten

Übung 3

Eigentlich sollte man immer höflich sein, aber in manchen Situationen sind Befehle einfach unerlässlich. Vervollständige die Befehlsform mit den angegebenen Verben in der richtigen Form.

eat, forget, help, listen, read, touch, wait

1. Sally, _____ sandwiches in my lessons!
2. Oh Dad, I don't understand my maths homework, please _____ me!
3. I'd like to come with you to the cinema, John and Sarah. _____ for me!
4. It's cold outside, Mary, _____ your jacket and your scarf.
5. Boys and girls, these facts are important for your school test, so please

   _____! And _____ any magazines now!
6. Be careful with that dog, Tom and Tim, it's very dangerous. _____ it!

Übung 4

In einer Jugendzeitschrift hast du ein Interview mit einem bekannten Popstar gelesen. Überraschenderweise ist sein Leben gar nicht so aufregend wie erwartet. Leider versteht dein britischer Brieffreund nichts von dem Interview. Kannst du für ihn übersetzen?

1. Gehst du manchmal schwimmen?
2. Nein, ich gehe nicht schwimmen, aber ich liebe es, Basketball zu spielen.
3. Im Moment spiele ich nicht Basketball, weil ich ein gebrochenes (= a broken) Bein habe.
4. Magst du Haustiere?
5. Ja, normalerweise gehe ich jeden Tag mit meinem Hund spazieren.
6. Was machst du am Wochenende?
7. Manchmal gehe ich in die Disco, aber für gewöhnlich bleibe ich zu Hause und sehe fern.
8. Magst du Bücher?
9. Ja, ich lese sehr oft. Gerade lese ich Harry Potter und er gefällt mir sehr.

Gegenwartszeiten

C Zukunftszeiten

1. Going-to-Future

Das *going-to-future* wird mit der entsprechenden Form von *be* + *going to* + Verb gebildet.

positive Form	negative Form
I'**m going to play** tennis.	I'**m not going to play** tennis.
You'**re going to play** tennis.	You'**re not going to play** tennis.
He / She / It'**s going to play** tennis.	He / She / It **isn't going to play** tennis.
We'**re going to play** tennis.	We **aren't going to play** tennis.
You'**re going to play** tennis.	You **aren't going to play** tennis.
They'**re going to play** tennis.	They **aren't going to play** tennis.

Wie bei dem Verb *be* gibt es auch hier wieder die Wahl zwischen der Verwendung der *short form* oder der *long form*:
I'm going to go.   *I am going to go.*
He isn't going to sing.   *He is not going to sing.*

Für die *short answers* gelten ebenfalls die gleichen Regeln wie für das Verb *be* allein: in der positiven Antwort brauchen wir die *long form*, in der negativen Antwort hingegen die *short form*:
Are you going to go to London?   *Yes, I am.*
Is Peter going to play football?   *No, he isn't.*

Das *going-to-future* wird verwendet, um über **bereits gefasste Pläne in der Zukunft** zu sprechen.

<u>Tomorrow</u> I'**m going to write** to my mother.   Morgen werde ich meiner Mutter schreiben. (Ich weiß jetzt schon, dass ich morgen den Brief schreiben werde.)

Außerdem verwenden wir das *going-to-future* für sehr sichere Ereignisse, die eintreten werden, weil die momentane Situation unweigerlich darauf hinweist:

*Look at the black clouds in the sky! It's **going to rain** soon.*   Es wird bald regnen. (die schwarzen Wolken deuten eindeutig darauf hin)

Übung 1

Bei einer Befragung in Sandra Bigs Klasse haben die Schüler folgende Pläne über ihre Zukunft geäußert. Bilde Sätze.

1. John: become a doctor
2. Mary: travel abroad (= ins Ausland)
3. Frances: have three children

Übung 2

Sandra telefoniert mit Melanie. Sie sprechen über ihr Wochenende.

Beispiel: Shall we go out tonight? (write some letters) –
No, I'm going to write some letters

1. Let's go to the cinema! (do my homework)

   No, ...

2. Would you like to watch "Baywatch" with me tomorrow? (watch "The Simpsons")

   No, sorry, ...

3. Why don't we go for a walk on Sunday? (visit some friends)

   No, ...

Übung 3

Die Bigs haben schon genaue Vorstellungen davon, was sie in ihrer Woche Ferien so alles anstellen wollen. Allerdings wissen sie noch nicht genau, was sie wann unternehmen sollen. Erstelle den Wochenplan für die Bigs mit Hilfe der angegebenen Aktivitäten.

visit grandmother – go to the zoo – clean the house – go to the museum – relax on the beach – watch a film on TV – play a basketball match against the neighbours

On Monday	....
On Tuesday	....
On Wednesday	....
On Thursday	....
On Friday	....
On Saturday	....
On Sunday	....

Übung 4

Was hast du so in deinen nächsten Ferien vor? Schreibe 4 Sätze in dein Heft.

Zukunftszeiten

2. Will-Future

Das *will-future* wird für alle Personen mit *will* + Verb gebildet:
I **will go**   *She* **will do**   *We* **will be**

Für die negative Form können wir zwischen der *long form will not* oder der *short form won't* wählen.
I **will not** *go*   *I* **won't** *go*

Wir benutzen das *will-future* für folgende Handlungen in der Zukunft:

- wenn wir zum Zeitpunkt des Sprechens **spontan** über die Zukunft entscheiden

  Oh, your bike is broken!
  I **will repair** *it tomorrow, OK?*
  Next week I **will be** *13 years old.*

- für Dinge in der Zukunft, auf die man **keinen Einfluss** hat

- für die Wettervorhersage

  Tomorrow the weather **will be** *fine and sunny.*

- bei Vermutungen, Hoffnungen und Befürchtungen für die Zukunft, eingeleitet durch Ausdrücke wie **be afraid, be sure, expect, hope, imagine, perhaps, probably, suppose, think, wonder**

  I <u>hope</u> *we* **will go** *to France on our next holiday.*
  I <u>expect</u> *we* **will arrive** *soon.*

Übung 1

Erinnerst du dich noch an die Umfrage in Sandras Klasse? Einige Schülerinnen und Schüler hatten schon konkrete Pläne für ihre Zukunft, andere konnten nur Vermutungen oder Hoffnungen äußern. Wähle einen passenden Ausdruck aus der Liste und bilde dann einen Satz mit dem *will-future*.

be sure – hope – think – perhaps – probably

Beispiel: Ann – be a famous rock star
           I am sure Ann will be a famous rock star.

1. Pam – not work as a teacher ....

2. Lou – be a good politician ....

3. Alex – work in a hospital ....

4. Tom – live abroad ....

5. Dave – not marry at all ....

Übung 2

Setze die folgenden Sätze ins *will-future* und verneine sie anschließend. Schreibe in dein Heft.

1. I repair your bike.
2. John closes the window.
3. It lasts for a long time.
4. Sam and Fred are at home.

Übung 3

Die Familie von Mary macht sich Gedanken über den nächsten Tag, Marys Geburtstag. Setze das Verb in der Klammer in die richtige Zeit.

1. I .... (hope) Mary .... (like) her new swimming costume.
2. I .... (be sure) she .... (like) it. It is so pretty.
   I .... (hope) it .... (fit) her.
3. I'm tired. I .... (think) I .... (go) to bed soon.
4. There is a full moon tonight. I .... (not think) we .... (sleep) very well tonight.
5. Oh, great. Probably we .... (be) very tired tomorrow. Poor Mary!
6. Come on, perhaps she .... (not notice).

Übung 4

Hast du auch Hoffnungen oder Annahmen für die Zukunft? Schreibe sie auf.

I hope ....

I suppose ....

3. Going-to-Future ↔ Will-Future

Du hast in den beiden vorhergehenden Kapiteln die beiden wichtigsten englischen Zukunftszeiten und ihre Bildung kennengelernt. In diesem Kapitel werden sie einander noch einmal gegenübergestellt.

going-to-future

- für bereits gefasste Pläne und Absichten in der Zukunft (*Tomorrow **I'm going to write** to my mother.*)
- für sichere Ereignisse, weil die momentane Situation darauf hinweist. (*The blind man can't see the hole in the street, **he's going to fall** into it!*)
- für eine feste Entschlossenheit (***I'm not going to let** you go to the disco tomorrow.*)

will-future

- für spontane Äußerungen über die Zukunft (*The telephone is ringing. **I will answer** it.*)
- für Dinge in der Zukunft, auf die man **keinen Einfluss** hat (***She will be** twelve next week.*)
- für Vermutungen, Hoffnungen und Befürchtungen für die Zukunft (*be afraid, be sure, expect, hope, imagine, perhaps, probably, suppose, think, wonder*)
- für die **Wettervorhersage** (*Tomorrow **the weather will be** cloudy but warm.*)

Übung 1

Sind die folgenden Sätze richtig oder falsch? Streiche die falschen Sätze durch und korrigiere sie.

1. Tomorrow it is going to rain.
2. The sun won't shine.
3. I will go to the basketball match tonight. Here are the tickets.
4. What will you do in your next holidays?
5. I hope it won't rain tomorrow. I will go on a bike tour.
6. I'm afraid Sally isn't going to help me.
7. Are you going to fly to Rome?

Übung 2   Bilde Sätze mit dem *going-to-future* oder dem *will-future*.

1. Sue: I / take part in the marathon next spring.

2. Bill: You? you / have a heart attack.

3. Sue: No, I / train / hard.

4. And I / not / eat pizza and potato crisps any more.

5. Bill: I hope / you / be fit enough for the competition next spring.

Übung 3   Finde die passenden Zukunftssätze für die angegebenen Situationen und schreibe sie in dein Heft.

1. *Steven hat gerade die letzte Flasche Wasser ausgetrunken. Seine Mutter will einkaufen gehen. Was beschließt sie spontan?*
   I / buy / some bottles of water.

2. *Stan hat gerade Paprika und Tomaten eingekauft. Mrs Big möchte wissen, was er vorhat. Was antwortet Stan?*
   I / make / a pizza tonight.

3. *Susans Fahrrad ist gerade kaputt gegangen. Sie bittet ihren Vater, es zu reparieren. Was beschließt er?*
   I / repair it tomorrow.

4. *Eine Stunde später weist Mrs Big ihren Mann auf das kaputte Fahrrad der Tochter hin. Was antwortet er genervt?*
   I / repair it tomorrow.

5. *Das Nachbarsmädchen Paula erzählt Sally von dem neuen Reitclub. Sally möchte auch gerne reiten lernen. Was sagt sie ihren verblüfften Eltern?*
   I / become a member of the riding club.

4. Gemischte Übungen

Nun kannst du noch einmal nachprüfen, ob du alle Regeln zu den beiden wichtigsten englischen Zukunftszeiten verstanden hast und sie auch korrekt anwenden kannst.

Übung 1 — Steven hat heute die Wettervorhersagen für alle Städte gelesen, in denen Freunde und Bekannte wohnen. Wie wird das Wetter bei ihnen?

1. London – warm aber regnerisch

   In London _____

2. Bristol – wolkig

   In Bristol _____

3. New York – sonnig

   In New York _____

4. Berlin – kalt, windig

   In Berlin _____

Übung 2 — Hier siehst du die Urlaubsplanung für den Kurzurlaub der Familie Connor. Was haben sie vor? Bilde vollständige Sätze.

Friday	Saturday	Sunday	Monday	Tuesday
Kino	*Strand*	*Museum*	*Freunde besuchen*	*spazieren gehen*

On Friday _____

On Saturday _____

On Sunday _____

On Monday _____

On Tuesday _____

Übung 3 — Erinnerst du dich noch an den Unterschied in der Verwendung der beiden Zukunftszeiten? Vervollständige.

Next week the Connors _____ (visit) their grandparents in Bristol. They hope that the weather _____ (be) nice there and that there _____ (not be)) any rain. They have planned a lot of interesting things. They _____ (see) the history museum, they _____ (go) to the zoo, and perhaps they _____ (see) a film in the cinema, too. They hope that their grandparents are well.

Zukunftszeiten

Übung 4

Welche Zeit ist hier richtig? Streiche die falsche Form durch.

1. Why have you packed your suitcase? – Tomorrow I'm going to visit / will visit my sister in Greece.
2. I hope the weather there is going to be / will be good.
3. I hope my friends are going to pick / will pick us up at the airport.
4. We are going to go / will go to the seaside.
5. Probably they are going to bring / will bring Michelle, too.
6. Perhaps we are going to have / will have dinner together.
7. Perhaps we are going to visit / will visit old ruins, too.
8. I don't think that this is going to be / will be much fun.
9. Oh, there's someone at the door. – I am going to see / will see who it is.
10. Oh my God, look at that man over there, he's standing on an old broken ladder. He is going to fall / will fall off.

Übung 5

Kurz vor dem Urlaub der Familie Schulz in London müssen noch jede Menge Vorbereitungen getroffen werden. Übersetze für deine englischen Freunde.

1. Morgen werden wir nach London fahren.
2. Hast du vor, dort zu einem Konzert zu gehen?
3. Ich fürchte, alle Konzerte werden ausverkauft (=sold out) sein.
4. Aber ich denke, wir werden uns ein Musical ansehen und einkaufen gehen.

Übung 6

Tom hat morgen Geburtstag. Seine Freunde beraten noch über ein passendes Geburtstaggeschenk und eine ordentliche Party. Vervollständige mit den angegebenen Verben in der richtigen Zukunftszeit.

be (3x), bring, give (2x), like

Tomorrow is Tom's birthday. He .... 13 years old. His parents .... him a new bike. They hope he .... it, because it's green. He .... probably .... a bit disappointed (=enttäuscht) because he wanted a red bike.

His friends have decided on a birthday present, too. They .... a hamster. But they're afraid Tom's parents .... very happy about this. Perhaps Tom's parents .... the hamster back. Poor Tom.

Vergangenheitszeiten

1. Simple Past in positiven Sätzen

In der Regel wird das *simple past* gebildet, indem man an die Verbform die Endung *-ed* anhängt:

I start**ed** the game.
He play**ed** football yesterday.
We lov**ed** each other very much.

Achtung

Besonderheiten in der Schreibweise:
- stummes *-e* fällt weg.
- Konsonant am Ende wird verdoppelt, wenn er hinter einem kurzen, betonten Vokal steht.
- *-y* nach Konsonant wird zu *-ie*.

- He arri<u>v</u>ed yesterday at eight o'clock.
- Judy suddenly stop<u>p</u>ed singing.
- John tr<u>ie</u>d to get out of the room.

Für das Verb *be* gibt es folgende Sonderformen:
I **was**   We **were**
You **were**   You **were**
He / She / It **was**   They **were**

Achtung

Im Englischen gibt es jedoch auch zahlreiche unregelmäßige Verben, die eine besondere Vergangenheitsform haben. Eine Liste der wichtigsten und gebräuchlichsten davon findest du in diesem Buch auf Seite 54. Die Form für das *simple past* steht immer in der **zweiten** Reihe der angegebenen Formen.
Lerne diese Formen besonders gut und wiederhole sie regelmäßig!

Verwendet wird das *simple past* für abgeschlossen Handlungen in der Vergangenheit.

Merke

Signalwörter sind beispielsweise *yesterday, … ago, last (Monday, week, month …)*
Yesterday, ago and last – always use the simple past!

Übung 1   Setze die folgenden Sätze ins *simple past*.

1. Mike is a famous basketball player. ....
2. He plays for the "London Baskets". ....
3. He lives in North London. ....

Übung 2   Suche aus der Liste auf Seite 240 die richtige unregelmäßige *past* Form zu den angegebenen Verben heraus und lerne sie anschließend gut.

bring ....   run ....
buy ....   say ....
give ....   see ....
go ....   sleep ....
have ....   speak ....
make ....   take ....

Übung 3   Finde in der Wortschlange unregelmäßige *past* Formen und schreibe sie mit der richtigen Infinitiv-Form auf.

Fheuwkdirehrzewrotedndäüwwrmsnwonfdöpeerlkdmggrfedsnsürkftaughtwpehelazmfjrir
ldfelldmdmslpalpxoldaöroepwentörptmfktlostflrpenürmmlpeleftflpemrntejrktotptwjei

past Form	Infinitiv	*past* Form	Infinitiv
....	....	....	....
....	....	....	....
....	....	....	....
....	....	....	....

Übung 4   Steven und Stan erzählen von ihrem gestrigen Tag. Vervollständige im *simple past*.

Yesterday .... (be) a very nice day. We .... (have) breakfast very late. Then we .... (go) into town and .... (buy) some ice-cream. In the afternoon we .... (leave) town to go to the cinema. We .... (take) our seats in the last row. There we .... (watch) a very nice film. It .... (be) a very exciting film. One of the actors (=Schauspieler) .... (look) very good and he .... (have) lots of muscles (=Muskeln). He .... (win) all the fights and even .... (kill) one of his enemies (=Feinde). Of course he .... (not/ be) very funny. But another actor .... (tell) a lot of jokes, so we .... (laugh) a lot. We really .... (enjoy) it!

Vergangenheitszeiten

D 2. Simple Past in Verneinungen und Fragen

Für die Verneinung des Verbs *be* gibt es auch im *simple past short* und *long forms* (Anwendung wie beim *present*!)

I **was not** / I **wasn't**	We **were not** / **weren't**
You **were not** / You **weren't**	You **were not** / **weren't**
He / She / It **was not** / **wasn't**	They **were not** / **weren't**

Für alle anderen Verben benötigen wir auch in der Vergangenheit zur Bildung von Fragen und Verneinungen wieder ein Hilfsverb, diesmal lautet es *did*.

- Die Verneinung wird mit der negativen Form des Hilfsverbs *did* gebildet (*short form* oder *long form*) und ist **für alle Personen unveränderlich**.

    He **did not** eat the pizza.
    We **didn't go** out yesterday.
    You **didn't help** him very much.

- Die Frage bilden wir mit (Fragewort +) *Did* + Subjekt + Verb.

    Did you **see** him last night?
    Where did you **see** him?

Achtung

- Wie schon bei der Umschreibung mit *do* gilt auch hier: die Vergangenheit wird einzig und allein in dem Hilfsverb *did* ausgedrückt und nicht noch einmal im Verb!

    He didn't arrive
    nicht: ~~He didn't arrived~~

- Auch in der Vergangenheit brauchen wir in der Frage nach dem **Subjekt** des Satzes (Wer? oder Was?) keine Umschreibung mit *did*.

    Who went to school with you?
    Who saw Peter last night?

Übung 1

Paula ist von ihrem Klassenlehrer beim Rauchen auf der Toilette erwischt worden. Nun will er ihr noch allerlei andere Missetaten unterschieben, für die sie aber gar nicht verantwortlich war. Hilf ihr, ihren Lehrer zu überzeugen.

1. You sprayed graffiti on the wall of your classroom.

    No, Sir, I ....

2. You broke the desks.

    No, Sir, I ....

3. You wrote silly things in all the books.

    No, Sir, I ....

4. You sold cigarettes in the school playground.

    No, Sir, I ....

Übung 2   Natürlich hat der Lehrer auch die Connors über Paulas angebliche Missetaten informiert. Mr Connor will sich selbst ein Bild machen und befragt Paula persönlich. Benutze die Sätze aus Übung 1 und schreibe seine Fragen und Paulas *short answers* in dein Heft.

Übung 3   Zwar glauben inzwischen alle, dass Paula unschuldig ist, aber es bleiben dennoch viele Fragen und Vermutungen offen. Wie lauten sie auf Englisch? Achte auf die Stellung der Zeitangaben.

1. Wer hat letzte Woche die Zigaretten auf dem Schulhof verkauft?
2. Warum hat Paula am Dienstag in der Toilette geraucht?
3. Warum hat Mr Miller gestern mit Paulas Eltern gesprochen?
4. Paulas Eltern haben ihm nicht geglaubt.
5. Ich habe vor einer Stunde mein Buch gefunden. Da standen (=waren) keine dummen Sachen drin.
6. Paula hat die Tische letzte Woche nicht zerbrochen, oder?

D 3. Past Progressive und Simple Past

Wie für das *present* gibt es auch für das *past* eine Verlaufsform. Wie alle Verlaufsformen wird auch sie mit der entsprechenden Form von *be* + *verb* + *-ing* gebildet. Die Regeln für die Verneinung und die Frage gelten entsprechend wie für das *present progressive*.

I **was going** home at seven o'clock.
Oh no, we **weren't laughing** at all!
He **was not paying** attention, Sir.
Were you **watching** TV when John called? – Yes, I **was**.

Die Verwendung der beiden *past* Formen ist genau festgelegt:

- Das *past progressive* wird zumeist gemeinsam mit dem *simple past* verwendet. Es beschreibt eine länger andauernde, oft eine Hintergrundhandlung, während eine andere Handlung plötzlich und unvermittelt geschieht.

  <u>While</u> I **was reading**, the telephone **rang**.
  <u>When</u> he **came** in, his father **was watching** TV.

- Als Hintergrund können auch mehrere Handlungen im *past progressive* dienen.

  <u>When</u> the teacher came into the classroom, Tom **was talking**, Ann **was reading** a book and Bob **was drawing**.

Merke Häufig verwendete **Signalwörter** in diesem Zusammenhang sind sowohl *while* als auch *when*.

Übung 1 Mr Big hat heute vergeblich versucht, jemanden aus seiner Familie ans Telefon zu bekommen. Abends fragt er, wo sie alle gewesen sind. Schreibe die Antworten der Familienmitglieder auf.

Where were you when I called at three o'clock?

Mrs Big: I .... (wash) the dishes, I couldn't hear the phone.

Steven and Stan: We .... (listen) to music, we didn't hear the phone.

Sally: I .... (play) with Oscar in the Connors' garden. He .... (bark) so loudly that I couldn't hear the phone.

Susan: I .... (sleep), I didn't hear anything.

Sandra: I .... (do) my homework with my boyfriend Michael. We .... (work) so hard that we couldn't stop just because of the telephone!

Übung 2

Warum wollte Mr Big unbedingt jemanden erreichen? Weil sein Schultag so chaotisch verlaufen war. Was war passiert? Vervollständige die Sätze mit der geeigneten *past* Form.

While the pupils .... (do) a test, the fire alarm suddenly .... (start) ringing. When the headmaster .... (come) into our classroom, everybody .... (talk) and was excited. While I .... (decide) whether to stop the test or not, Mary suddenly .... (begin) crying because she didn't know the answers. And while John .... (look) for his pen under his desk, he .... (bump) (=anhauen) his head. His forehead .... (bleed) so heavily that we had to take him to hospital. While I .... (help) him up the stairs, the silly boy .... (step) on my foot, I .... (stumble) (=stolpern) and nearly .... (break) my ankle. That's why I .... (try) to call you. Oh, what a terrible day!

Übung 3

War dein Tag gestern auch so aufregend? Selbst wenn nicht, dann kannst du doch sicher trotzdem die folgenden Sätze sinnvoll und in der richtigen Zeit ergänzen!

1. While I was doing my homework ....
2. When my mother came home, I ....
3. While I was watching TV, ...
4. I was reading a book when suddenly ....

Übung 4

Meike erzählt von einem spannenden Film, den sie gesehen hat. Übersetze für deine englischen Freunde.

1. Der Dieb (=thief) zählte gerade sein Geld, als die Polizei ihn fand.
2. Als sie ihn ins Auto setzten (=put), nahm er eine Waffe (=gun) heraus.
3. Die Polizisten kämpften (=fight) gerade mit ihm, als sie einen lauten Knall (=bang) hörten.

4. Present Perfect

Im Englischen haben wir noch eine weitere Vergangenheitsform, das so genannte *present perfect*.
Dieses wird gebildet mit der passenden Form von *have* + Verb + *-ed* bei regelmäßigen Verben bzw. der unregelmäßigen Form (**dritte** Form in der Liste auf Seite 240).

He **has** start**ed**.
We **haven't arrived** yet.
Have you **done** your homework?
I **have** never **seen** anything like that.

Auch das *present perfect* wird nur in bestimmten Zusammenhängen verwendet:

- Das *present perfect* wird verwendet für Handlungen, die in der **Vergangenheit begonnen** haben, deren **Auswirkungen** aber noch **in der Gegenwart spürbar** sind.

  I**'ve known** him for years. (immer noch!)
  I **have cut** my hair. (jetzt sind sie kurz!)
  She**'s lost** her keys. (jetzt sind sie weg!)

- Auch Handlungen, **die gerade eben beendet** wurden, stehen im *present perfect*.

  Tom **has** <u>just</u> **gone** out.
  I **have** <u>just</u> **finished** this book.

- Das *present perfect* ist außerdem die richtige Zeit für alle Handlungen in der Vergangenheit, deren genauer **Zeitpunkt nicht genannt** wird oder **nicht bekannt** ist. Nicht der Zeitpunkt, sondern die Handlung selbst bzw. deren Ergebnis ist wichtig.

  I**'ve** never **gone** out with him.
  Have you **seen** Mary?
  Where **have** you **been**?
  Has he **cut** his hair?

Merke

Signalwörter für das *present perfect* sind beispielsweise *already, ever, never, yet*, aber auch *since* und *for*.

Übung 1

Suche aus der Liste auf Seite 240 die richtige unregelmäßige *present perfect* Form zu den angegebenen Verben heraus und lerne sie anschließend gut.

bring .... run ....
buy .... say ....
give .... see ....
go .... sleep ....
have .... speak ....
make .... take ....

Übung 2

Ein typischer Samstagvormittag in der Großfamilie Big. Alle haben ihre Aufgaben und das Familienoberhaupt will wissen, was schon erledigt wurde. Wir ergänzen die Fragen von Mr Big und auch die Kurzantworten.

1. Susan, ... (clear) the table? – Yes, ...
2. .... Steven and Stan .... (tidy) up their room? – No, ...
3. What about you, Sandra, ... (be) to the supermarket? – No, ...
4. And Sally? .... she .... (take) the dog for a walk? – Yes, ...

Übung 3

Die Hausarbeit will kein Ende nehmen. Einige Dinge wurden bereits erledigt, andere noch nicht. Kannst du das zusammenfassen?

Beispiel: Jill – clear the table YES – wash the dirty clothes NO
Jill has already cleared the table, but she hasn't washed the dirty clothes yet.

1. Sandra – put the clothes into the cupboard YES – make the bed NO
2. Mr Big – repair Stan's bike YES – wash the car NO
3. Sally – clean the kitchen YES – tidy up her room NO
4. Steven – feed the dog YES – clean the dog's basket NO

Übung 4

Sally schaut eine Castingshow und der Favorit wird zu seinem Privatleben interviewt. Bilde Sätze mit dem *present perfect*.

1. .... (you / ever/ be) to London before? – No, I .... (never / be) here before. And I .... (always live) in Berlin.
2. Do you like British beer? – I don't know, I .... (never try) it, I don't drink alcohol.
3. Do you like London? – Oh, yes, it's the best city I .... (ever see).

D 5. Present Perfect Progressive und Present Perfect Simple

Auch das *present perfect progressive* wird mit der entsprechenden Form von *be + verb + -ing* gebildet.

She **has been doing** this for ages.
We **haven't been playing** all the time.

Wie das *present perfect simple* wird auch dessen Verlaufsform für Handlungen verwendet, die in der **Vergangenheit begonnen** haben, aber noch im **Bezug zur Gegenwart** stehen. Während bei der einfachen Form jedoch das Ergebnis (*result*) der Handlung betont wird, so steht bei der Verlaufsform die **Dauer** (*duration*) der Handlung im Vordergrund.

present perfect simple (*result*)	*present perfect progressive* (*duration*)
I **have cleaned** my shoes. (result: they are clean now) Dad **has washed** our car. (result: It is clean now)	I **have been cleaning** my shoes for half an hour. (duration: How long?) Dad **has been washing** our car since half past eight. (duration: Since when?)

Übung 1

Was haben die Connors bis eben gemacht? Wähle das passende Verb aus der Liste und ergänze die Sätze sinnvoll.

do, play, watch, work.

1. Mr Connor kommt außer Atem mit dem Tennisschläger nach Hause.

   He .... tennis up until now.

2. Mrs Connor steht mit vollen Einkaufstaschen vor der Tür.

   She .... the shopping up until now.

3. Paula steht gerade aus dem Fernsehsessel auf.

   She .... TV up until now.

4. Peter kommt mit schmutzigen Händen aus dem Garten zurück.

   He .... in the garden up until now.

Übung 2

duration oder *result*? Ergänze mit der richtigen Form des *present perfect*.

drink – play – rain – visit – write

1. John _____ tennis for 10 years now.

   He _____ more than 100 matches up until now.

2. Maria _____ more than 20 countries so far.

   She _____ around the world for three years now.

3. Jim _____ five glasses of beer so far.

   He _____ since two o'clock.

4. It _____ a lot today. – Yes, it _____ for six hours now.

5. Tom _____ his new book for a year. Up to now he _____ only three chapters.

Übung 3

Welche Fragen passen auf die folgenden Situationen? Wähle zwischen der *simple* und der *progressive* Form des *present perfect*.

1. Pat kommt total verdreckt nach Hause.

   Pat, where _____ (be)?

2. Lisa sitzt todmüde im Unterricht.

   Lisa, what _____ (do) all night long?

3. George versucht verzweifelt, Nudeln zu kochen.

   Oh dear, George, _____ (ever cook) pasta before?

4. Harry kommt viel zu spät zu einer Verabredung, Linda hat die ganze Zeit gewartet.

   Poor Linda, how long _____ (wait) for me?

5. Du triffst einen berühmten Autor.

   How many books _____ (write) so far?

Übung 4

Kannst du aus den Versatzstücken komplette Sätze bilden?

1. Steven / ever / be / to Berlin?
2. Patrick / not see / his brother / recently.
3. Mary / read / books / all day long.

6. Present Perfect mit *since* und *for*

Wie wir wissen, sind *since* und *for* beides Signalwörter für die Verwendung des *present perfect* allgemein. Zwar werden beide Wörter im Deutschen mit dem Ausdruck „seit" übersetzt, ihre Verwendung muss im Englischen jedoch klar abgegrenzt werden.

since	for
Zeitpunkt	Zeitraum
z. B. *yesterday, 3rd of July, three days ago*	z. B. *three weeks, a long time, some minutes*
*I haven't seen him **since yesterday**.*	*I haven't seen him **for three days**.*
*He's been working **since three o'clock**.*	*He's been working **for two hours**.*

Merke

Ein guter Trick, um die beiden Wörter nicht zu verwechseln, ist folgender:
s**i**nce = Zeit**PUNKT** (PUNKT auf dem Buchstaben i)
f**o**r = Zeit**RAUM** (großer RAUM in dem Buchstaben o)

Übung 1 Ordne die Zeitpunkte und Zeiträume richtig zu.

a long time, five minutes, last Sunday, seven o'clock, some hours, ten years, the 4th of July, the day before yesterday, three weeks, yesterday

since	for

Übung 2 Mr Big trifft Mr Jones, einen ehemaligen Kollegen, den er schon lange nicht mehr gesehen hat. Setze *since* oder *for* ein. Denk an die Eselsbrücke mit dem Punkt und dem Raum!

Mr Big: Where have you been? I haven't seen you .... ages.

Mr Jones: I've been living in New York .... January.

Mr Big: That's interesting. Your wife is from New York, isn't she?

Mr Jones: Yes, we've known each other .... two years now.

226 Vergangenheitszeiten

Übung 3

Im Internet hat Stan einen Artikel über einen Mann gelesen, der lange Zeit in der freien Natur gelebt und der Zivilisation fast vollständig den Rücken gekehrt hat. Vervollständige.

1. When did you eat your last pizza?

   I .... pizza .... ages.

2. When did you use a computer for the last time?

   I .... a computer .... the 1st of January 2006.

3. When did you buy your last pair of glasses?

   I .... any glasses .... last year.

4. When did you watch TV for the last time?

   I .... TV .... a very long time.

Übung 4

Heute ist Samstag, der 21. Februar 2006. In der Liste findest du einige Begebenheiten und das Datum, wann sie ihren Anfang genommen haben. Vervollständige nun die Sätze mit der richtigen Zeit und *since* oder *for*.

Frances' and Johnny's wedding day:	21st February 2005
Peter's holidays in Spain:	1st February 2006
Linda's first school day:	14th February 2006
John's first day at work:	21st February 1996

1. Frances and Johnny .... (be married) .... one year.

2. Peter .... (be) in Spain .... the 1st of February.

3. Linda .... (go) to school .... one week.

4. John .... (work) in the factory .... ten years.

Übung 5

Sandra sieht in einem deutschen Fernsehsender eine Reportage über ein deutsches Ehepaar. Sie übersetzt die folgenden Sätze für ihre Geschwister. (Vorsicht mit der Verwendung der richtigen Zeit bei „seit"!)

1. Jürgen und ich kennen uns seit 10 Jahren.
2. Wir sind seit 20 Jahren in München (=Munich).
3. Wir leben seit dem ersten Mai zusammen.
4. Seit einer Woche sind wir verheiratet.

7. Simple Past ↔ Present Perfect

Wir wissen jetzt also, dass es zwei „große" verschiedene Vergangenheitsformen im Englischen gibt, das *past* und das *present perfect*. Leider können wir es uns nicht so einfach machen, die beiden Zeiten den deutschen Vergangenheitszeiten gleichzusetzen, d. h. das englische past entspricht **nicht** dem deutschen Imperfekt, genauso wenig wie das englische *present perfect* dem deutschen Perfekt entspricht.

Die Verwendung der beiden Zeiten ist im Englischen ganz genau festgelegt und unterliegt **strengen Regeln**, die in den entsprechenden Kapiteln bereits kurz erwähnt wurden. Hier die Unterschiede noch einmal in einer übersichtlichen Zusammenfassung:

simple past

- **abgeschlossene Handlungen** in der Vergangenheit, Bericht über Vergangenes, **Erzählzeit für Geschichten**. (*Last week my father bought a new car.*)
- Handlungen, die **schon lange vorbei** und somit abgeschlossen sind. (*I had dinner in that restaurant last week.*)
- Handlungen, deren **genauer Zeitpunkt bekannt** ist und auch **genannt** wird. (*When did you see Brad Pitt's latest movie?*)

- Signalwörter: *ago, at (three o'clock), in (1970), last (Saturday), on (Sundays), when?, yesterday.*

present perfect

- Handlungen, die in der **Vergangenheit begonnen** haben, deren **Auswirkungen** aber noch **in der Gegenwart spürbar** sind. (*My father has bought a new car.*)
- Handlungen, die **gerade eben beendet** wurden. (*I have just eaten this steak.*)
- Handlungen in der Vergangenheit, deren genauer **Zeitpunkt nicht genannt** wird oder **nicht bekannt** ist. Nicht der Zeitpunkt, sondern die **Handlung** selbst bzw. deren **Ergebnis** ist **wichtig**. (*I have seen a lot of films with Brad Pitt already.*)
- Signalwörter: *already, before, ever, for, just, never, since, so far, often, up to now, (not) yet.*

Übung 1

Trage die folgenden Verbformen richtig ein:

	simple past	present perfect
I / go		
He / buy		
They / not / take		
She / not / bring		

Übung 2

Heute ist Mr Bigs bester Freund Jim zu Besuch. Er ist ein sogenannter Globetrotter, er hat fast schon die ganze Welt bereist. Die Kinder sind sehr neugierig und fragen ihn über seine Reisen aus. Setze ins *simple past* oder *present perfect*.

1. Jim, _____ (ever / be) to Canada? – Yes, _____ (be) there.

2. When _____ (go) there? – I _____ (travel) there ten years ago. It _____ (be) a very exciting trip.

3. And what about Africa, _____ (ever / be) there? – No, I _____. But last year I _____ (be) in China.

4. Wow, China! How _____ (be) it? – It _____ (be) very interesting, I must say. I _____ (have) a great time there. I think China is one of the most interesting countries I _____ (ever see).

5. You are a German teacher, too. How often _____ (visit) Germany so far? – Well, I don't know exactly, but I think I _____ (be) there more than ten times.

6. _____ (make) a trip to Germany recently? – Oh, yes, I _____ (be) there in September.

7. Where _____ (go)? – Of course I _____ (go) to Munich and _____ (visit) the famous "Oktoberfest".

Übung 3

Erinnerst du dich noch an den Samstag-Morgen-Aufräum-Marathon bei den Bigs? In der deutschen Familie Meier ist das nicht anders. Übersetze ins Englische.

1. Roland, hast du schon die Betten gemacht?
2. Ja, das hab ich. Ich hab sie vor einer Stunde gemacht.
3. Und was ist mit der Spülmaschine (=dishwasher)? Hast du sie schon gefüllt?
4. Ja, das habe ich gerade eben getan.
5. Aber du hast den Tisch noch nicht abgeräumt, nicht wahr?
6. Aber natürlich, ich habe die Küche um acht Uhr aufgeräumt.

D 8. Gemischte Übungen

Das war ein ganz schön langes Kapitel voll von Vergangenheitszeiten, nicht wahr? Jetzt kannst du das Ganze noch einmal ordentlich üben und vertiefen.

Übung 1

Kennst du trotz der Länge des Kapitels noch die Namen aller behandelten Vergangenheitszeiten und weißt, wie man sie bildet? Schreibe die angegebene Zeit des jeweiligen Verbs auf.

I / think	present perfect	....
She / go	simple past	....
We / buy	past progressive	....
They / do	present perfect progressive	....
He / stop	simple past	....
I / make	past progressive	....

Übung 2

Frage (F) und Verneinung (V) im *simple past*. Du weißt doch sicher noch, wie man diese bildet? Beweise es.

John did his homework

F: .... V: ....

Sam fed the animals.

F: .... V: ....

Timmy sat down at the window.

F: .... V: ....

Mary slept too long.

F: .... V: ....

Übung 3

Welche Handlung ist die Hintergrundhandlung, welche passiert während der anderen? Vervollständige mit dem *simple past* oder dem *past progressive*.

When I .... (take) my first step outside yesterday, the sun .... (shine). It .... (be) a very nice day and I .... (decide) to go for a walk. While I .... (walk) through the forest, the birds .... (sing) and a soft wind .... (blow) through the trees. What a beautiful day!

Übung 4

Mrs Connors alte Schulfreundin Linda ist in London zu Besuch. Sie erzählen den Bigs von ihrer Vergangenheit. Ergänze mit der richtigen Form des *present perfect* und setze *since* oder *for* ein.

1. Linda and I .... (know) each other .... twenty years.
2. We .... (be) friends .... my twelfth birthday.
3. Unfortunately we .... (see) each other .... the last five years.
4. Linda .... (live) in Berlin .... eight years.
5. I .... (wait) for her to call .... last October.
6. She .... (call) me .... ages. But now she's here!

Übung 5

Der neue Freund von Sandra ist ein wenig neugierig, wie Herr Big bei seinem letzten Besuch feststellen musste. Wie ist ihr Dialog verlaufen?

Is Sandra here? – No, she .... (go) out. – Who .... (go) out with? – I don't know. – When .... (leave)? – She .... (take) the bus at half past eight. – Where .... (go)? – I can't tell you. When she .... (leave), she .... (not say) anything. – OK, thank you, Sir.

Übung 6

Stephan hat im Internet ein Mädchen kennengelernt. Heute holt er sein *blind date* vom Bahnhof ab. Wie lautet ihr Dialog auf Englisch?

1. Hallo, Susanna, wartest du (schon) lange?
2. Nein, ich warte seit 10 Minuten.
3. Aber ich habe meine Reise um acht Uhr begonnen.
4. Ich bin vor zwei Stunden angekommen.
5. Was hast du bis jetzt gemacht? –
6. Ich habe bis eben eingekauft.

Modale Hilfsverben

1. *can, may, must, needn't*

can (=können, dürfen), *may* (=dürfen) und *must* (=müssen) sind modale Hilfsverben, sogenannte *auxiliaries*. Sie haben die folgenden Bedeutungen:
can: Fähigkeit, Annahme, Gelingen, Bitte, Erlaubnis
may: Erlaubnis, Annahme
must: Aufforderung

- Die *auxiliaries* müssen immer mit dem Infinitiv eines Vollverbs verwendet werden; ihre Form ist für alle Personen gleich.

  *I **can sing** songs.*
  ***May** we **go** to the toilet?*
  *Tom **must help** his father.*

- Der Infinitiv des Vollverbs kann im Gegensatz zum Deutschen auf keinen Fall weggelassen werden:

  *I **can speak** German*
  nicht: ~~I can German.~~
  *I **must go** to the toilet.*
  nicht: ~~I must to the toilet.~~

- Auch die Satzstellung unterscheidet sich vom Deutschen: Subjekt + *modal auxiliary* + Verb + Objekt.

  *Dad **can** help you.*
  *Papa **kann** dir helfen.*

- Die Formen sind für alle Personen gleich; also gibt es in der 3. Person Singular **kein -s**.

  *I **can** help you.*
  *He **must** help his father in the kitchen.*

- Auch die Umschreibung mit einem Hilfsverb bei Fragen und Verneinungen fällt bei den *modal auxiliaries* weg.

  Can you help me, please?
  Why must you leave?
  May I go now?

Achtung

Bei den *short forms* und der Verneinung gibt es einige Besonderheiten zu beachten.

- Die *long form* von *can't* heißt immer **cannot**.

  *I **can't** play football*
  *I **cannot** play football.*

- Es gibt keine *short form* von *may not*.

  *You **may not** go out tonight.*

- *mustn't* heißt auf Deutsch **darf nicht**. Für **muss nicht** benutzen wir das *modal auxiliary* **needn't**.

  *I **mustn't go out** tonight* = Ich **darf** heute Abend **nicht** weggehen.
  *I **needn't help** my mother in the kitchen* = Ich **muss** meiner Mutter **nicht** in der Küche **helfen**.

- *may not* kann als Verbot auf eine Frage mit *can* synonym zu *must not* verwendet werden.

  May I use your car?
  *No, you **may not**. / No, you **mustn't**.*

- *can't* kann unter Umständen auch ein Verbot ausdrücken. Es klingt allerdings weniger streng als ein Verbot mit *mustn't* oder *may not*.

*Oh, I think you **can't** park here!*
*You **can't** leave that room now!*

Übung 1

Können Mäuse fliegen? Bilde Fragen und *short answers* mit dem Hilfsverb *can*.

1. _____ mice fly? – _____
2. _____ children play football? – _____
3. _____ babies walk? – _____
4. _____ elephants sing? – _____

Übung 2

***Needn't* oder *mustn't*? Welche Form des Hilfsverbs passt in die Sätze?**

1. Susan _____ play this videogame. She isn't old enough.
2. Steven and Stan _____ wash the dishes today, it's their birthday.
3. Sandra _____ do her homework, it's Sunday.
4. Sally _____ stay out too late with her boyfriend tonight.
5. Steven _____ eat ice cream because he's ill.
6. Mr and Mrs Big _____ work in the afternoon.

Übung 3

Umzugschaos bei Familie Green. Welches der gelernten Hilfsverben musst du in die Sätze einsetzen?

1. Oh dear, this box is too heavy, I _____ carry it.
2. Look at the windows, they're so dirty, we _____ clean them.
3. But we _____ paint the walls, it's not necessary.
4. _____ I help you? I _____ carry the box for you.
5. No, you _____ carry heavy things, you're ill.
6. _____ we have lunch here on the floor?
7. No, you _____, we _____ clean the floor right now.
8. _____ you help me, please? I _____ clean the windows alone.

Modale Hilfsverben

2. Ersatzformen der Modal Auxiliaries

Die *modal auxiliaries* können in der Regel nicht alle Zeiten bilden, deswegen gibt es für sie folgende Ersatzformen, im Englischen *substitutes* genannt:

- can:
  be able to
  (im *past* gibt es jedoch auch noch die herkömmliche Form **could**)

  He wasn't **able to** swim.
  She won't **be able to** help him.
  She **could see** him very well.

- must:
  have to
- needn't:
  not have to
- may:
  be allowed to

  We **had to go** very early.
  What **will** we **have to do** there?
  He **didn't have to** write a letter.
  Will you **have to call** her from there?
  I **wasn't allowed to** meet her.
  Will I **be allowed to** move to New York?

Übung 1

Setze die folgenden Sätze mit Hilfe der *substitutes* in die angegebene Zeit.

1. Jill can play tennis very well. *simple past*

   ....

2. Frances must go home early. *will-future*

   ....

3. I can't sing Chinese songs. *simple past*

   ....

4. We mustn't eat on the floor. *simple past*

   ....

5. Simon needn't call his parents. *will-future*

   ....

Übung 2

Stan erzählt von den Problemen seines Bruders mit der Hausaufgabe. Setze den Text in die Vergangenheit. Schreibe in dein Heft.

I can't help my brother with his homework because I am busy. He can't ask our sister because she has to study hard for her exams. But he may ask our neighbours. Someone must help him, it's very important!

Yesterday was a terrible afternoon. I ....

Übung 3

Der Tag von Mrs Connor war wesentlich positiver. Ergänze ihre Erzählung mit der richtigen Form des *auxiliary* und dem passenden Verb.

correct, get up, go, make, sleep, stay, work

Today was my birthday. I .... breakfast, I .... in bed until eight o'clock. Unfortunately I .... in the morning, but in the afternoon I .... any tests. I .... shopping and enjoy the day. It was a great day! What a pity that tomorrow my birthday will be over. I .... early.

Übung 4

Mr Big ist sauer auf Sandra: die Telefonrechnung der Familie ist so hoch, weil sie jeden Tag stundenlang mit ihrem Freund telefoniert. Vervollständige das Streitgespräch zwischen den beiden mit dem *auxiliary* in der richtigen Zeit.

1. Sandra, last month I .... pay a lot of money for our telephone bill.
2. Oh, I suppose .... give you the money back next month?
3. Of course you .... pay the complete bill, only your own calls.

    Why .... make so many calls last month?
4. I .... call Michael so often because last month the poor guy .... study a lot for his exams. And he .... call me.
5. Why not? Why .... Michael .... to call you?

    Did his parents say so? – Yes.

Übung 5

Der deutsche Schüler Marcel hat sich das Bein gebrochen. Was steht in seinem Arztbrief?

1. Marcel konnte den Stein nicht sehen und fiel darüber.
2. Er brach sich das Bein und musste drei Wochen im Krankenhaus bleiben.
3. Er wird einen Monat sein Bein nicht bewegen können.
4. Er wird bis Januar nicht Fußball spielen dürfen.

E 3. Gemischte Übungen

Du hast Angst, all die *modal auxiliaries* und ihre *substitutes* zu verwechseln? Nach diesen gemischten Übungen wirst du bestimmt sicher in der Verwendung der Hilfsverben sein.

Übung 1

Ein Nachmittag mit der Clique von Peter und Paula. Setze das richtige *auxiliary* ein und suche ein passendes Verb aus der Liste.

come, do, go (2x), have, hurry, meet, see

1. Thank God we _____ any homework today.
2. I've got lots of money, we _____ to the cinema to see "Rambo".
3. No, we _____ this film, we're too young.
4. And I _____ with you, I don't have any money at all.
5. _____ we _____ a party at your home?
6. No, we _____ there, my parents are at home and they don't like parties.
7. It's late, we _____ home.
8. No, we _____ , we still have a lot of time.

Übung 2

Die Regeln im Hamburger Stadtpark sind sehr streng. Kannst du sie unseren britischen Freunden auf Englisch erklären? Benutze dabei die Hilfsverben.

Beispiel: „Basketball spielen verboten!" *We mustn't play basketball here.*
„Eisverkauf hier!" – „Fußball spielen im Park verboten!" – „Hier Spielwiese!" – „Keine Hunde!" – „Verbilligter Eintritt für Kinder"

1. We _____ pay as much as the adults.
2. We _____ play here.
3. We _____ come here with our dogs.
4. Here we _____ buy ice cream.
5. We _____ play football in the park.

Übung 3

Als die Kinder wieder zurück in London sind, erzählen sie von den strengen Regeln im Hamburger Stadtpark. Setze einige Sätze aus Übung 2 ins *past*.

1. We _____ pay as much as the adults.
2. We _____ take our dogs there.
3. In the park we _____ buy ice cream.
4. We _____ play football in the park.

Modale Hilfsverben

Übung 4

Gestern, heute, morgen. Die Zeiten ändern sich für die Londoner Kids – oder auch nicht. Ergänze mit den passenden Hilfsverben in der richtigen Zeit.

1. _____ we play football in the park? – We _____ to play football in the park last year. But they say that next year perhaps we _____ play football in the park.

2. Why didn't you come to the disco with us yesterday? – I _____ to go out. But tomorrow I _____ come with you.

3. _____ your mother help us with our German homework? – Yesterday she _____ help us because of her school tests. But tomorrow she _____ correct any tests and I think she _____ to explain German grammar to us.

4. Mum, _____ I go to the cinema tonight? – Darling, you _____ to go out yesterday and you _____ go out today.

5. Poor George, you have a bad cold. You _____ stay in bed. – That's normal, when I had the flu last week I _____ stay in bed too.

6. But now you _____ stay in bed any more! And I've had this bad cold for more than one week! – Don't be so impatient (=ungeduldig), I'm sure that in three weeks' time you _____ stay in bed any more.

Übung 5

Dein Großvater erinnert sich an seine Jugend und beneidet dich gleichzeitig um deine Möglichkeiten in der Zukunft. Übersetze für deinen amerikanischen Freund, was er so sagt.

1. In meiner Jugend (=youth) musste ich sogar (=even) am Samstag zur Schule gehen.
2. Als ich ein kleiner Junge war, musste ich nicht so viele Hausaufgaben machen.
3. Im Alter von 12 Jahren konnte ich schon Traktor (=tractor) fahren.
4. Als ich in deinem Alter war, konnte ich nicht im Internet surfen (=surf the Internet).
5. Du wirst nach der Schule nicht sofort (=immediately) arbeiten müssen.
6. In deiner Zukunft wirst du studieren können.
7. Nächstes Jahr wirst du in die Disco gehen dürfen.

A Mixed Bag

So viele Zeiten, so viele Namen von Zeiten und vor allem so viele verschiedene Anwendungsregeln! In diesem Kapitel wollen wir alles noch einmal gründlich wiederholen.

Übung 1

Schreibe jeweils den korrekten Namen der angegebenen Zeit oder das Verb in der angegebenen Zeit auf.

1. present perfect progressive (He / go) _____
2. _____ They have played
3. _____ We were sitting
4. simple past (I / have) _____
5. _____ We will write
6. present progressive (She / come) _____
7. _____ I have been waiting
8. simple present (He / rush) _____
9. going-to-future (We / travel) _____
10. past progressive (I / watch TV) _____
11. _____ He is going to travel
12. _____ I sing

Übung 2

Erinnerst du dich noch an die Anwendungsregeln der verschiedenen Zeiten? Unterstreiche die Signalwörter und setze die Verben in die passende Zeit.

1. Next week Johnny _____ (fly) to Kenya.
2. He hopes that the weather _____ (be) fine there.
3. At the moment he _____ (pack) his suitcase for the journey.
4. He always _____ (prepare) his suitcase one week in advance (=im Voraus).
5. Up to now he _____ (often / be) to Africa.
6. But he _____ (never / travel) to Kenya before.
7. Last year he _____ (be) in Morocco, but he _____ (not / like) it much because there _____ (be) too many tourists.
8. He hopes he _____ (like) Kenya better.

Übung 3

Wenn du Teil IV aufmerksam durchgearbeitet hast, wird dieser Abschlusstest kein Problem für dich sein! Setze die Verben in die richtige Zeit und übersetze die deutschen Ausdrücke.

Paul Smith _____ (be) a doctor. He _____ (work) in a big hospital in London. Today he _____ (work) because it's Sunday. But poor Paul _____ (not can) relax today because last night he _____ (not sleep) very well. Yesterday he _____ (have) a very exhausting (=anstrengend) day and so during the night he _____ (not / can) stop thinking about it.

In the morning he _____ (must) help his mother in the garden. Next month she _____ (be) 85 years old and she _____ (not can) do this alone any more. While he _____ (cut) down some trees in the garden, his mother _____ (wait) for him to help her clean the kitchen. While he _____ (clean) the kitchen, the telephone suddenly _____ (ring) and his best friend Rod _____ (ask) him to come and help him immediately because he _____ (not can) move. But his mother _____ (ask) him: "_____ (you / repair) the dishwasher yet?" – "No, I _____, but I hope that tomorrow I _____ (have) time for that." "Then you _____ (must not) go now. Or you _____ (must) promise to do it tomorrow!" his mother _____ (cry). – "OK, Mum, _____ (repair) your dishwasher tomorrow." When he _____ (arrive) at Rod's house, his friend _____ (lie) on the kitchen floor. "What _____ (happen)?" "Thank God you're here. I _____ (lie) here _____ [seit] an hour now. At about three o'clock I _____ (hurry) into the kitchen to prepare something to eat, then I suddenly _____ (stumble), _____ (fall) over a chair and – here I am. Then I _____ (call) you immediately. I think I _____ (break) my leg." Paul _____ (take) Rod to his hospital where he _____ (find) out, that Rod's leg really _____ (be) broken. "Poor Rod, he _____ (must) stay in bed for the next two weeks and _____ (not / can) play football for the next two months!"

A Mixed Bag

Irregular Verbs

Infinitive	Simple Past	Present Perfect (Participle)
be	was	have / has been
become	became	have / has become
begin	began	have / has begun
break	broke	have / has broken
bring	brought	have / has brought
buy	bought	have / has bought
choose	chose	have / has chosen
come	came	have / has come
do	did	have / has done
drink	drank	have / has drunk
drive	drove	have / has driven
eat	ate	have / has eaten
fall	fell	have / has fallen
feed	fed	have / has fed
feel	felt	have / has felt
find	found	have / has found
fly	flew	have / has flown
get	got	have / has got
give	gave	have / has given
go	went	have / has gone
have	had	have / has had
hear	heard	have / has heard
know	knew	have / has known
leave	left	have / has left
lie	lay	have / has lain
make	made	have / has made
meet	met	have / has met
put	put	have / has put
read	read	have / has read
ring	rang	have / has rung
run	ran	have / has run
say	said	have / has said
see	saw	have / has seen
sit	sat	have / has sat
sleep	slept	have / has slept
speak	spoke	have / has spoken
stand	stood	have / has stood
take	took	have / has taken
teach	taught	have / has taught
tell	told	have / has told
think	thought	have / has thought
write	wrote	have / has written

Teil II:*
Deutsch

Aufsatz: Erzählen

Lösungen mit Beispielaufsätzen

---

* Die Lösungen zu Teil I (Diktate) stehen im Übungsteil kopfüber auf der jeweiligen Seite.

| Hinweis | Die folgenden Lösungen sind meist nicht die einzig möglichen. Deine Lösung kann also auch dann richtig sein, wenn sie nicht genauso lautet wie die Lösung, die du hier findest. Deshalb sind alle Wörter oder Satzteile, die sinngemäß oder wörtlich vorkommen müssen, in Blau gedruckt. |

B Die Nacherzählung
1. Der erste Schritt: den Inhalt verstehen

Übung 2
Ort: Esszimmer in einem Haus mit einem (Innen-)Hof
Zeit: Frühlingstag, Mittag *(beides ist wichtig, da so das offene Fenster und die „Erklärung" des Dieners begründet sind; die schlechte Laune des Herrn wird dadurch auch hervorgehoben)*
Personen: Herr und Diener

Übung 3
Der Diener erwiderte: „Verzeihen Sie mir, wenn ich Ihre Meinung nicht erraten habe. Ich dachte, Sie wollten heute im Hofe speisen / Ihr Mittagessen im Hof einnehmen. Heute ist ein so herrlicher / wundervoller Tag!"

Übung 4
Der Herr hat eingesehen, dass es falsch und ungerecht war, seine schlechte Laune an dem Diener auszulassen.

2. Der zweite Schritt: den Aufbau verstehen

Übung 1 Die Geschichte ist am spannendsten, als der Diener das restliche Essen aus dem Fenster wirft.

Übung 2 Der Leser fragt sich,
1. warum der Diener das Essen hinauswirft,
2. wie der Herr reagieren und ob er den Diener bestrafen wird.

Übung 3 Man kann auch mit schwierigen Menschen auskommen, wenn man sie gut genug kennt und mit ihnen umzugehen versteht.

Übung 4 Der Diener konnte dem Herrn nichts recht machen und er wurde oft bestraft für etwas, das er gar nicht getan hatte / an dem er gar nicht schuld war.

Übung 5

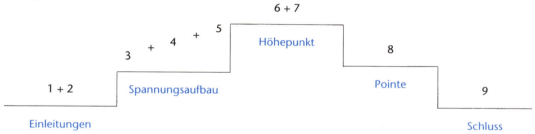

Übung 6 2, 4, 9, 7, 6, 5, 3, 1, 8
Die Sätze in der richtigen Reihenfolge:
1. Man muss schwierige Menschen gut kennen, um mit ihnen auszukommen.
2. Ein Diener hatte einen Herrn, dem er nichts recht machen konnte.
3. Eines Tages kam der Herr missgestimmt zum Mittagessen nach Hause.
4. Dem Herrn passte das Essen nicht.
5. Der Herr warf die Suppe aus dem Fenster.
6. Der Diener warf das restliche Essen hinterher.
7. Darauf reagierte der Herr zornig und fragte, was das sollte.
8. Der Diener antwortete ihm, er habe gedacht, der Herr wolle bei dem schönen Frühlingswetter draußen essen.
9. Der Herr erkannte seinen Fehler und freute sich über den schönen Tag und seinen schlagfertigen Diener.

3. Die Nacherzählung schreiben

Übung 1 Der Diener warf kurzentschlossen das ganze restliche Mittagessen in den Hof hinterher.

Übung 2 Der Diener nahm, ohne lange zu überlegen, das Fleisch, das er gerade auf den Tisch stellen wollte, und warf es einfach der Suppe hinterher in den Hof. Dann ergriff er das Brot, den Wein und schließlich das Tischtuch mit dem, was sonst noch darauf war, und warf all das ebenfalls hinaus.

Übung 3 Der Diener warf das Fleisch aus dem Fenster. Man hörte es im Hof aufklatschen / mit einem lauten Platschen auf dem Pflaster landen. Es folgten das Brot, die Flasche Wein und schließlich kam das Tischtuch mit dem Besteck und dem restlichen Geschirr und verursachte ein heftiges Klirren / Scheppern / Krachen / Rasseln.

Übung 4 So kam einmal der Herr sehr verdrießlich nach Hause, um zu Mittag zu essen. Sein Diener trug die Suppe auf. Der Herr probierte davon und fand sie zu heiß. Er ließ den Diener holen und beschwerte sich. Kurz darauf rief er den Diener erneut, denn nun war ihm die Suppe zu kalt. Im Grunde war er einfach schlechter Laune.

Übung 5 Eines Tages kam ich nach einem sehr unerfreulichen Tag nach Hause. Ich setzte mich zum Mittagessen an den Tisch. Mein Diener brachte die Suppe und ich begann zu essen. Natürlich war sie viel zu heiß! Ich rief meinen Diener wieder herein. „Die Suppe ist zu heiß!", schnauzte ich ihn an. Bis er endlich wiederkam, war die Suppe nicht mehr zu heiß, sondern zu kalt. Egal – es war ein schrecklicher Tag und nun das auch noch!

Übung 6 Der Diener war verärgert / ungehalten / wütend / hilflos / ratlos.
Er dachte: Was hat er nur wieder?
Und: Nichts kann man ihm recht machen. / Mir reicht es!

Übung 7 Der Herr setzte sich zu Tisch und rief: „Nun aber rasch das Mittagessen. Ich bin in Eile!" Als die Suppe aufgetragen war, ließ er den Diener erneut holen: „Du Tölpel, du Nichtsnutz! Diese Suppe kann ich nicht essen, weil sie viel zu heiß ist!"

3. Die Nacherzählung schreiben
(Fortsetzung)

Übung 8

Einmal kam der Herr zum Mittagessen nach Hause und war sehr schlechter Laune.
~~Er setzte sich an den Tisch.~~
~~Der Diener hatte ihm das Mittagessen bereitet und servierte es ihm.~~
Als der Diener das Essen aufgetragen hatte, begann der Herr daran herumzumäkeln. Die Suppe war ihm bald zu heiß, bald zu kalt.
~~Er meinte, er habe schon oft erklärt, dass es nicht gesund sei, zu heiß zu essen.~~
Aber darum ging es gar nicht, sondern der Herr war einfach schlecht gelaunt.
~~Da war ihm vor lauter Schimpfen heiß geworden und er öffnete das Fenster.~~
Schließlich nahm er die Suppenschüssel und warf sie aus dem offenen Fenster.

Übung 9

Beispielaufsatz

Das Mittagessen im Hof

Oft hört man, dass sich jemand beschwert, weil es mit manchen Menschen immer wieder Schwierigkeiten und Streit gibt. Das ist wahr, aber man muss bedenken, dass es diese Menschen gar nicht so böse meinen. Wenn man sie richtig gut kennt, lernt man mit ihnen umzugehen, auch ohne dauernd nachzugeben / ohne ihnen immer alles recht machen zu wollen. So können diese Menschen durchaus dazulernen und ihre Fehler einsehen.

Das ist einem Diener mit seinem Herrn gelungen. Diesem Herren konnte es der Diener nie recht machen. Oft wurde er für etwas bestraft, wofür er überhaupt nichts konnte. So kam der Herr eines Tages sehr schlecht gelaunt zum Mittagessen nach Hause. Kaum stand die Suppe auf dem Tisch, begann er schon herumzumäkeln: Die Suppe sei zu heiß oder aber sie sei zu kalt oder was auch immer. Kurz – er ließ seine üble Laune an dem Diener aus. Schließlich nahm der Herr die Schüssel mit der Suppe und warf sie durch das offen stehende Fenster in den Hof hinaus. Nun reichte es dem Diener: Ohne lange zu überlegen, nahm er das Fleisch, das er eben hereinbrachte, und warf es hinterher. Dasselbe tat er mit dem Brot, der Weinflasche, dem Tischtuch und dem Geschirr, das sich darauf befand – alles landete im Hof.
Wütend fuhr der Herr auf. „Du unverschämter Mensch! Was fällt dir ein?", rief er. Der Diener aber erwiderte gelassen: „Es tut mir sehr leid, wenn ich Ihre Wünsche nicht richtig verstanden habe, aber ich dachte, Sie wollten an einem so strahlenden Frühlingstag Ihr Mahl draußen einnehmen!"

Da erkannte der Herr, dass er sich falsch verhalten hatte. Bei sich dachte er, dass sein schlauer Diener ihm mit seinem Einfall tatsächlich eine Lehre erteilt hatte. So etwas würde ihm nicht wieder passieren! Nun vergaß er seine schlechte Laune und konnte den schönen Frühlingstag doch noch genießen.

Weitere Übungen zur Nacherzählung findest du in:
mentor Lernhilfe 509, „Aufsatz, 5.–7. Klasse", S. 7–17

C Erzählen zu Bildern
1. Die Bilder verstehen und den Aufbau planen

Übung 1 Und so sieht die Bildgeschichte in der richtigen Reihenfolge aus:

Übung 2 Bild 2: Mutter ist im Haus, beobachtet Kinder. Kinder sind hingerissen / begeistert von dem Spiel.
Bild 3: Mutter schickt Kinder in den Garten, Kinder gehen widerwillig.
Bild 4: Mutter will ihnen folgen, wirft Blick auf den Bildschirm.
Bild 5: Mutter drückt im Stehen verstohlen eine Taste.
Bild 6: Kinder spielen im Garten, Mutter spielt begeistert das Computerspiel.

Übung 3 Die Mutter schickt die Kinder hinaus, weil sie nicht will, dass sie bei dem schönen Wetter im Haus spielen.
Die Kinder verlassen das Haus, weil die Mutter es verlangt hat.
Die Mutter bleibt im Haus, weil das Computerspiel sie neugierig gemacht hat.

Übung 4 Wer? Kind, Vater
Wo? im Haus
Was? Kind spielt mit Telefon, Vater hat die Haustür geöffnet, blickt über die Schulter auf das Kind

Übung 5 Vater ist beschäftigt (z. B. Schwatz mit der Nachbarin, Zeitung lesen, frühstücken …)
Kind ist auf einen Stuhl gestiegen oder: Telefon liegt auf dem Wohnzimmertisch / dem Sofa …

Übung 6 a) ~~Vater erzählt dem Feuerwehrmann vom Brand einer Herdplatte, den er selbst gelöscht habe.~~
b) Vater und Kind werden eilig auf die Straße gebracht. Dort kommt der Vater endlich zu Wort und kann alles erklären. Die Kosten für den Einsatz werden ihm erlassen.
c) Vater erklärt, was passiert ist. Als die Feuerwehr gerade abziehen will, sieht man Rauch aus dem Nachbarhaus kommen.
d) ~~Vater wirft die Tür zu und flüchtet mit Kind durch die Terrassentür.~~

2. Die Bildergeschichte gestalten

Übung 1 Sie sehen nicht, was auf den Bildern 4 und 5 geschieht *(Mutter wird durch das Computerspiel neugierig gemacht)*.

Übung 2 Die Spannung wird mit den Bildern 4 und 5 aufgebaut, als die Mutter sich auch für das Computerspiel zu interessieren beginnt.

Übung 3 Zwischen Bild 1 und Bild 2 geht die Mutter ins Haus zu den Kindern, um nachzusehen, was sie tun.
Nach Bild 6 entdecken die Kinder / entdeckt der Vater die Mutter und sind / ist empört / erstaunt, weil sie nun selbst das tut, was sie verboten hat.

Übung 4 Bild 1: „So etwas, bei dem Wetter sitzen die Kinder im Zimmer!"
Bild 5: „Ich schalte den Computer ja nur aus ... oder nur mal ganz kurz ..."
Bild 6: „Aber Mama, wir dachten, die Sonne scheint so schön!?"
Bild 4: „Ach, den Computer haben sie auch wieder nicht ausgeschaltet!"
Bild 3: „Die Sonne scheint – schaltet den Computer aus und geht hinaus zum Spielen!"

Übung 5 Bild 1: Der Gesichtsausdruck der Mutter ist missbilligend / unzufrieden / grimmig.
Bild 2: Die Kinder haben / machen große Augen, sie strahlen.

Übung 6 Die Mutter sonnt sich gemütlich. Die Kinder spielen begeistert. Die Mutter beobachtet die Kinder ärgerlich. Sie schimpft zornig. Die Kinder gehen widerwillig hinaus. Sie schauen verblüfft durch das Fenster. Sie rufen empört.

Übung 7 Bild 2: Die Mutter schaut den Kindern über die Schulter, weil sie sehen will, was sie tun.
Bild 3: Die Mutter deutet nach draußen, weil sie möchte, dass die Kinder draußen spielen.
Bild 4: Die Mutter wirft einen Blick über die Schulter auf den Bildschirm, weil sie neugierig ist.
Bild 5: Die Mutter drückt verstohlen eine Taste, weil sie Lust bekommt, das Spiel auszuprobieren.

Übung 8 Verbotene Spiele

Übung 9 Die Fassung b) ist besser gelungen.
Begründung: Wörtliche Rede, spannend aufgebaut, anschaulichere Ausdrücke *(rennen, Sturm läuten, stottern, selig spielen, rufen)*

D Besser formulieren 1: Wortschatz

Übung 1	Radiergummi – Bleistift – ~~Kaugummi~~ – Füller:	Schreibmaterial
	Teller – Tasse – ~~Gabel~~ – Schüssel:	Geschirr
	Orgel – ~~Klarinette~~ – Klavier – Cembalo:	Tasteninstrumente
	Käfer – Ameise – ~~Schlange~~ – Mücke:	Insekten

Übung 2 *Diese Wörter sind zu streichen:* Schrein, massig, Gebäck

Übung 3 *Diese Wörter gehören nicht dazu:* mitteilen, schreien, schlingen

Übung 4 Abfahrt → Abreise, Beginn → Anfang, billig → preiswert / günstig, Ende → Schluss, jetzt → nun / momentan / eben, danach → nachher / darauf, bekommen → erhalten / annehmen / empfangen

Übung 5
sicher / geschickt: flitzen, rennen, stolzieren, marschieren, sausen, schreiten, schleichen …
unsicher / ungeschickt: humpeln, torkeln, stolpern, hinken, schwanken, taumeln, schlurfen …

Übung 6
unangenehme Gefühle: fluchen, toben, schimpfen, stöhnen, ächzen, schluchzen, klagen, weinen …
angenehme Gefühle: loben, jubeln, lachen, kichern, bestätigen, bewundern, rühmen, anerkennen …

Übung 7
Ein Schüler …: aufmerksam, (un-)konzentriert, (un-)ruhig, abgelenkt, verträumt, schwatzend …
Du hilfst …: vorsichtig, behutsam, umsichtig, überlegt, bereitwillig, geschickt …
Ein Maurer …: schwitzend, fleißig, mühsam, fluchend, flott, behäbig, gelassen …

Übung 8 ich zittere am ganzen Körper, bin wie gelähmt, die Haare stehen mir zu Berge, etwas schnürt mir die Kehle zu, es läuft mir kalt über den Rücken, mich durchzuckt ein Blitz, der Schreck sitzt mir (noch) in den Gliedern, das Herz klopft mir bis zum Hals …

Übung 9
Peter gewinnt beim Sportwettbewerb einen Pokal. Er ist … — stolz
Viviens Vater steht eine schwere Operation bevor. Sie ist … — besorgt
Ein Freund hat dich zu Unrecht verdächtigt. Du bist … — gekränkt
Fabian hat die Prüfung entgegen seiner Erwartung bestanden. Er ist … — erleichtert
Elisabeth ist nicht zum Geburtstag ihrer Freundin eingeladen. Sie ist … — enttäuscht
Moritz hat nicht das gewünschte Geschenk bekommen. Er ist … — empört

Übung 10 *Die Wörter lauten richtig:* Scheusal, gewaltsam, windig, bildlich

E Eine Vorlage ausgestalten
1. Die Vorlage verstehen

Übung 1 Am besten liest du den Erzählanfang gleich zweimal, damit dir nichts entgeht.
Endlich war auch die letzte Stunde zu Ende! Rasch packten wir unsere Schulsachen zusammen und drängten zur Klassenzimmertür. Es war wunderbares Badewetter und auf uns wartete ein Nachmittag am Baggersee. Das heißt, zumindest auf meine Freunde und mich! Ich verließ das Zimmer als Letzter vor der ungeduldig wartenden Lehrerin. „Beeil dich, Emil!", drängte sie. Doch was sah ich da vor mir auf dem Boden liegen? Es war ein Zettel, offenbar eine Mitteilung. Ich hob ihn auf und las ihn im Laufen. „Heute um 15 Uhr bei der Kapelle im Königsdorfer Wald. Unbedingt kommen!!!" Was bedeutete das?

Übung 2 Orte: Kapelle, Baggersee
Zeit: 15 Uhr, nach Schulschluss, nachmittags
Personen: der Icherzähler Emil, seine Freunde, die anderen Klassenkameraden

Übung 3 Wer hat den Brief geschrieben?
An wen ist er gerichtet?

Übung 4 Ort: Baggersee, Heimweg; Zeit: Abend, nach einem gelungenen Nachmittag
Personen: Emil, seine Freunde; die Schwarze Maria und ihre Bande
Worum es geht: gelungener Nachmittag, aufs Glatteis führen, vertragen / versöhnen

Übung 5 Mithilfe seiner Fußspuren wurde gestern Nacht ein Einbrecher überführt. Mit Fußtritten hatte Rudi F. (22) die Hintertür eines Sportgeschäfts an der Lenbach-Promenade bearbeitet, um in den Laden zu gelangen. Ein Anwohner beobachtete, wie er mit dem Diebesgut flüchtete. Sein Leugnen vor der Polizei war zwecklos: Die Abdrücke auf der Tür und die seiner Schuhsohlen stimmten überein.

Mehr zur Ausgestaltung eines Erzählkerns in:
mentor Lernhilfe 509, „Aufsatz, 5.–7. Klasse", S. 27–36

Übung 6 Baggersee – Zettel – Plan / Bande
Einbrecher – Sportgeschäft – Spuren / Fußabdrücke / Detektiv

Übung 7 Einer Zoobesucherin wird von einem Affen der Hut gestohlen und der Blumenschmuck abgezupft.
Ein Affe einer seltenen Art wird im Zoo vermisst. Ein Mann mit Hut wurde mit dem Affen gesehen.
Ein Kind wirft beim Zoobesuch mit dem Kindergarten den Hut eines anderen in das Affenfreigelände, der Affe gibt ihn zurück.

Reizwörter geben manchmal, wie auch hier, schon einen Hinweis auf einen bestimmten Handlungsverlauf. Es kann dir aber auch eine beliebige Folge von Wörtern vorgelegt werden. Dann darfst du eine Fantasiegeschichte schreiben (siehe auch Kapitel F).

2. Einen Schreibplan erstellen

Übung 1
der Einbrecher — ein Polizist / Detektiv
der Beobachter — der Ladeninhaber

Übung 2
a) der Einbrecher   b) der Ladeninhaber

Übung 3
Verräterische Spuren, Überführt!, Missglückter Einbruch, Doch gefasst

Übung 4
Emil hat im Klassenzimmer einen Brief gefunden, in dem jemand aufgefordert wird, zu einem Treffpunkt zu kommen. Absender und Empfänger sind unbekannt.

Übung 5

Situation	Brief im Klassenzimmer gefunden, ohne Empfänger und Absender, mit Hinweis auf einen Treffpunkt und eine Uhrzeit
Wer schreibt und wer soll zum Treffpunkt kommen?	ein Klassenkamerad, der Emil und seine Freunde nicht mag, die Bande der Schwarzen Maria; der Rest der Klasse
Weshalb treffen sie sich?	Komplott: Sie wollen Emil und seinen Freunden auf dem Weg zum Baggersee auflauern / am See die Knöpfe von den abgelegten Kleidern abtrennen
Wo ist der Höhepunkt?	Emil und seine Freunde schleichen sich an den Treffpunkt an und belauschen den Plan
Wie soll die Geschichte ausgehen?	Der Plan misslingt, weil Emil und seine Freunde T-Shirts und Shorts mit Gummizug anhaben; die beiden Parteien versöhnen sich

Natürlich kann deine Geschichte auch ganz anders verlaufen, zum Beispiel könnte der Brief ja auch von einem Lehrer sein …

Übung 6
Sie erfahren von dem Plan einer Bande, sie am Baggersee zu überfallen
Sie gehen heimlich zu dem Treffpunkt
Sie denken sich einen Gegenplan aus
Emil informiert seine Freunde
Am Baggersee lauern sie der Bande auf
Emil findet einen Zettel mit einem Treffpunkt
Versöhnung, Heimfahrt

Übung 7
In dieser Reihenfolge stehen die Erzählschritte: 8, 6, 7, 1, 2, 5, 3, 4
Die richtige Reihenfolge:
Der Beschuldigte leugnete die Tat. Ich wurde mit der Untersuchung beauftragt. Ich untersuchte die Fußspuren an der Tür und die Schuhsohlen. Ich stellte ihre Identität fest. Ich konnte den Tathergang nun erschließen. Der Einbrecher hatte die Tür des Sportgeschäfts eingetreten. Der Einbrecher konnte so in den Laden eindringen. Der Einbrecher wurde überführt.

3. Schreiben

Übung 1
… konnte es nicht lassen, seinen Stammtischbrüdern von seinem neuesten Fall zu erzählen.
„Es handelte sich um einen Einbruch, bei dem alles klar schien: die Tat, der Täter … Aber der Täter hatte die Tat zunächst geleugnet."

Übung 2
a) An einem schönen Sonntag im Sommer ging Frau Meier mit ihrer Freundin, Frau Müller, in den Zoo. Sie trug einen mit Blumen geschmückten Strohhut.

~~spannend~~
~~witzig~~
informativ
langweilig

b) Die Tiere im Zoo haben mindestens so viel zu bestaunen wie die Menschen! So konnten die Affen sich eines Sommersonntags gar nicht sattsehen an dem, was vor ihrem Käfig erblühte. Frau Meier hatte ihre Freundin, Frau Müller, zu einem Spaziergang durch den Zoo eingeladen. Zur Feier des Tages hatte Frau Meier ihren schönsten Blumenhut aufgesetzt.

spannend
witzig
informativ
~~langweilig~~

Übung 3
1. Der Einbrecher ist erstaunt, verärgert, nervös, wütend. Er tritt gegen die Tür.
2. Er ist verunsichert, leugnet die Tat aber.

Übung 4
Das Werkzeug verstaute ich sorgfältig in meinem Rucksack. Nun wartete ich ungeduldig auf die Dunkelheit. Als es so weit war, schlich ich leise und vorsichtig aus dem Haus und über die Straße, wo sich das Geschäft befand. Als ein Hund zu bellen anfing, erschrak ich fürchterlich. Nach einiger Zeit beruhigte er sich glücklicherweise. Aber mein Herz pochte heftig …

Übung 5
Die Affen staunten, als sie Frau Meiers blumengeschmückten Strohhut sahen.
Ein besonders gewitzter Affe streckte seinen langen Arm durch die Gitterstäbe seines Käfigs.
Er erwischte zuerst nur die Blumen von Frau Meiers Hut.
Als er alle Blumen von Frau Meiers Hut abgezupft hatte, bekam er die Krempe / den Rand zu fassen.
Plötzlich griff Fau Meier an ihren Kopf und begann laut zu schreien.

Übung 6
Die beiden Damen gerieten vollkommen aus dem Häuschen und fingen an zu kreischen. Das belustigte die Affen sehr und alle kamen, um zu sehen, was los war. In dem Getöse bemerkte keiner den kleinen Affen, der von einem Ast des Kletterbaums herabhing und den Hut aufgefangen hatte. Da zeigte ein kleiner Junge aufgeregt in den Käfig und alle begannen zu lachen: Der Affe hatte sich den Hut aufgesetzt. Frau Meier war noch so aufgeregt, dass sie zuerst gar nichts bemerkte. Aber dann …

F Die Fantasiegeschichte
1. Das Thema erfassen und Ideen sammeln

Übung 1						
	Ich erwachte als Maus	1	②	③	4	5
	Besuch bei meinem Onkel, dem Zauberer	1	2	③	④	5
	Mein Name war Weiße Feder	1	2	3	4	⑤
	Das Leben in unserem Kühlschrank	①	2	3	4	5
	Der Tag, an dem ich Millionär war	1	2	③	4	5
	Was mir das Schlossgespenst erzählte	1	2	3	④	5

Übung 2
zu 5: Mit der Zeitmaschine in die Steinzeit / in die Zukunft / ins Mittelalter
zu 3: Mein Freund Fritz / Meine Freundin Kitty / Meine Tante Mimie, der / die alles konnte
zu 1: Der Mülleimer / Lampenschirm / Kühlschrank, der reden konnte
zu 4: Ein Zwerg / Eine Fee schleicht sich ins Haus
zu 5: Als ich eines Morgens im Schlaraffenland / auf dem Mars / im Land der Riesen aufwachte

Übung 3
Ureinwohner Amerikas / Squaw / Überfall / ~~Fahrrad~~ / Felsen / Tipi / ~~Swimmingpool~~

Übung 4
Mein Freund Fridolin konnte alles. Er konnte hellsehen / zaubern / sich unsichtbar machen / die stärksten Männer besiegen / Gedanken lesen.
Ich erwachte als Maus und konnte in einer Müslischüssel übernachten / durch einen Türspalt kriechen / Käse von Weitem riechen;
aber ich konnte nicht auf zwei Beinen gehen / schreiben / Türen öffnen.

Übung 5
Was spielt sich im Kühlschrank ab?
Eine Unterhaltung / ein Streit / Familienleben / Licht ausschalten …
Wer spielt eine Rolle?
Ein fantastisches Wesen / die Gegenstände / die Lebensmittel …
Bei welcher Gelegenheit …?
Als ich mir etwas zu essen holen will / ich höre Stimmen in der Küche …
Wie reagierst du?
Ich sehe nach / versuche Kontakt aufzunehmen / schlichte den Streit …

Übung 6
Cola + Milch: Was ist gesünder?
Tomate + Tomatenmark / Ketchup: Was ist frischer?
Saft + Sekt: Was ist kostbarer / edler?
Kartoffel + Aubergine: Was sieht schöner aus?
Dose + Flasche: Was ist umweltfreundlicher?

Übung 7
⊗ Ich zauberte mir eine Villa und ein großes Auto.
⊗ Ich zauberte eine Maschine, mit der man alles sauber machen kann.

2. Zum Höhepunkt führen und ihn ausgestalten

Übung 1 Mein Körper ist mit einem weichen / glatten / kurzen Fell bedeckt und ich habe einen glatten / langen / haarlosen Schwanz.
Ich laufe auf allen vieren / vier Pfoten.
Wenn ich etwas sagen will, kommt ein Piepsen aus meinem Schnäuzchen.
Für mich sieht ein Brotkrümel aus wie ein ganzer Brotlaib.
Die Kaffeetasse wirkt auf mich wie ein Schwimmbecken / eine Badewanne / ein kleiner See.

Übung 2 Zum Anwesen meines Onkels ging man auf einem schmalen Weg. Er führte aber nicht direkt auf das Haus zu, sondern in Form von Spiralen / einem Irrgarten. Am Eingang des Parks, der die Villa umgab, befand sich ein Tor, das aber nicht aus Holz oder Eisen war, sondern aus Elchgeweihen / Goldstäben / Spinnweben / Knochen. Im Park wuchsen eigenartige Bäume. Sie sahen aber nicht aus wie richtige Bäume, sondern wie Zelte / Schirme, statt Blätter oder Nadeln trugen sie Kristalle / Edelsteine.
Aber das Merkwürdigste war das Haus selbst: Die Mauern waren nicht aus Ziegeln, sondern aus Lebkuchen / Schokoladetafeln / Glasbausteinen, die Fenster waren nicht rechteckig, sondern rund / oval / dreieckig, das Dach hatte keinen Giebel, sondern eine Kuppel wie eine Moschee.

Übung 3 Der Tisch tanzt mit den Stühlen.
Die Kaffeetassen fliegen durch die Luft und zum Fenster hinaus.
Du landest mit dem Kopf an der Decke.

Übung 4 Der Zauberer kann die Größe verändern, die Schwerkraft aufheben, Wünsche erraten und erfüllen.

Übung 5 Maus: Bitte, liebe Katze, bitte friss mich nicht!
Katze: Nun ja, ich kann es mir ja überlegen. Aber nur unter einer Bedingung: Du musst mir helfen, den bösen Hofhund zu erschrecken / zu verjagen / zu überlisten.
Maus: Wie soll ich arme kleine Maus das schaffen?
Katze: Das überlasse ich dir, meine Liebe. Lass dir etwas einfallen.

Übung 6 Du: Onkel, dein Zauberspruch hat nicht gewirkt. Merkst du nicht, dass wir immer noch durch die Luft schweben?
Onkel: Ach du lieber Himmel! Das darf doch nicht war sein! Was soll ich bloß tun? Ich habe den richtigen Zauberspruch vergessen!
Du: Oh nein, bitte streng dich an, damit er dir wieder einfällt!

Übung 7 Ich empfinde Angst / Unbehagen / Schaudern / Neugier / Verwunderung / Überraschung / Entsetzen / Panik / Verwirrung …

3. Einleitung und Schluss gestalten

Übung 1 Die Einleitung endet in / mit Satz 3.

Übung 2 Wo hast du …? In einer Kiste / auf einem Dachboden / bei einer alten Dame im Nähtisch / in der Erde
Wie bist du …? Zufällig / beim Graben nach Schätzen / durch einen Hinweis
Welches Zeichen …? Ein Hinweis von einer Person / eine Abbildung in einem Buch / eine Prägung auf der Münze: Schriftzug / ein Leuchten

Übung 3 Meine Eltern hatten sich entschlossen, das Haus auf der Klippe zu kaufen. Es war schon sehr alt, älter als alle Menschen, die wir kannten. ~~Es war mindestens 100 Jahre alt. Meine Eltern wollten es umbauen, deshalb zogen wir noch nicht ein.~~ Am Tag, als wir die Schlüssel bekamen, statteten wir dem alten Gemäuer einen Besuch ab. ~~Es war ein großes, zweistöckiges Haus mit einem wunderschönen Garten. Meine Eltern untersuchten das Erdgeschoss und den ersten Stock.~~ Ich stieg die Treppe hinauf bis zum Dachboden. ~~Um ihn betreten zu können, musste ich eine Luke öffnen.~~ Es war zunächst stockfinster. Dann gewöhnten sich meine Augen an das Dunkel. Durch ein kleines Dachfenster fiel ein fahler Schein in den Raum und erhellte ihn ein wenig. Viele alte Möbel standen herum. ~~Auch ein Klavier war darunter. Spinnweben bedeckten es.~~ Mein Blick fiel auf eine alte Truhe, die aussah wie eine Schatzkiste. Ich öffnete sie. Doch zu meiner Enttäuschung war sie leer. Gerade wollte ich sie wieder schließen, da entdeckte ich auf dem Boden der Kiste eine Münze …

Übung 4 Das war gerade noch einmal gut gegangen! Zitternd verkroch ich mich unter das riesige Federbett, das ich am Morgen als Erstes gesehen hatte. Kaum war ich dort, spürte ich, wie meine vier Pfoten sich wieder in Hände und Füße zurückverwandelten. Ich streckte mich aus und war wieder ein Mensch. Beruhigt schlief ich bis zum nächsten Morgen.

Übung 5 „Markus, wo bleibst du denn, wir wollen fahren und das Haus wieder abschließen!" Ich schaute benommen um mich. Wo war ich nur? Langsam erkannte ich den Dachboden wieder. Vor mir stand die alte Truhe. Ja, die sah also nicht nur so aus wie eine Schatzkiste. Der alte Seeräuber fiel mir wieder ein. Oder hatte ich alles nur geträumt? Da fühlte ich, dass sich meine Hand noch immer fest um etwas schloss. Ich öffnete sie, und was sah ich? Die alte Münze. Also war doch etwas an der Geschichte von dem Seeräuber, der für seine Schandtat büßen musste. Schnell stand ich auf und ging zu meinen Eltern.

*Weitere Übungen zur Fantasiegeschichte findest du in:
mentor Lernhilfe 509, „Aufsatz, 5.–7. Klasse", S.42–51*

G Besser formulieren 2: Sätze bauen

Übung 1 Wir wollten uns nach einem Lagerplatz umsehen. Paul sagte auf dem Hinweg: „Wir könnten unser Lager auch auf einem Baum aufschlagen!"
Er lief voran und zeigte auf einen Baum.
Mein Freund war nämlich Spezialist für Baumhäuser.

Übung 2 Nun kletterte Paul Ast für Ast hinauf. / Ast für Ast kletterte Paul nun hinauf.
Vom Wipfel aus winkte mir Paul fröhlich zu. / Fröhlich winkte mir Paul vom Wipfel aus zu.

Übung 3 Während Paul auf den Baum kletterte, sah ich gespannt zu.
Als Paul auf einen morschen Ast trat, geschah das Unglück.

Übung 4 Wir aßen den ganzen Topf leer, denn wir waren sehr hungrig.
Als wir auf dem Gipfel ankamen, fing es furchtbar an zu regnen. Deshalb / Daher / Deswegen stiegen wir gleich wieder ab.
Ich suchte lange nach der Münze, doch / jedoch / aber ich fand sie trotz aller Mühe nicht.

Übung 5 Als ich in das weihnachtlich geschmückte Wohnzimmer kam, wusste ich gar nicht, wo ich zuerst hinschauen sollte.
Da nahm mich mein Vater bei der Hand und führte mich zu einem kleinen Tisch neben dem Christbaum. Er sagte: „Das ist für dich." Vor mir stand eine nagelneue Spielkonsole.
Ich war ganz aufgeregt, weil es eine riesengroße Überraschung war.

Übung 6 Nachdem ich die Spielkonsole genug bewundert hatte, probierte ich sie natürlich auch aus. Am nächsten Morgen, als ich aufgewacht war, lief ich gleich in das Bescherungszimmer.

Übung 7 Paul schaltet seinen Computer ab, damit er spielen gehen kann.
Paul schaltet seinen Computer ab, um spielen zu gehen.
Paul schaltet seinen Computer ab, weil er spielen geht.
Paul schaltet seinen Computer ab und geht spielen.
Nachdem Paul seinen Computer abgeschaltet hat, geht er spielen.
Bevor Paul spielen geht, schaltet er seinen Computer ab.

Übung 8 Auf dem Schulweg sah ich auf den Straßen viele Leute, die alle zur Arbeit eilten.
Nach dem Essen gab ich unserer Katze, die sehr hungrig war, eine Schüssel Milch.
Ich spielte auf der Dorfwiese mit Marie, die am Tag zuvor Geburtstag gehabt hatte.
Sie hatte von ihren Großeltern Stiefel bekommen, die mit Lammfell gefüttert waren.

H Die Erlebniserzählung
1. Das Thema erschließen

Übung 1	○ Eine denkwürdige Schulstunde
	⊗ Auf dem Volksfest
	○ Unvorbereitet in die Schule
	○ Das ist noch einmal gut gegangen!
	⊗ Am Bahnhof

Übung 2 **Lehrer:** Bernhard, du hast leider keinen Aufsatz über ein Tiererlebnis geschrieben, sondern zum Thema „Das ist noch einmal gut gegangen!"

Übung 3
○ Während der Mathestunde fällt mir ein, dass ich Mutters Geburtstag vergessen habe.
○ Meine Freundin Silvia ist neidisch, weil mir im Kunstunterricht die schönere Bastelarbeit gelungen ist.
⊗ Als ich einmal verschlafen hatte.

Übung 4 **Lehrer:** I / M spannend   M anschaulich
  I unglaubwürdig   I übertrieben

Übung 5 *Du hast vielleicht ganz andere Ideen gehabt. Die folgenden Vorschläge sollen dir auch nur als Orientierung dienen.*
Immer Ärger mit meinem kleinen Bruder / dem Nachbarshund / unserem neuen Auto / Urlaubsreisen / Vatis Kochversuchen
Bei Schneetreiben / Unwetter / Auf der Autobahn / Im Zug / In den Bergen unterwegs

Übung 6 „Erwachsene haben auch nicht immer recht!"
Alltägliche Erfahrung: Erwachsene haben meistens recht.

„Jungen / Mädchen sind gar nicht so!"
Vorurteile: Jungen sind grob / stark / rücksichtslos / wild / faul
  Mädchen sind schwach / ängstlich / albern / eitel / fleißig / streitsüchtig

Übung 7 Jungen sind hilfsbereit / rücksichtsvoll / nicht immer stark / nett
Mädchen sind mutig / oft stark / ernsthaft / kameradschaftlich

*Notizen macht man sich normalerweise im Präsens (Gegenwart).
Denke aber an die Erzählzeit: das Präteritum (1. Vergangenheit).*

2. Einen Schreibplan erstellen

Übung 1

äußere Handlung: streiten / rennen / schlagen / antworten / regnen / schreien
innere Handlung: zittern / riechen / spüren / verdächtigen / sich etwas vorstellen / rot werden

Übung 2

	äußere Handlung	innere Handlung	
Hinführung zum Höhepunkt	verschlafen, zu spät kommen, Weg in die Schule, Versuch, Zeit zu gewinnen	Blick auf die Uhr und den Stundenplan Hast, Aufregung, Angst vor dem Lehrer Was wird er sagen? Bekomme ich eine Strafe?	Wahrnehmung Gefühle Gedanken
Höhepunkt	Betreten des Klassenzimmers	leere Schulhausgänge, Öffnen der Tür, Lärm Schweißausbruch, Überraschung, Erleichterung Was ist los? Wo ist der Lehrer?	Wahrnehmung Gefühle Gedanken

Übung 3

Hinführung	Die Jungen schreien Peter zu, er soll springen; Peter hat Angst, er traut sich nicht; als immer mehr Leute hinaufstarren, macht er ein paar unsichere Schritte.
Schluss	Evelyn hat Peter gut zugeredet; langsam steigen beide die Leiter hinunter. Evelyn verspricht Peter, mit ihm zu üben: erst einmal vom Fünfmeterbrett …

Übung 4

Kind findet seinen Platz nicht mehr / ~~Wasserleiche~~ / Angst, vom Zehnmeterbrett zu springen / Geld verloren / ~~Entführung der kleinen Schwester~~

Übung 5

~~b)~~ *Diese Fassung ist unwahrscheinlich, da es einen Sicherheitsabstand und eine Barriere gibt.*

Übung 6

Freitagabend – Vater schlägt für Samstag Zoobesuch vor – Mutter will lieber wandern – Diskussion – ~~mein langweiliger Bruder Ferdinand will wie immer gar nichts machen~~ – Ergebnis: Zoo – aufwachen am Samstag – Sonne – ~~Zähne putzen~~ – ~~anziehen~~ – ~~frühstücken~~ – ~~Öffnungszeiten im Internet suchen~~ – ~~Computerpanne beheben~~ – ~~Auto aus der Garage fahren~~ – Aufbruch

3. Die Erlebniserzählung schreiben

Übung 1

Ellinor schreibt:
Ich war mit Annika, Markus, Peter und Patrick im Freibad. Peter behauptete, er könne wie ich vom Zehnmeterbrett springen. Weil es ihm die anderen ...

zu kurz
spannungssteigernd
zu umständlich

Elise schreibt:
„Peter, so komm herunter, tu es nicht!", schrie ich aufgeregt. Selbst auf die Entfernung leuchtete Peters Gesicht bleich, fast grün. Er stand hoch ...

zu kurz
spannungssteigernd
zu umständlich

Erik schreibt:
Es war ein wunderschöner Sommertag. Ich stand früh auf und zog mich schnell an. Dann frühstückte ich. Es gab wie immer Cornflakes mit Kakao ...

zu kurz
spannungssteigernd
zu umständlich

Übung 2

„Peter, spring nicht!", sagte / schrie / rief Markus aufgeregt.
„Geh einfach langsam rückwärts", sagte / meinte / riet Fabian bedächtig.
„Was diesen Kindern so einfällt", sagte / zeterte / kreischte eine ältere Dame aufgeregt und schrill.
Patrick sagte / erwiderte: „Sagen / Raten Sie uns lieber / Schlagen Sie uns lieber vor, was wir tun sollen!"
Da kam ein Bademeister herbei, der die Szene beobachtet hatte. „So, geht mal zur Seite, ihr macht ihn doch nur ganz verrückt", sagte / knurrte / brummte / raunzte er mürrisch.

Übung 3

Wie sieht Peter aus? bleich / ängstlich
Was hörst du? aufgeregte Stimmen / Rufe / Stille breitet sich aus
Was spürst du auf deiner Haut? Schauer / Gänsehaut / kalter Schweiß
Welche Gefühle hast du? Wut / Angst / Hoffnung / Scham
Was denkst du? Warum haben wir ihn nur so geneckt? / Warum ist er nur da hinaufgestiegen? / Hoffentlich passiert ihm nichts!

Übung 4

Plötzlich schreckte ich auf. Es hatte an der Tür geklingelt. Wer konnte das so früh schon sein? Ich war ja noch im Schlafanzug! Rasch zog ich meine Jeans und ein T-Shirt an und flitzte die Treppe hinunter. Ich öffnete die Haustür nur einen Spaltbreit. Aber das war ja Frau Meier! Mir fiel siedend heiß ein, dass meine Mutter sie gebeten hatte, nach dem Rechten zu sehen. Sie fragte erstaunt: „Warum bist du denn noch hier? Die Schule fängt doch gleich an!" Ich erzählte ihr aufgeregt, was los war, und sie lief geschwind in die Küche, um mir wenigstens noch einen Kakao zu bereiten. Ich kramte eilends meine Sachen zusammen und kämmte mich hastig. Ach, warum hatte ich bloß lange Haare! Ich konnte längst fertig sein ...

Übung 5

Ich nahm meine Schultasche und sauste / lief los. Als ich auf die Straße rannte / raste, wäre ich fast angefahren worden. Ich hastete / trabte schnaufend zur Bushaltestelle.

3. Die Erlebniserzählung schreiben
   (Fortsetzung)

Übung 6

Ich öffnete die Tür zu unserem Klassenzimmer. Doch was sah ich da? Die Kinder liefen herum oder saßen auf den Bänken. Es dauerte eine ganze Weile, bis ich begriff: Der Lehrer kam selbst zu spät, und es war niemandem aufgefallen, dass ich verschlafen hatte! Da fiel mir ein Stein vom Herzen, so erleichtert war ich. Trotzdem beschloss ich bei mir, in Zukunft rechtzeitig aufzustehen.

Übung 7

Beispielaufsatz

Als ich einmal verschlafen hatte

Schlaftrunken räkelte ich mich in meinem Bett und gähnte herzhaft. Dann schielte ich nach meinem Wecker und stellte befriedigt fest, dass dieser erst auf Viertel vor sieben zeigte.

Ich stand gemächlich auf und warf einen Blick aus dem Fenster. Zu meiner Verwunderung sah ich auf der Straße einen Jungen mit einer Schultasche gehen. Mich überkam eine schlimme Vorahnung, und schnell lief ich in die Küche. Entsetzt blieb ich im Türrahmen stehen und starrte auf die Küchenuhr. Was – es war schon halb acht? Da musste wohl mein Wecker stehen geblieben sein! Kaum hatte ich mich von meinem Schrecken erholt, eilte ich ins Bad, um rasch wenigstens eine „Katzenwäsche" vorzunehmen. Warum hatte mich meine Mutter eigentlich nicht geweckt, schoss es mir durch den Kopf. Aber da fiel mir ein: Meine Eltern waren ja heute schon ganz früh nach Würzburg gefahren.

Plötzlich schreckte ich hoch. Die Hausglocke hatte geläutet. Wer konnte das so früh schon sein? Ich war ja noch im Schlafanzug! Schnell zog ich mir eine Jeans und ein T-Shirt über, lief hinunter und öffnete die Haustür nur einen Spaltbreit. Aber das war ja Frau Meier! Mir fiel siedend heiß ein, dass meine Mutter sie gebeten hatte, ein wenig nach dem Rechten zu sehen. Sie fragte erstaunt: „Warum bist du denn noch hier? Die Schule fängt doch gleich an!" Ich erzählte ihr aufgeregt, was passiert war, und sie eilte geschwind in die Küche, um mir wenigstens noch einen Kakao zu bereiten. Ich kramte eilends meine Sachen zusammen und kämmte mich hastig. Ach, warum musste ich ausgerechnet lange Haare haben! Wenn ich einen Bubikopf hätte, wäre ich schon längst fertig, schoss es mir durch den Kopf.

Endlich hatte ich meinen Zopf geflochten und stürzte hinunter zu Frau Meier. Unruhig auf die Uhr schauend, schüttete ich meinen Kakao viel zu heiß hinunter. Punkt Viertel vor acht! Wenn das nur gut ging! Ich zog den Mantel an, griff nach meiner Schultasche, verabschiedete mich schon im Gehen und verließ eiligst das Haus. Die Leute, die mir auf der Straße begegneten, sahen mir erstaunt nach, weil es schon so spät war und sonst keine Kinder mit Schultaschen mehr auf der Straße unterwegs waren. Das letzte Stück meines Schulwegs legte ich im Dauerlauf zurück. Keuchend erreichte ich das Schultor. Die Tür des Klassenzimmers stand noch offen. Mit ein paar Sätzen war ich im Raum und sank erschöpft auf meinen Stuhl. Die Beine taten mir weh und ich konnte kaum noch atmen.

Da betrat auch schon der Lehrer das Zimmer, wir standen auf und begrüßten ihn. Wie war ich froh, dass ich gerade noch rechtzeitig zum Unterricht gekommen war!

I Der persönliche Brief
1. Den Brief planen

Übung 1

Empfänger	Anlass	Absicht	Ton
Tante	Geschenk	Dank	herzlich aufrichtig
Freund	Ferien	Einladung	herzlich
Klassenkamerad	Krankheit Krankenhausaufenthalt	Genesungswunsch	mitfühlend tröstend
Brieffreund(in)	Brieffreundschaft	Erzählen über dein Land / deinen Wohnort	anschaulich informativ
ehemalige Lehrerin	Schulwechsel	von der neuen Schule erzählen	unterhaltsam
Eltern	Besuch bei Verwandten auf dem Bauernhof	Kätzchen als Haustier	überzeugend

Übung 2 ~~Hi Frau Lehrerin!~~   ~~Sehr verehrte Frau Obermeier, …~~
~~Hallo Elisabeth, …~~   Liebe Frau Obermeier, …

Übung 3 Liebe Frau Obermeier,
über Ihren interessanten / netten Brief habe ich mich sehr gefreut.
Das ist ja schön / ideal / optimal, dass Sie wieder eine vierte Klasse haben!
Da können Sie Ihre lustigen / guten / interessanten Arbeitsblätter ja wieder verwenden!

Übung 4 **Lehrer:** Dein Brief ist herzlich / einfühlsam / taktlos / ichbezogen / mitfühlend.

Übung 5 1: Bevor man den Zoo betreten kann, muss man Eintritt zahlen.
2: Die Tiere befinden sich in Gehegen oder Käfigen.
3: Ein Streichelzoo ist ein Gelände, auf dem kleine Tiere frei laufen.

Übung 6 Katzen zerkratzen Möbel.
Katzen fangen Mäuse.
Katzen kann man nicht mitnehmen.
Katzen verlieren Haare.
Katzen kosten Geld.

Übung 7 kratzen: einen Kratzbaum kaufen
Mäuse: gegen Mäuseplage
Urlaub: unsere Nachbarin
Kosten: mein Taschengeld für Futter und Tierarzt

2. Den Brief in die richtige Form bringen

Übung 1 Achte auch auf die Leerzeilen vor der Anrede (zwei bis drei) und nach der Schlussformel (eine).

Bremen, den 15.1.20..

Liebe Tante Lissy,
(…)
Herzliche Grüße, auch an Onkel Holger

Dein Peter

Übung 2 Das Wichtigste nennst du zuerst, danach die weniger wichtigen Punkte.
1 Hilfe bei Hausaufgaben
3 die jüngere Schwester wird ihn auch brauchen können
2 du bist stolz, weil du für deine Eltern manches nachschlagen kannst

Übung 3
1. Anrede
2. Nachfrage nach Wohlergehen
3. Erzählung vom Bauernhof
4. Beschreibung des Kätzchens
5. Bitte
6. Argumente für ein Kätzchen als Haustier
7. Grußformel
8. Unterschrift

Übung 4

Liebe Tante Lissy,	Anrede
über Deinen Brief habe ich mich sehr gefreut. Nun habe ich endlich Zeit, Dir zu antworten.	Antwort
Der Duden, den Du mir zu meinem Geburtstag geschickt hast, ist ein sehr nützliches Geschenk. Ich danke Dir ganz herzlich dafür.	Dank
Ich brauche ihn fast täglich bei den Hausaufgaben und oft kann ich auch für meine Eltern etwas nachschlagen. Lisa geht zwar erst in die zweite Klasse, aber bald wird sie ihn auch brauchen können.	Begründung
Komm uns doch in den Ferien mal besuchen, wir würden uns alle sehr freuen und wir könnten meinen Geburtstag gleich noch einmal feiern.	Vorschlag
Bis dahin liebe Grüße, auch an Onkel Holger	Grußformel
Dein Peter	Unterschrift

Übung 5 1. Anrede 2. Einleitung 3. Spannungsaufbau 4. Höhepunkt 5. Schluss 6. Grußformel 7. Unterschrift

Übung 6 Briefkopf mit Angaben zu Ort und Datum, Bezug zum Empfänger, Schluss mit Grußformel und Unterschrift, Anlass und Absicht, Gliederung in Abschnitte

J Besser formulieren 3: Bildlich schreiben

Übung 1	Kohle / Schornsteinfeger / Pech	+ schwarz	→ pechschwarz
	Erde / Hirsch / Kastanie	+ braun	→ kastanienbraun
	Schnee / Eis / Wand	+ weiß	→ schneeweiß

Übung 2 Angsthase, Frechdachs, Dreckspatz, Schmutzfink, Pleitegeier

Übung 3
flink wie ein Wiesel
aufpassen wie ein Luchs
fleißig wie eine Biene
scheu wie ein Reh
langsam wie eine Schnecke
schlafen wie ein Murmeltier
hässlich wie eine Kröte

Übung 4
Er benimmt sich wie ein Elefant im Porzellanladen.
Das Kind ist stur wie ein Esel.
Die Nachbarin schwatzt wie eine Elster.
Die Frau watschelt wie eine Ente.

Übung 5
wie Hund und Katze   Tür und Tor
mit Mann und Maus   mit Leib und Seele
mit Haut und Haar(en)   mit Kind und Kegel
wie Pech und Schwefel   Mord und Totschlag

Übung 6
1. Wer andern eine Grube gräbt,   e) fällt selbst hinein.
2. Steter Tropfen   d) höhlt den Stein.
3. Den Brunnen zudecken,   b) wenn das Kind hineingefallen ist.
4. Viele Hunde   a) sind des Hasen Tod.
5. Wer A sagt,   h) muss auch B sagen.
6. Bellende Hunde   g) beißen nicht.
7. Viele Köche   f) verderben den Brei.
8. Spare in der Zeit,   c) dann hast du in der Not.

Übung 7
Auch die schönste Feier muss einmal ein Ende haben.
Das Ende vom Lied war, dass er auch noch alles bezahlen musste!
Erst hatten wir geglaubt, wir würden nie fertig. Aber was soll's – Ende gut, alles gut!
Wenn wir gewusst hätten, dass diese Veranstaltung kein Ende nimmt!
Der Elektriker hatte alles versucht, doch jetzt war er mit seinem Latein am Ende.
Du hast die ganze Sache am falschen Ende angefasst, sonst wärst du längst fertig.
Er wird den Mörder verfolgen, wenn es sein muss bis ans Ende der Welt.
Gemeinsamkeit: Ende

K Erzählen nach literarischen Vorbildern
1. Fabeln verstehen und umgestalten

Übung 1

1. Eines Tages besuchte die Stadtmaus ihre entfernte Cousine, die Feldmaus, auf dem Lande. 2. Diese bewirtete sie mit Getreidekörnern, Nüssen und Bucheckern. 3. Da meinte die Stadtmaus: „Das ist ja ganz nett, aber im Grunde lebst du doch in sehr ärmlichen Verhältnissen! Komm mich einmal besuchen und lass dir zeigen, was ein Leben in Luxus ist!" 4. Einige Tage darauf machte sich die Feldmaus auf den Weg in die Stadt. 5. Die Stadtmaus empfing sie in der Speisekammer mit einem Festmahl aus Speck, Käse, Wurst und vielen anderen Köstlichkeiten. 6. Gerade als sie sich daran gütlich taten, öffnete sich die Tür und der Koch steckte den Kopf herein. 7. Blitzschnell war die Stadtmaus in ihrem wohlbekannten Schlupfloch verschwunden, während die arme Feldmaus in der ihr unbekannten Umgebung verzweifelt nach einem Versteck suchte, wobei sie um ein Haar noch in eine Falle geraten wäre. 8. Zum Glück schloss der Koch die Tür wieder, ohne sie entdeckt zu haben. 9. „Das genügt, liebe Cousine", sprach die Feldmaus zur Stadtmaus, als sie sich wiedertrafen, „lieber lebe ich in Armut und dafür in Sicherheit, anstatt den Reichtum mit einem Leben in ständiger Gefahr zu bezahlen!" 10. Und sie kehrte zufrieden zurück in ihr Mäuseloch auf dem Land.

Stadtmaus	↔	Feldmaus	wohl bekannt	↔	unbekannt
Land	↔	Stadt	Armut	↔	Reichtum
ärmliche Verhältnisse	↔	Luxus	Sicherheit	↔	Gefahr

Übung 2

Zu unterstreichen sind:
Besitz belastet und Jeder muss auf seine Art glücklich sein

Übung 3

Einleitung: Satz 1
Hauptteil: Satz 2 bis Satz 9

Die Lehre kann den Schluss der Fabel bilden, manchmal gibt es einen zusätzlichen, so wie hier.

Übung 4

1. Eines Tages lud ich meine Cousine, die Stadtmaus, zu mir aufs Land ein.
2. Ich bewirtete meinen Gast / sie mit Getreidekörnern, Nüssen und Bucheckern.

Übung 5

Für die Feldmaus ist der Höhepunkt da, wo sie vor dem Koch fliehen muss.
Für die Stadtmaus ist der Höhepunkt da, wo die Feldmaus sie verlässt / ihr eine Lehre erteilt.

Übung 6

Feldmaus: ~~schwach~~ / ~~dumm~~ / arm / genügsam / freiheitsliebend / ~~neidisch~~
Stadtmaus: ~~listig~~ / verwöhnt / ~~tollkühn~~ / ~~stark~~ / eingebildet / kompromissbereit

Übung 7

Ohne Mut kein Genuss / Ohne Risiko kein Gewinn / Wer nicht wagt, der nicht gewinnt

Übung 8

„Meine Liebe, das siehst du ganz falsch. Das bisschen Risiko / Gefahr ist doch leicht zu ertragen. Dafür genieße ich mein Leben und all den Reichtum / Luxus. Was nützt mir die Sicherheit, wenn ich hungern / darben muss und mir nichts leisten / gönnen kann!"

2. Fabeln frei gestalten

Übung 1

Löwe	+ stark	↔	Maus	+ schwach
Hase	+ schnell	↔	Igel	+ langsam
Wolf	+ böse / gemein	↔	Lamm	+ unschuldig
Eule	+ weise	↔	Pfau	+ schön / stolz
Löwe	+ stark	↔	Mücke	+ schlau

Übung 2 „Bin ich nicht schön?", sagte der Pfau zur Eule und schlug ein Rad. Die Eule aber war sehr weise, so sehr, dass sie sogar die Tageszeitung lesen konnte und daher über alle Neuigkeiten Bescheid wusste. „Du bist vielleicht schön, aber auch ziemlich dumm. Sonst wüsstest du, dass die Pfauenfänger des Königs im Land sind und würdest dich verstecken!"

Übung 3 Hochmut kommt vor dem Fall / Wer hoch steigt, kann auch tief fallen

Übung 4 Regen: unangenehme Lage / Situation   Traufe: noch unangenehmere Lage / Situation

Übung 5
- **Maus:** Der „Regen" ist für sie die Falle, die „Traufe" ist die Katze.
- **Fliege:** Sie entkommt gerade noch der Spinne, aber dann erwischt sie die Fliegenklatsche.
- **Chamäleon:** Es entkommt dem Tierfänger, indem es die Farbe der Straße annimmt; dort jedoch wird es beinahe überfahren.

Übung 6
- **Hochmut:** Überheblichkeit, Einbildung, Hochnäsigkeit, Eitelkeit, Selbstverliebtheit
- **Fall:** Unglück, Unfall, Erniedrigung, Herabsetzung, Einsamkeit

Übung 7
| Rose | ↔ | Gänseblümchen / Löwenzahn |
| Schilfrohr | ↔ | Eiche |

Übung 8 Die Rose wird geschnitten / gepflückt. Das Gänseblümchen bleibt stehen.

Übung 9 Du lächerliches, unscheinbares Geschöpf!", rief der Löwe einer vorbeifliegenden Stechmücke zu.
„Du glaubst wohl, du bist der Größte und Stärkste hier!", erwiderte die Mücke.
Wütend schnappte der Löwe nach der Mücke. Diese jedoch setzte sich auf ihn und begann, ihn zu stechen.
Der Löwe versuchte, sie zu fangen, aber sie war immer schneller.
Schließlich gab er auf und flehte sie an, ihn in Ruhe zu lassen.
„Siehst du", sagte die Mücke, „unscheinbare Geschöpfe haben manchmal mehr Macht als so gewaltige Angeber wie du denken!"

3. Till-Eulenspiegel-Geschichten verstehen und erzählen

Übung 1
1 Eulenspiegel schläft in einem leeren Bienenkorb.
2 Der Bienenkorb wird von zwei Dieben gestohlen.
3 Eulenspiegel zettelt einen Streit zwischen zwei Dieben an.
4 Eulenspiegel hat die Diebe verjagt …

Übung 2
Es muss dunkel sein, denn sonst könnten die Diebe sehen, was wirklich geschieht.

Übung 3
Die zwei Männer stehlen den Korb aus Habgier. Sie verlieren den Korb wegen ihrer Streitsucht.

Übung 4
Till ist weise wie eine Eule. Er hält den Menschen einen Spiegel vor.

Übung 5
Der Meister rief Till und sagte zu ihm: „Nun kremple die Ärmel hoch, damit du bis Feierabend fertig wirst!" Als der Meister nach drei Stunden kam, um nach dem Backwerk zu sehen, sah er Till zu seinem großen Ärger immer noch gemütlich auf der Bank sitzen. Er hatte seinen Kittel ausgezogen und die Ärmel hochgekrempelt.

Übung 6
Er will Bücher festhalten.

Übung 7

einen Strich unter etwas ziehen	etwas als endgültig erledigt betrachten / mit etwas abschließen
die Ärmel hochkrempeln	bei einer Arbeit tüchtig zupacken
die Katze im Sack kaufen	etwas unbesehen kaufen
jemandem unter die Arme greifen	jemanden unterstützen
in den sauren Apfel beißen	etwas Unangenehmes tun oder in Kauf nehmen müssen
kein Blatt vor den Mund nehmen	seine Meinung offen sagen

Übung 8
Beispielaufsatz zur Redensart „die Katze im Sack kaufen"

Einst war Eulenspiegel sehr verärgert über einen Wirt, der ihn für seine Arbeit nicht entlohnt hatte, obwohl er sich eine Scheibe abgeschnitten* hatte, wie es ihm befohlen worden war.
Derselbe Wirt hatte eine Gesellschaft, die bei ihm speiste. Mitten im Gelage ging ihm jedoch das Wildbret aus. Das kam Till zu Ohren, und gleich hatte er eine gute Idee. Er fing die dicke Katze des Wirts, ließ sich vom Koch ein Hasenfell geben, nähte die Katze ein und packte sie in einen alten Sack. Damit ging er zum Wirt und fragte, ob er einen extragroßen Hasen kaufen wolle. Dieser war froh, dass ihm geholfen wurde, und zudem hatte er es eilig, weil die Gäste warteten. So kaufte er den Sack für gutes Geld, in der Meinung, einen fetten Hasen erstanden zu haben. Till Eulenspiegel hielt sich nicht lange auf und verließ eilends die Stadt.
Als der Koch den Sack öffnete, kam ihm das Fell des Hasen schon bekannt vor, und bald hatte er die Naht entdeckt, mit der Till es zusammengeflickt hatte. Der Wirt war sehr wütend und seine Gäste hatten wenig Freude an der dicken Wirtshauskatze.

* sich eine Scheibe von jemandem / etwas abschneiden = sich jemanden / etwas zum Vorbild nehmen

4. Sagen verstehen und erzählen

Übung 1

A Im Münchner Liebfrauendom kann man noch heute unter der Orgelempore einen in den Steinboden eingelassenen Fußtritt sehen. Viele Geschichten werden erzählt, die diese merkwürdige Erscheinung zu erklären versuchen. Der ehrgeizige Dombaumeister Jörg Halspach hat vor über 500 Jahren diesen Dom an der Stelle einer viel kleineren Kirche erbaut.

B Doch mitten in der Arbeit, als er schon voller Stolz das gewaltige Bauwerk entstehen sah, suchte der Teufel ihn heim. /

1 Der hatte schon lange und voller Misstrauen und Neid betrachtet, wie hoch und lichterfüllt der Dom geriet und wie viele Seelen er fassen würde, derer er dann wohl nicht mehr habhaft werden könnte. /

2 Nun drohte er dem Baumeister, sein Werk mit allen Mitteln, die in seiner Macht stünden, zu zerstören – es sei denn, er schließe einen Pakt mit ihm. Der Baumeister fürchtete Hölle und Teufel, aber noch viel mehr ein Misslingen seines großartigen Baus, und willigte ein. Der Teufel verlangte, dass man im Innenraum des Doms kein Fenster sehen dürfe, in der Hoffnung, dass dieser dann dunkel bliebe. /

3 Der ehrgeizige Jörg gab seine Zustimmung, allerdings hatte er im Geheimen eine List überlegt. Als der Dom seiner Vollendung entgegenging, führte der Architekt den Teufel an die Stelle unter der Orgelempore, von der aus man wegen der Säulenreihen keines der prächtigen hohen Fenster sehen konnte.

C Der Teufel, wütend über die gelungene List, stampfte so fest mit dem Fuß auf, dass sein Fußabdruck sich tief in den Stein eingrub.

Übung 2

Der Teufel verlangt einen Pakt, weil er neidisch ist.
Der Baumeister willigt ein, weil er sich fürchtet, aber vor allem ehrgeizig ist.
Der Teufel stampft auf, weil er wütend ist.

Übung 3

Der Herr war mit dem Teufel im Bunde und lenkte die Kutsche erbost durch die Luft, wobei er an die Kirchturmspitze stieß.
Der Watzmann war ein strenger König / Herr, der eine arme Bergbauernfamilie von ihrem Hof vertrieb; deshalb ist er mit seiner Familie versteinert worden.
Diese Sage erzählt man sich so ähnlich über das Gebirgsmassiv des Watzmann bei Berchtesgaden.

Übung 4

Das Schwein setzte die Vorderhufe auf die Fensterbank und grunzte zufrieden, als es den friedlich schlafenden Knaben sah. Schnell wuchtete es seinen massigen Hintern auf die Fensterbank und sprang in das Zimmer. Es war ein sehr hungriges Schwein, deshalb näherte es sich gierig der Wiege und stupste den Säugling mit der Schnauze an, um ihn umzudrehen und seine vielversprechende Rückseite anzuknabbern. Das Äffchen hatte dem Treiben des Schweins schon eine Weile zugesehen. Als das Schwein sich anschickte, in den Po des Knaben zu beißen, hangelte sich der Affe von Ast zu Ast, sauste den Baumstamm hinunter, zog sich am Fenstergriff hoch und hüpfte behände durch das Fenster zu der Wiege …

Teil III:
Mathematik

Grundrechenarten, Größen, Gleichungen

Lösungen

1. Unser Zahlensystem

Übung 1

a) 3185 = 3 · 1000 + 1 · 100 + 8 · 10 + 5 · 1 = 3T 1H 8Z 5E

b) 54 056 = 5 · 10 000 + 4 · 1000 + 5 · 10 + 6 · 1 = 5ZT 4T 5Z 6E

c) 5 301 360 = 5 · 1 000 000 + 3 · 100 000 + 1 · 1000 + 3 · 100 + 6 · 10
= 5M 3HT 1T 3H 6Z

d) 60 010 002 = 6 · 10 000 000 + 1 · 10 000 + 2 · 1 = 6ZM 1ZT 2E

e) 7 012 008 105 = 7 · 1 000 000 000 + 1 · 10 000 000 + 2 · 1 000 000
+ 8 · 1000 + 1 · 100 + 5 · 1
= 7Md 1ZM 2M 8T 1H 5E

f) 1 234 567 890 = 1 · 1 000 000 000 + 2 · 100 000 000 + 3 · 10 000 000
+ 4 · 1 000 000 + 5 · 100 000 + 6 · 10 000 + 7 · 1000
+ 8 · 100 + 9 · 10 =
= 1Md 2HM 3 ZM 4M 5HT 6ZT 7T 8H 9Z

Übung 2

a) 109 815

b) 149 598 030

c) 6 223 150 000

Übung 3

dreizehn Millionen neunhundertdreiundachtzigtausendachthundertsechzehn

Übung 4

a) 10 001

b) 987 654

c) 1 023 456

Übung 5

a) 90

b) 100

c) 90 (5 als Einer)
+ 81 (90 mal 5 als Zehner minus 9 mal 5 als Einer, da bereits gezählt)
+ 81 (100 mal 5 als Hunderter minus 10 mal 5 als Einer – inkl. 555,
minus 9 mal 5 als Zehner)
= 252

2. Die Dualzahlen

Übung 1

$1 = 1_{(2)}$ $2 = 10_{(2)}$ $3 = 11_{(2)}$ $4 = 100_{(2)}$ $5 = 101_{(2)}$

$6 = 110_{(2)}$ $7 = 111_{(2)}$ $8 = 1000_{(2)}$ $9 = 1001_{(2)}$ $10 = 1010_{(2)}$

Übung 2

a) $101_{(2)} = 1 \cdot 4 + 0 \cdot 2 + 1 \cdot 1 = 5$

b) $11001_{(2)} = 1 \cdot 16 + 1 \cdot 8 + 0 \cdot 4 + 0 \cdot 2 + 1 \cdot 1 = 25$

c) $101010_{(2)} = 1 \cdot 32 + 0 \cdot 16 + 1 \cdot 8 + 0 \cdot 4 + 1 \cdot 2 + 0 \cdot 1 = 42$

d) $10011_{(2)} = 1 \cdot 16 + 0 \cdot 8 + 0 \cdot 4 + 1 \cdot 2 + 1 \cdot 1 = 19$

e) $1101001_{(2)} = 1 \cdot 64 + 1 \cdot 32 + 0 \cdot 16 + 1 \cdot 8 + 0 \cdot 4 + 0 \cdot 2 + 1 \cdot 1 = 105$

f) $100110011_{(2)} = 1 \cdot 256 + 0 \cdot 128 + 0 \cdot 64 + 1 \cdot 32 + 1 \cdot 16 + 0 \cdot 8 + 0 \cdot 4 + 1 \cdot 2 + 1 \cdot 1$
$= 256 + 32 + 16 + 2 + 1 = 307$

Übung 3

a) $17 = 1 \cdot 16 + 0 \cdot 8 + 0 \cdot 4 + 0 \cdot 2 + 1 \cdot 1 = 10001_{(2)}$

b) $35 = 1 \cdot 32 + 0 \cdot 16 + 0 \cdot 8 + 0 \cdot 4 + 1 \cdot 2 + 1 \cdot 1 = 100011_{(2)}$

c) $112 = 1 \cdot 64 + 1 \cdot 32 + 1 \cdot 16 + 0 \cdot 8 + 0 \cdot 4 + 0 \cdot 2 + 0 \cdot 1 = 1110000_{(2)}$

d) $32 = 1 \cdot 32 + 0 \cdot 16 + 0 \cdot 8 + 0 \cdot 4 + 0 \cdot 2 + 0 \cdot 1 = 100000_{(2)}$

e) $53 = 1 \cdot 32 + 1 \cdot 16 + 0 \cdot 8 + 1 \cdot 4 + 0 \cdot 2 + 1 \cdot 1 = 110101_{(2)}$

f) $235 = 1 \cdot 128 + 1 \cdot 64 + 1 \cdot 32 + 0 \cdot 16 + 1 \cdot 8 + 0 \cdot 4 + 1 \cdot 2 + 1 \cdot 1$
$= 11101011_{(2)}$

Übung 4

a) auf $101_{(2)} = 5$ folgt $110_{(2)} = 6$

b) auf $10011_{(2)} = 19$ folgt $10100_{(2)} = 20$

c) auf $11110_{(2)} = 30$ folgt $11111_{(2)} = 31$

d) auf $11111_{(2)} = 31$ folgt $100000_{(2)} = 32$

3. Die römischen Zahlen

Übung 1

1 = I 2 = II 3 = III 4 = IV 5 = V

6 = VI 7 = VII 8 = VIII 9 = IX 10 = X

Übung 2

a) XVI = **16**

b) LXIV = **64**

c) XCVIII = **98**

d) MDCCLXIX = **1769**

e) CDXLVII = **447**

f) MMCMXXIV = **2924**

Übung 3

a) 19 = XIX

b) 76 = LXXVI

c) 388 = CCCLXXXVIII

d) 1434 = MCDXXXIV

e) 1981 = MCMLXXXI

f) 2233 = MMCCXXXIII

Übung 4

a) 1248 = MCCXLVIII

b) 1559 = MDLIX

c) 1564 = MDLXIV

d) 1756 = MDCCLVI

Übung 5

a) XVII = 17 = $10001_{(2)}$

b) XLVI = 46 = $101110_{(2)}$

c) CXXIV = 124 = $1111100_{(2)}$

4. Addition und Subtraktion

Übung 1
a) 137 + 561 = **698**
b) 489 + 596 = **1085**
c) 1387 + 5699 = **7086**
d) 458 997 + 327 568 = **786 565**
e) 13 875 + 587 + 11 621 = **26 083**
f) 56 879 + 128 977 + 547 324 = **733 180**

Übung 2
a) 642 − 431 = **211**
b) 735 − 259 = **476**
c) 5678 − 949 = **4729**
d) 66 742 − 546 = **66 196**
e) 894 562 − 45 213 = **849 349**
f) 987 654 − 123 456 = **864 198**

Übung 3

```
  1359              8931
 +5813             −1159
  ────              ────
  7172              7772
```

Übung 4
a) Der Wert der Summe ist **um 6 größer**.
   (Zahlenbeispiel: 10 + 20 = 30 und 13 + 23 = 36)

b) Der Wert der Summe ist **um 10 kleiner**.

c) Der Wert der Summe ist **um 4 größer**.

Übung 5
a) Der Wert der Differenz ist **um 4 kleiner**.

b) Der Wert der Differenz ist **um 7 kleiner**.
   (Zahlenbeispiel: 20 − 10 = 10 und 20 − 17 = 3)

c) Der Wert der Differenz **bleibt gleich**.

5. Rechengesetze der Addition

Übung 1 a) 35 + 43 + 15 = 35 + 15 + 43 = 50 + 43 = **93**

b) 189 + 137 + 11 = 189 + 11 + 137 = 200 + 137 = **337**

c) 5678 + 3547 + 222 = 5678 + 222 + 3547 = 5900 + 3547 = **9447**

Übung 2 a) 247 + (53 + 129) = (247 + 53) + 129 = 300 + 129 = **429**

b) (1829 + 14) + 5136 = 1829 + (14 + 5136) = 1829 + 5150 = **6979**

c) 275 + (25 + 187) + 13 = (275 + 25) + (187 + 13) = 300 + 200 = **500**

Übung 3 a) (454 + 328) + 46 = (454 + 46) + 328 = 500 + 328 = **828**

b) 785 + (139 + 15) + 51 = (785 + 15) + (139 + 51) = 800 + 190 = **990**

c) 17 + 29 + 13 + (11 + 86) + 14 = (17 + 13) + (29 + 11) + (86 + 14)
   = 30 + 40 + 100 = **170**

Übung 4 Das Kommutativgesetz gilt nicht, weil z. B.:
7 − 3 = 4, aber 3 − 7 geht nicht

Das Assoziativgesetz gilt nicht, weil z. B.:
(20 − 7) − 3 = 13 − 3 = 10, aber 20 − (7 − 3) = 20 − 4 = 16

Übung 5 a) 90 − 35 − 17 = 55 − 17 = **38**

b) 90 − (35 + 17) = 90 − 52 = **38**

c) 90 − (35 − 17) = 90 − 18 = **72**

d) 90 − 35 + 17 = 55 + 17 = **72**

Übung 6 a) 23 + 56 − 42 − 17 + 31 − 12 = (23 + 56 + 31) − (42 + 17 + 12)
   = 110 − 71 = **39**

b) 158 − 79 + 112 − 141 − 14 + 542 = (158 + 112 + 542) − (79 + 141 + 14)
   = 812 − 234 = **578**

c) 789 − 438 + 1582 + 564 − 1791 + 5687 − 1475
   = (789 + 1582 + 564 + 5687) − (438 + 1791 + 1475) = 8622 − 3704 = **4918**

6. Aufstellen von Termen

Übung 1

a) 354 + (1256 − 985) = 354 + 271 = **625**

b) (2347 − 1251) − (245 − 139) = 1096 − 106 = **990**

c) 5648 − [(158 + 753) + 254] = 5648 − [911 + 254] = 5648 − 1165 = **4483**

d) (6231 − 1489) − 2874 + 1557 = 4742 − 2874 + 1557 = 1868 + 1557 = **3425**

e) [135 + (564 − 329)] − [17 + (234 − 56) − 153] = [135 + 235] − [17 + 178 − 153]
= 370 − [195 − 153]
= 370 − 42 = **328**

Übung 2

a) 1568 − (123 + 475) = 1568 − 598 = **970**

b) 1894 + (427 − 285) = 1894 + 142 = **2036**

c) (125 + 16) + (146 − 13) = 141 + 133 = **274**

d) (723 + 467) − (5631 − 4567) = 1190 − 1064 = **126**

e) 46 + [(34 + 57) − (57 − 23)] = 46 + [91 − 34] = 46 + 57 = **103**

Übung 3

946 − 43 + 37 − 56 + 127 = 1011
Das Gymnasium hat zu Beginn des neuen Schuljahres **1011** Schüler.

Übung 4

Freie Plätze: 63 000 − (13 500 + 25 600 + 18 220) = 5680
Keine Karte: 19 870 − 5680 = 14 190
14 190 Zuschauer erhielten keine Karte.

Alternativ mit Gesamtansatz:
19 870 − [63 000 − (13 500 + 25 600 + 18 220)] = 14 190
oder:
(13 500 + 25 600 + 18 220 + 19 870) − 63 000 = 14 190

7. Multiplikation

Übung 1
a) 837 · 3 = **2511**
b) 56 · 12 = **672**
c) 493 · 102 = **50 286**
d) 765 · 511 = **390 915**
e) 5632 · 3371 = **18 985 472**
f) 3782 · 5501 = **20 804 782**

Übung 2
a) 2 · (5 · 29) = (2 · 5) · 29 = 10 · 29 = **290**
b) 4 · (25 · 17) = (4 · 25) · 17 = 100 · 17 = **1700**
c) (37 · 8) · 125 = 37 · (8 · 125) = 37 · 1000 = **37 000**
d) (417 · 50) · 20 = 417 · (50 · 20) = 417 · 1000 = **417 000**
e) 5 · (200 · 125) · 8 = (5 · 200) · (125 · 8) = 1000 · 1000 = **1 000 000**
f) 41 · 250 · 4 = 41 · (250 · 4) = 41 · 1000 = **41 000**

Übung 3
a) (50 · 87) · 20 = (50 · 20) · 87 = 1000 · 87 = **87 000**
b) (247 · 125) · (2 · 8) = (247 · 2) · (125 · 8) = 494 · 1000 = **494 000**
c) 4 · (47 · 25) · 17 = (4 · 25) · (47 · 17) = 100 · 799 = **79 900**
d) 20 · 4 · 25 · 5 = (20 · 5) · (25 · 4) = 100 · 100 = **10 000**
e) (125 · 50) · 8 · 2 = (125 · 8) · (50 · 2) = 1000 · 100 = **100 000**
f) 5 · (25 · 125) · 4 · 8 = 5 · (25 · 4) · (125 · 8) = 5 · 100 · 1000 = **500 000**

Übung 4
a) Der Wert des Produkts ist **viermal so groß**.
(Zahlenbeispiel: 3 · 6 = 18 und 6 · 12 = 72 = 4 · 18;
allgemein: (2 · a) · (2 · b) = (2 · 2) · (a · b) = 4 · (a · b)

b) Der Wert des Produkts **bleibt gleich**.

c) Der Wert des Produkts ist **sechsmal so groß**.

Übung 5
3 · 4 · 5 · 6 · 7 = 2520
Insgesamt ergibt dies **2520 Gramm** Mehl.

8. Die Potenzschreibweise

Übung 1
a) $5 \cdot 5 \cdot 5 = 5^3$
b) $7 \cdot 7 \cdot 7 \cdot 7 \cdot 7 \cdot 7 = 7^6$
c) $3 \cdot 5 \cdot 5 \cdot 5 \cdot 3 \cdot 3 \cdot 5 = 3^3 \cdot 5^4$
d) $25 = 5^2$
e) $49 = 7^2$
f) $27 = 3^3$

Übung 2
a) $5^3 = 5 \cdot 5 \cdot 5 = 125$
b) $4^4 = 4 \cdot 4 \cdot 4 \cdot 4 = 256$
c) $7^4 = 7 \cdot 7 \cdot 7 \cdot 7 = 2401$

Übung 3

$1^2 = 1$	$2^2 = 4$	$3^2 = 9$	$4^2 = 16$	$5^2 = 25$
$6^2 = 36$	$7^2 = 49$	$8^2 = 64$	$9^2 = 81$	$10^2 = 100$
$11^2 = 121$	$12^2 = 144$	$13^2 = 169$	$14^2 = 196$	$15^2 = 225$
$16^2 = 256$	$17^2 = 289$	$18^2 = 324$	$19^2 = 361$	$20^2 = 400$

Übung 4
a) $30\,000 = 3 \cdot 10^4$
b) $6\,100\,000 = 61 \cdot 10^5$
c) $780\,000\,000 = 78 \cdot 10^7$

Übung 5
a) $3^2 \cdot 6^2 = 9 \cdot 36 = 324$
b) $3^2 + 4^3 = 9 + 64 = 73$
c) $5^3 + 2^6 = 125 + 64 = 189$
d) $(3 + 3^2)^2 = 12^2 = 144$
e) $7^2 + 7^3 = 49 + 343 = 392$
f) $(2^3 + 12) \cdot 8^3 = 20 \cdot 512 = 10\,240$

Übung 6
a) $3^2 + 4^2 = 5^2$
b) $5^2 + 12^2 = 13^2$
c) $4^3 = 64$
d) $2^5 = 32$

9. Division

Übung 1
a) 204 : 12 = **17**
b) 6968 : 67 = **104**
c) 69 741 : 567 = **123**
d) 285 852 : 332 = **861**
e) 787 696 : 541 = **1456**
f) 9 751 588 : 4523 = **2156**

Übung 2
a) 400 : 31 = **12** Rest **28**
b) 777 : 28 = **27** Rest **21**
c) 358 : 67 = **5** Rest **23**
d) 5489 : 21 = **261** Rest **8**
e) 12 689 : 561 = **22** Rest **347**
f) 67 851 : 12 = **5654** Rest **3**

Übung 3
a) 1755 : 39 = **45**   Probe: 39 · 45 = 1755
b) 14 637 : 41 = **357**   Probe: 357 · 41 = 14 637
c) 2050 : 33 = **62** Rest **4**   Probe: 62 · 33 + 4 = 2050

Übung 4

```
 6888 : 56 = 123
-56
 128
-112
  168
 -168
    0
```

```
 1575 : 45 = 35
-135
  225
 -225
    0
```

Übung 5
(240 € + 3408 €) : 32 = 3648 € : 32 = **114 €**
Jeder Schüler muss **114 €** bezahlen.

Übung 6
6000 : 43 = **139** Rest **23**
Das Öl reicht für **139** Tage. Dann bleiben noch **23** Liter übrig.

10. Besonderheiten bei der Multiplikation und Division

Übung 1

a) $5 \cdot (15 + 3) = 5 \cdot 18 = 90$
oder: $5 \cdot (15 + 3) = 5 \cdot 15 + 5 \cdot 3 = 75 + 15 = 90$

b) $37 \cdot (56 + 12) = 37 \cdot 68 = 2516$
oder: $37 \cdot (56 + 12) = 37 \cdot 56 + 37 \cdot 12 = 2072 + 444 = 2516$

c) $21 \cdot (10 + 5) = 21 \cdot 15 = 315$
oder: $21 \cdot (10 + 5) = 21 \cdot 10 + 21 \cdot 5 = 210 + 105 = 315$

Übung 2

a) $567 \cdot 123 + 567 \cdot 77 = 567 \cdot (123 + 77) = 567 \cdot 200 = 113\,400$

b) $345 \cdot 512 - 345 \cdot 12 = 345 \cdot (512 - 12) = 345 \cdot 500 = 172\,500$

c) $869 \cdot 498 + 112 \cdot 869 = 869 \cdot (498 + 112) = 869 \cdot 610 = 530\,090$

d) $193 \cdot 256 + 256 \cdot 254 + 256 \cdot 113 = 256 \cdot (193 + 254 + 113)$
$= 256 \cdot 560 = 143\,360$

e) $786 \cdot 199 = 786 \cdot 200 - 786 = 157\,200 - 786 = 156\,414$

f) $652 \cdot 998 = 652 \cdot 1000 - 652 \cdot 2 = 652\,000 - 1304 = 650\,696$

Übung 3

a) $222 \cdot (222 : 222) = 222 \cdot 1 = 222$

b) $333 : (333 - 333) = 333 : 0 =$ **geht nicht**

c) $444 - 444 : 444 = 444 - 1 =$ **443**

d) $555 \cdot 555 \cdot (555 - 555) = 555 \cdot 555 \cdot 0 = 0$

e) $(666 : 666 - 1) : 666 = 0 : 666 = 0$

f) $(0 : 121) : (11 \cdot 11 - 121) = 0 : 0 =$ **geht nicht**

Übung 4

a) $370 : 10 = 37$

b) $7800 : 100 = 78$

c) $67\,000 : 1000 = 67$

d) $8\,100\,000 : 1000 = 8100$

e) $45\,000 : 5000 = 45 : 5 = 9$

f) $72\,000 : 900 = 720 : 9 = 80$

Man kann bei Dividend und Divisor die gleiche Anzahl an Endnullen weglassen, ohne dass sich etwas am Ergebnis ändert.

11. Alles zusammen

Übung 1

a) 12 · 24 + (139 − 13) = 288 + 126 = **414**

b) 47 + 13 · (28 − 72 : 4) = 47 + 13 · 10 = **177**

c) (13 · 11 + 153 : 9) · 27 = (143 + 17) · 27 = 160 · 27 = **4320**

d) 6 · {[(13 + 7 · 9) : 2 + 2] + 8} = 6 · {[76 : 2 + 2] + 8} = 6 · 48 = **288**

e) 7^3 + (192 + 8 · 16) : 4 + 1 = 343 + 320 : 4 + 1 = 343 + 80 + 1 = **424**

f) 4000 + 2000 · [2773 : 47 − (1612 − 1598)] = 4000 + 2000 · [59 − 14]
= 4000 + 2000 · 45 = 4000 + 90 000
= **94 000**

Übung 2

a) 23 · 36 : (13 + 5) = 828 : 18 = **46**

b) 2 · (26 + 47) · (273 − 189) = 2 · 73 · 84 = **12 264**

c) 122 : (192 : 32) = 144 : 6 = **24**

d) 235 + (2582 − 17 · 31) = 235 + 2055 = **2290**

e) 33 · 44 − (33 + 44) = 1452 − 77 = **1375**

f) 45 · [16 · 8 : (16 − 8)] = 45 · [128 : 8] = 45 · 16 = **720**

Übung 3

a) 12 · (56 − 4) = 624

b) (4704 : 98 − 8) · 3 = 120

c) (199 + 17) · 28 − 16 · 24 = 5664

Übung 4

Schritt für Schritt:
Eingekauft: 12 · (65 ct + 45 ct) + 12 € + 3 · 1 € = 12 · 110 ct + + 1200 ct + 300 ct = 2820 ct
Restgeld: 30 € − 2820 ct = 180 ct
Anzahl Kugeln: 180 ct : 60 ct = 3
Antwort: Er erhält **drei Kugeln** Eis.
Gesamtansatz: {30 € − [12 · (65 ct + 45 ct) + 12 € + 3 · 1 €]} : 60 ct = 3

Übung 5

8 + (2 · 8 − 3) + 2 · 8 = 37
Es wohnen **37 Personen** in dem Haus.

Übung 6

Schritt für Schritt:
Restbetrag: 18 900 € − 7100 € = 11 800 €
Ursprüngliche Rate: 11 800 € : 20 = 590 €
Nach 8 Monaten: 11 800 € − (8 · 590 € + 1080 €) = 6000 €
Neue Rate: 6000 € : 12 = 500 €
Antwort: Herr Schnell muss nun monatlich **500 €** bezahlen.

12. Längeneinheiten

Übung 1
a) 21 cm = **210 mm**
b) 32 m = **32 000 mm**
c) 3 km 15 m = **30 150 dm**
d) 20 km 15 dm = **2 000 150 cm**
e) 78 000 cm = **780 m**
f) 125 000 mm = **1250 dm**

Übung 2
a) 103 mm = **1 dm 3 mm**
b) 1250 cm = **12 m 5 dm**
c) 100 116 dm = **10 km 11 m 6 dm**
d) 98 523 cm = **985 m 2 dm 3 cm**
e) 307 882 mm = **307 m 8 dm 8 cm 2 mm**
f) 500 127 m = **500 km 127 m**

Übung 3
a) 5 m 7 cm = **507 cm**
b) 2 dm 3 mm = **203 mm**
c) 3 km 40 m = **3040 m**
d) 9 m 7 mm = **9007 mm**
e) 3 km 2 dm 9 mm = **3 000 209 mm**
f) 112 km 7 dm = **1 120 007 dm**

Übung 4
a) 4 dm + 47 cm = 40 cm + 47 cm = **87 cm**
b) 254 m + 320 m + 875 m = **1449 m**
c) 34 m + 34 dm + 34 cm = 3400 cm + 340 cm + 34 cm = **3774 cm**
d) 87 m – 145 cm = 8700 cm – 145 cm = **8555 cm**
e) 14 m 12 cm + (815 cm – 2 m 7 dm) = 1412 cm + 545 cm = **1957 cm**
f) 37 km 12 m – (942 m – 12 m 7 cm) = 3 701 200 cm – 92 993 cm
   = **3 608 207 cm**

Übung 5
310 km – (75 km + 87 km + 67 km) = 310 km – 229 km = 81 km
Sie müssen noch **81 km** fahren.

Übung 6
35 m – 7 m 35 cm – 2 · 37 dm = 3500 cm – 735 cm – 740 cm = 2025 cm
Es sind noch **20 m 25 cm** auf der Rolle.

Übung 7
210 cm : 15 cm = 14
Klaus muss **13-mal** sägen, da er beim letzten Sägen 2 Stücke erhält.

13. Gewichte

Übung 1

a) 55 t = 55 000 kg

b) 12 kg 500 g = 12 500 g

c) 30 g = 30 000 mg

d) 750 kg = 15 Ztr.

e) 2 kg 500 g = 5 Pfd.

f) 1 t 10 kg 100 g = 1 010 100 000 mg

Übung 2

a) 40 kg < 41 500 g < 42 kg 500 g < 39 t

b) 380 000 mg < 3 kg 700 g < 39 000 g < 3 t 600 mg

Übung 3

a) 47 g + 568 g = 615 g

b) 5 kg 56 g – 259 g = 4797 g = 4 kg 797 g

c) 4 · (2 t 256 kg + 4 t 786 kg) = 4 · 7042 kg = 28 168 kg = 28 t 168 kg

d) (470 kg + 2560 g) : 5 = 472 560 g : 5 = 94 512 g = 94 kg 512 g

e) (44 g 25 mg – 456 mg) : 9 mg = 43 569 mg : 9 mg = 4841 mg

f) 50 t : 5 kg – 48 mg : 4 mg = 50 000 kg : 5 kg – 12 = 10 000 – 12 = 9988

Übung 4

1550 kg – (1020 kg + 76 kg + 58 kg + 35 kg + 43 kg) = 1550 kg – 1232 kg = 318 kg
Sie dürfen **318 kg** an Gepäck mitnehmen.

Übung 5

(13 kg – 4 kg 600 g) : 15 g = 8400 g : 15 g = 560
Es sind **560** Schrauben in dem Behälter.

Übung 6

5 kg – (1450 g + 2018 g + 280 g + 210 g + 12 · 65 g) = 5000 g – 4738 g = 262 g
Sie kann das Stofftier **nicht** mitnehmen.

14. Zeiten

Übung 1

a) 4 min = 4 · 60 s = 240 s

b) 12 h = 12 · 60 min = 720 min

c) 3 h 48 min = 3 · 60 min + 48 min = 228 min

d) 5 h 12 min = 5 · 60 min + 12 min = 312 min = 312 · 60 s = 18 720 s

e) 168 h = (168 : 24) d = 7 d

f) 840 s = (840 : 60) min = 14 min

g) 7860 s = (7860 : 60) min = 131 min = 2 h 11 min

h) 29 362 s = (29 362 : 60) min = 489 min 22 s = 8 h 9 min 22 s

Übung 2

a) 135 s < 12 min 20 s < 1 h 3 min

b) 900 s < 65 min < 73 min 45 s < 1 h 15 min

c) 18 h < 86 000 s < 1450 min < 1 d 2 h

Übung 3

a) 23 h 47 min + 8 h 23 min = 31 h 70 min = 32 h 10 min = 1 d 8 h 10 min

b) 3 h 48 min − 1 h 17 min = 2 h 31 min

c) 7 d 12 h + 4 d 19 h 56 min + 17 h 37 min = 11 d 48 h 93 min = 13 d 1 h 33 min

d) 5 h 24 min − 2 h 49 min = 4 h 84 min − 2 h 49 min = 2 h 35 min

Übung 4

a) Von 6.08 Uhr bis 6.30 Uhr sind 22 min
Von 6.39 Uhr bis 7.15 Uhr sind 36 min
Gesamt: 2 · (22 min + 36 min) = 116 min = 1 h 56 min
Er sitzt insgesamt (Hin- und Rückfahrt) **1 h 56 min** im Zug.

b) Gesamter Hinweg: von 5.55 Uhr bis 7.27 Uhr sind 1 h 32 min
Rückweg: 18 h − 1 h 32 min = 16 h 28 min
Er muss um **16.28 Uhr** losgehen.

15. Geschwindigkeit

Übung 1

s	240 km	**450 km**	882 km	10 km	280 km	**405 km**
t	3 h	6 h	**7 h**	**10 min**	240 min	4h 30 min
v	**80 km/h**	75 km/h	126 km/h	60 km/h	**70 km/h**	90 km/h

Übung 2

a) Flugzeug: $v = s : t = 12\,600$ km $: 8$ h $= 1575$ km/h
b) Fußgänger: $t = s : v = 12\,600$ km $: 5$ km/h $= 2520$ h $= 105$ d
Das Flugzeug hat eine Geschwindigkeit von 1575 km/h. Der Fußgänger würde **105 Tage** brauchen, wenn er ohne Pause durchliefe.

Übung 3

$s = 3$ h $\cdot 128$ km/h $+ 2$ h $\cdot 52$ km/h $= 488$ km
Herr Kaufmann ist **488 km** weit gefahren.

Übung 4

100 km in 1 h
450 km in 4 h 30 min
Sie kommen um **12.00 Uhr** an.

Übung 5

$v = 149\,022\,000$ km $: 8766$ h $= 17\,000$ km/h
Die Erde hat eine Geschwindigkeit von **17 000 km/h**.

16. Maßstab und Verhältnisse

Übung 1
1 cm entspricht 150 000 cm = 1500 m
22 cm entsprechen 22 · 1500 m = 33 000 m = **33 km**
3 dm = 30 cm entsprechen 30 · 1500 m = 45 000 m = **45 km**
26 cm 5 mm entsprechen 26 · 1500 m + 750 m = 39 750 m = **39 km 750 m**
Die Gesamtstrecke beträgt 33 km + 45 km + 39 km 750 m = **117 km 750 m**.

Übung 2
6 cm entsprechen 3 km = 300 000 cm
1 cm entspricht 300 000 cm : 6 = 50 000 cm
Die Karte hat einen Maßstab von **1 : 50 000**.

Übung 3
1 cm entspricht 2 500 000 cm = 25 km
20 cm entsprechen 20 · 25 km = 500 km
Die Strecke ist auf der Karte **20 cm** lang.

Übung 4
1. Karte: 1 cm entspricht 50 000 cm = 500 m
8 cm entsprechen 8 · 500 m = 4000 m

2. Karte: 1 cm entspricht 80 000 cm = 800 m
5 cm entsprechen 5 · 800 m = 4000 m

Auf der anderen Karte ist die Strecke **5 cm** lang.

Übung 5
1 Tafel kostet 54 Cent.
3 Tafeln kosten 3 · 54 Cent = 162 Cent = **1,62 €**

Übung 6
12 Flaschen kosten 55,20 € = 5520 Cent
1 Flasche kostet 5520 Cent : 12 = 460 Cent = **4,60 €**

Übung 7
1 s für 300 000 km
1 min für 60 · 300 000 km = **18 000 000 km**
1 h für 60 · 18 000 000 km = **1 080 000 000 km**
1 d für 24 · 1 080 000 000 km = **25 920 000 000 km**
1 a für 365 · 25 920 000 000 km = **9 460 800 000 000 km**

Übung 8
1 Zoll ist 24 mm
1 Fuß ist 12 · 24 mm = 288 mm
1 Elle ist 2 · 288 mm = 576 mm
1 Klafter ist 3 · 576 mm = 1728 mm
Ein Klafter ist **1 m 72 cm 8 mm** lang.

17. Gleichungen I

Übung 1

a) $23 + x = 79$
$x = 79 - 23$
$x = 56$

b) $x - 86 = 25$
$x = 25 + 86$
$x = 111$

c) $47 - x = 23$
$x = 47 - 23$
$x = 24$

d) $x + 564 = 589 + 254$
$x = 843 - 564$
$x = 279$

e) $4892 - x = 1538$
$x = 4892 - 1538$
$x = 3354$

f) $x + (871 - 652) = 683 + 256$
$x + 219 = 939$
$x = 939 - 219$
$x = 720$

g) $x - 5432 = 8457$
$x = 8457 + 5432$
$x = 13\,889$

h) $7523 - x = 5429 + 431$
$x = 7523 - 5860$
$x = 1663$

Übung 2

a) $127 - x = 58$
$x = 127 - 58$
$x = 69$

b) $x + 546 = 4623$
$x = 4623 - 546$
$x = 4077$

c) $x - 2564 = 1867$
$x = 1867 + 2564$
$x = 4431$

d) $x - (16\,781 + 3156) = 13\,124 - 4367$
$x - 19\,937 = 8757$
$x = 8757 + 19\,937$
$x = 28\,694$

e) $57 - (x + 17) = 25$
$x + 17 = 57 - 25$
$x + 17 = 32$
$x = 32 - 17$
$x = 15$

Übung 3

$45\text{ cm} - 13\text{ mm} + 15\text{ cm} - x = 51\text{ cm}$
$587\text{ mm} - x = 510\text{ mm}$
$x = 587\text{ mm} - 510\text{ mm}$
$x = 77\text{ mm}$
Es verdunsteten 77 mm Wasser.

18. Gleichungen II

Übung 1

a) $156 \cdot x = 3588$
$x = 3588 : 156$
$x = 23$

b) $x : 28 = 75$
$x = 28 \cdot 75$
$x = 2100$

c) $568 : x = 71$
$x = 568 : 71$
$x = 8$

d) $x \cdot (332 - 145) = 17 \cdot 11$
$x = 187 : 187$
$x = 1$

e) $x : (13 + 14) = 189 : 7$
$x = 27 \cdot 27$
$x = 729$

f) $(x + 17) \cdot 25 = 3750$
$x + 17 = 3750 : 25$
$x = 150 - 17$
$x = 133$

g) $270 : x - 25 = 160 : 8$
$270 : x = 20 + 25$
$x = 270 : 45$
$x = 6$

h) $(x - 56) : (23 + 34) = 256$
$x - 56 = 256 \cdot 57$
$x = 14\,592 + 56$
$x = 14\,648$

Übung 2

a) $x : 17 = 51$
$x = 51 \cdot 17$
$x = 867$

b) $53 \cdot x = 4717$
$x = 4717 : 53$
$x = 89$

c) $441 : x = 63$
$x = 441 : 63$
$x = 7$

d) $x \cdot (8234 + 583) = 490 - 47$
$x = 443 : 8817$
Es gibt keine Zahl, die diese Gleichung löst.

Übung 3

$x \cdot 5 - (47 + 43) = 420 : 28$
$x \cdot 5 - 90 = 15$
$x \cdot 5 = 15 + 90$
$x \cdot 5 = 105$
$x = 105 : 5$
$x = 21$

Klaus hat sich die Zahl **21** gedacht.

Übung 4

$(x - 3 \cdot 24) : 4 = 11$
$x - 72 = 44$
$x = 116$

Es waren **116** Salzstangen in der Packung.

19. Ungleichungen

Übung 1

a) $x + 28 < 152$
$x < 124$
$\mathbb{G} = \{2; 4; 6; 8; ...\}$
$\mathbb{L} = \{2; 4; 6; ...; 122\}$

b) $238 - x \leq 185$
$238 - x = 185$
$x = 53$
$\mathbb{G} = \mathbb{N}$
$\mathbb{L} = \{53; 54; 55; ...; 238\}$

Die Lösungsmenge endet bei 238, da man in der Ungleichung $238 - x$ keine größeren Zahlen als 238 subtrahieren kann.

c) $x - 2594 > 586$
$x > 3180$
$\mathbb{G} = \{1; 3; 5; 7; 9; ...\}$
$\mathbb{L} = \{3181; 3183; 3185; ...\}$

d) $738 < x + 492$
$246 < x$
$\mathbb{G} = \{10; 20; 30; 40; ...\}$
$\mathbb{L} = \{250; 260; 270; ...\}$

Übung 2

a) $47 < x \leq 140$
$\mathbb{L} = \{48; 49; 50; ...; 140\}$

b) $12 \leq x - 5 < 15$
$\mathbb{L} = \{17; 18; 19\}$

c) $237 < x + 184 < 943$

$237 < x + 184$
$237 = x + 184$
$x = 53$
$\mathbb{L}_1 = \{54; 55; 56; ...\}$

$x + 184 < 943$
$x + 184 = 943$
$x = 759$
$\mathbb{L}_2 = \{1; 2; ...; 758\}$

$\mathbb{L}_{ges} = \{54; 55; ...; 758\}$

d) $549 \geq x - 128 > 349$

$549 \geq x - 128$
$549 = x - 128$
$x = 677$
$\mathbb{L}_1 = \{128; 129; ...; 677\}$

$x - 128 > 349$
$x - 128 = 349$
$x = 477$
$\mathbb{L}_2 = \{478; 479; 480; ...\}$

$\mathbb{L}_{ges} = \{478; 479; ...; 677\}$

e) $423 \leq 867 - x \leq 756$

$423 \leq 867 - x$
$423 = 867 - x$
$x = 444$
$\mathbb{L}_1 = \{1; 2; ...; 444\}$

$867 - x \leq 756$
$867 - x = 756$
$x = 111$
$\mathbb{L}_2 = \{111; 113; ...; 867\}$

$\mathbb{L}_{ges} = \{111; 113; ...; 444\}$

20. Teilbarkeit

Übung 1

ist teilbar durch	2	3	4	5	6	7	8	9	10
48	x	x	x		x		x		
52	x		x						
72	x	x	x		x		x	x	
156	x	x	x		x				
256	x		x				x		
494	x								
1480	x		x	x			x		x
20 048	x		x			x	x		
301 812	x	x	x		x	x			

Übung 2

a) $\mathbb{T}_{30} = \{1;\ 2;\ 3;\ 5;\ 6;\ 10;\ 15;\ 30\}$

b) $\mathbb{T}_{99} = \{1;\ 3;\ 9;\ 11;\ 33;\ 99\}$

c) $\mathbb{T}_{150} = \{1;\ 2;\ 3;\ 5;\ 6;\ 10;\ 15;\ 25;\ 30;\ 50;\ 75;\ 150\}$

Übung 3

a) 2 | 2 5 4   0; 2; 4; 6; 8

b) 3 | 2 4   1   2; 5; 8

c) 4 | 5 1   4   0; 2; 4; 6; 8

d) 6 | 9 8 4   0; 6

21. Die Primfaktorzerlegung

Übung 1

a) 47 ist eine Primzahl

b) 57 ist keine Primzahl, da z. B. 3 | 57

c) 67 ist eine Primzahl

d) 139 ist eine Primzahl

e) 441 ist keine Primzahl, da z. B. 3 | 441

f) 1541 ist keine Primzahl, da z. B. 23 | 1541

Übung 2

a) $48 = 2^4 \cdot 3$

b) $58 = 2 \cdot 29$

c) $68 = 2^2 \cdot 17$

d) $140 = 2^2 \cdot 5 \cdot 7$

e) $442 = 2 \cdot 13 \cdot 17$

f) $1542 = 2 \cdot 3 \cdot 257$

Übung 3

a) $77 = 7 \cdot 11$ $\mathbb{T}_{77} = \{1; 7; 11; 77\}$

b) $44 = 2 \cdot 2 \cdot 11$ $\mathbb{T}_{44} = \{1; 2; 4; 11; 22; 44\}$

c) $78 = 2 \cdot 3 \cdot 13$ $\mathbb{T}_{78} = \{1; 2; 3; 6; 13; 26; 39; 78\}$

d) $805 = 5 \cdot 7 \cdot 23$ $\mathbb{T}_{805} = \{1; 5; 7; 23; 35; 115; 161; 805\}$

e) $132 = 2 \cdot 2 \cdot 3 \cdot 11$ $\mathbb{T}_{132} = \{1; 2; 3; 4; 6; 11; 12; 22; 33; 44; 66; 132\}$

f) $546 = 2 \cdot 3 \cdot 7 \cdot 13$ $\mathbb{T}_{546} = \{1; 2; 3; 6; 7; 13; 14; 21; 26; 39; 42; 78; 91; 182; 273; 546\}$

Übung 4

a) 15 hat 2 Primfaktoren (3 und 5) und 4 Teiler ($\mathbb{T}_{15} = \{1; 3; 5; 15\}$)

b) 21 hat 2 Primfaktoren (3 und 7) und 4 Teiler ($\mathbb{T}_{21} = \{1; 3; 7; 21\}$)

c) 42 hat 3 Primfaktoren (2, 3 und 5) und 8 Teiler
$\mathbb{T}_{42} = \{1; 2; 3; 6; 7; 14; 21; 42\}$

d) 66 hat 3 Primfaktoren (2, 3 und 11) und 8 Teiler
$\mathbb{T}_{66} = \{1; 2; 3; 6; 11; 22; 33; 66\}$

e) 210 hat 4 Primfaktoren (2, 3, 5 und 7) und 16 Teiler
$\mathbb{T}_{210} = \{1; 2; 3; 5; 6; 7; 10; 14; 15; 21; 30; 35; 70; 42; 105; 210\})$

f) 1155 hat 4 Primfaktoren (3, 5, 7 und 11) und 16 Teiler
$\mathbb{T}_{1155} = \{1; 3; 5; 7; 11; 15; 21; 33; 35; 55; 77; 105; 165; 231; 385; 1155\}$

22. Gemeinsame Teiler

Übung 1

a) 33 und 57 sind nicht teilerfremd, da 3 ein gemeinsamer Teiler

b) 22 und 63 sind teilerfremd

c) 169 und 78 sind nicht teilerfremd, da 13 ein gemeinsamer Teiler

d) 56 und 225 sind teilerfremd

e) 4851 und 5200 sind teilerfremd

f) 3125 und 5150 sind nicht teilerfremd, da 5 ein gemeinsamer Teiler

Übung 2

a) 24 = 2 · 2 · 2 · <u>3</u>
39 = <u>3</u> · 13
ggT (24; 39) = 3

b) 35 = 5 · <u>7</u>
63 = 3 · 3 · <u>7</u>
ggT (35; 63) = 7

c) 72 = 2 · <u>2 · 2 · 3 · 3</u>
180 = <u>2 · 2 · 3 · 3</u> · 5
ggT (72; 180) = 36

d) 342 = <u>2 · 3 · 3</u> · 19
612 = 2 · <u>2 · 3 · 3</u> · 17
ggT (342; 612) = 12

e) 637 = 7 · <u>7 · 13</u>
455 = 5 · <u>7 · 13</u>
ggT (455; 637) = 91

f) 5720 = 2 · 2 · 2 · <u>5 · 11</u> · 13
1485 = 3 · 3 · 3 · <u>5 · 11</u>
ggT (5720; 1485) = 55

g) 12 = 2 · <u>2 · 3</u>
42 = <u>2 · 3</u> · 7
150 = <u>2 · 3</u> · 5 · 5
ggT (12; 42; 150) = 6

h) 480 = 2 · 2 · <u>2 · 2 · 2 · 3 · 5</u>
840 = <u>2 · 2 · 2 · 3 · 5</u> · 7
1680 = 2 · <u>2 · 2 · 2 · 3 · 5</u> · 7
ggT (480; 840; 1680) = 120

Übung 3

120 = 2 · 2 · 2 · <u>3 · 5</u>
525 = <u>3 · 5</u> · 5 · 7
ggT (120; 525) = 15   Die Stücke sind 15 cm lang und er erhält 8 + 35 = 43 Stücke.

Übung 4

756 = 2 · <u>2 · 3 · 3</u> · 3 · 7
450 = <u>2 · 3 · 3</u> · 5 · 5
ggT (756; 450) = 18   Die Fliesen dürfen höchstens 18 cm lang sein.

Übung 5

224 = <u>2 · 2 · 2 · 2</u> · 2 · 7
240 = <u>2 · 2 · 2 · 2</u> · 3 · 5
ggT (224; 240) = 2 · 2 · 2 · 2 = 16   Die Stufen dürfen höchstens 16 cm hoch sein.

Übung 6

42 = <u>2 · 3</u> · 7
66 = <u>2 · 3</u> · 11
78 = <u>2 · 3</u> · 13
Die möglichen Bretterstärken sind die gemeinsamen Teiler der drei Zahlen. Alle drei Zahlen enthalten die Primfaktoren 2 und 3. Daher sind Bretter mit 1 cm (geht immer), 2 cm, 3 cm und 6 cm (da ggT (42; 66; 78) = 6) Dicke möglich.

23. Gemeinsame Vielfache

Übung 1

V_{12} = {12; 24; 36; 48; 60; 72; 84; 96; 108; 120; …}
V_{18} = {18; 36; 54; 72; 90; 108; 126; 144; 162; 180; …}
Gemeinsame Vielfache: {36; 72; 108; …} = V_{36}
kgV (12; 18) = 36

Übung 2

a) 24 = 2 · 2 · 2 · 3
36 = 2 · 2 · 3 · 3
kgV (24; 36) = 24 · 3 = 72

b) 55 = 5 · 11
75 = 3 · 5 · 5
kgV (55; 75) = 55 · 3 · 5 = 825

c) 378 = 2 · 3 · 3 · 3 · 7
648 = 2 · 2 · 2 · 3 · 3 · 3 · 3
kgV (378; 648) = 378 · 2 · 2 · 3 = 4536

d) 1224 = 2 · 2 · 2 · 3 · 3 ·17
5600 = 2 · 2 · 2 · 2 · 2 · 5 · 5 · 7
kgV (1224; 5600) = 1224 · 2 · 2 · 5 · 5 · 7 = 856 800

e) 54 = 2 · 3 · 3 · 3
76 = 2 · 2 · 19
88 = 2 · 2 · 2 · 11
kgV (54; 76; 88) = 54 · 38 · 22 = 45 144

f) 260 = 2 · 2 · 5 · 13
510 = 2 · 3 · 5 · 17
884 = 2 · 2 · 13 · 17
kgV (260; 510; 884) = 260 · 3 · 17 = 13 260

Übung 3

a) 84 = 2 · 2 · 3 · 7
126 = 2 · 3 · 3 · 7
84 · 126 = 10 584

ggT (84; 126) = 42
kgV (84; 126) = 252
42 · 252 = 10 584

b) 36 = 2 · 2 · 3 · 3
54 = 2 · 3 · 3 · 3
36 · 54 = 1944

ggT (36; 54) = 18
kgV (36; 54) = 108
18 · 108 = 1944

c) 50 = 2 · 5 · 5
160 = 2 · 2 · 2 · 2 · 2 · 5
50 · 160 = 8000

ggT (50; 160) = 10
kgV (50; 160) = 800
10 · 800 = 8000

Was fällt auf? Das Produkt von ggT und kgV zweier Zahlen ist gleich dem Produkt der beiden Zahlen.

Übung 4

20 = 2 · 2 · 5
35 = 5 · 7
kgV (20; 35) = 140
Die Busse fahren nach 140 Minuten,
also um **10.20 Uhr**, wieder gemeinsam ab.

Übung 5

24 = 2 · 2 · 2 · 3
40 = 2 · 2 · 2 · 5
kgV (24; 40) = 24 · 5 = 120
Beide Züge sind nach **120 Sekunden** wieder am Bahnhof. Der innere Zug hat dabei **fünf**, der äußere **drei** Runden zurückgelegt.

Übung 6

14 = 2 · 7
8 = 2 · 2 · 2
kgV (2; 8; 14) = 56
Sie sind nach **56 Tagen** wieder gemeinsam im Bad.

Übung 7

150 = 2 · 3 · 5 · 5
320 = 2 · 2 · 2 · 2 · 2 · 2 · 5
kgV (150; 320) = 4800
Der Traktor muss 4800 cm weit fahren, damit wieder beide Markierungen am Boden sind. Dabei macht das kleine Rad 32 Umdrehungen und das große Rad 15 Umdrehungen.

Übung 8

18 = kgV (1; 18) = kgV (2; 18) = kgV (3; 18)
   = kgV (9; 18) = kgV (6; 18) = kgV (18; 18)
   = kgV (2; 9)

24. Zum Knobeln

Übung 1
a) 1 2 3 5 8 13 21 34
b) 1 2 4 7 11 16 22 29
c) 2 4 3 6 5 10 9 18 17
d) 1 3 8 24 29 87 92 276 281

Übung 2 Teilweise sind mehrere Lösungen möglich.

a) 3204
   +3204
   ─────
    6408

b) 1942
    1942
   +1942
   ─────
    5826

c) 2964
   +7425
   ─────
   10389

d)   59774
   +581273
   ──────
   641047

Übung 3

16	3	2	13
5	10	11	8
9	6	7	12
4	15	14	1

1	14	7	12
15	4	9	6
10	5	16	3
8	11	2	13

Übung 4
6 Raucher rauchen in 6 Minuten 6 Zigaretten.
12 Raucher rauchen in 6 Minuten 12 Zigaretten.
12 Raucher rauchen in 12 Minuten 24 Zigaretten.

Übung 5
Die Schnecke schafft am Tag 75 cm – 20 cm = 55 cm.
Nach 8 Tagen ist sie 8 · 55 cm = 440 cm nach oben gekommen.
Am 9. Tag schafft sie 440 cm + 75 cm = 515 cm und ist aus dem Brunnen heraus.

Übung 6
Klaus ist jetzt 36 Jahre alt und war vor 9 Jahren 27 Jahre alt.
Susanne ist jetzt 27 Jahre alt und war vor 9 Jahren 18 Jahre alt.

Übung 7

3	+	2	·	6	= 15
+		+		·	
7	+	8	–	5	= 10
·		–		+	
4	+	9	·	1	= 13
=		=		=	
31		1		31	

2	+	7	–	3	= 6
·		+		·	
4	·	9	+	6	= 42
–		·		+	
1	+	8	·	5	= 41
=		=		=	
7		79		23	

Übung 8
1 = 44 : 44
2 = 4 : 4 + 4 : 4
3 = (4 + 4 + 4) : 4
4 = 4 + 4 · (4 – 4)

5 = (4 + 4 · 4) : 4
6 = 4 + (4 + 4) : 4
7 = 44 : 4 – 4

8 = 4 + 4 + 4 – 4
9 = 4 + 4 + 4 : 4
10 = (44 – 4) : 4

Teil IV:
Englisch

Verben und Zeiten

Lösungen

A Hilfsverben
1. *be* im Präsens

Übung 1
1. Hello, I am Steven. Who are you?
2. I am Peter. And this is my sister Paula. She is twelve. How old are you?
3. I am eleven and my brother Stan is eleven, too. We are twins.
4. Oh, that is interesting. And your parents, where are they from?
5. We are all from London. London is very nice.

Übung 2
1. Mary isn't very tall.
2. We aren't sisters.
3. My brother isn't a nice boy.
4. My father isn't a teacher.
5. My mother isn't at work.
6. They aren't nice parents.

Übung 3
I'm Steven. I'm eleven years old and I live in London with my family. We're English. We're a very happy family. My brother and I, we're in class five. This is my father. He's a teacher. This is my mother. She's a teacher, too. At the moment they're at school. But they aren't working, they're preparing a party for the pupils. That's great, isn't it?

Übung 4
1. Are you German? Yes, I am.
2. Is Peter your boyfriend? No, he isn't.
3. Are these your parents? Yes, they are.
4. Is your sister stupid? No, she isn't.
5. Am I pretty? Yes, you are.
6. Are we late? No, we aren't.

2. *have got* im Präsens

Übung 1

I'm Sandra Big. I have got two brothers. Their names are Steven and Stan. They have got a big room together. Steven has got a cat, but Stan hasn't got a pet. I have got a small dog. His name is Oscar. Oscar has got a little blue basket where he sleeps. We have got a big house, but we haven't got a big garden. Our parents have got two cars: our mother has got a blue one. Our father hasn't got a blue car, he has got a big black car for our big family.

Übung 2

Have you got a dog? – Yes, I have.
Have you got a rabbit? – No, I haven't.
Have you got a garden? – No, I (we) haven't.

Übung 3

Bei dieser Übung musst du einfach nur je nach deiner persönlichen Situation antworten.

Übung 4

1. Have you got a sister?
2. Have you got a brother?
3. Has your sister got her own room?
4. Have you got a big house?
5. Has your mother got a shop?
6. Have you got a big garden?

Übung 5

1. Has Mary got a cat? – Yes, she has.
2. Has Lucy got a dog? – No, she hasn't.
3. Have your friends got a big house? – No, they haven't.

3. Gemischte Übungen

Übung 1 I am John. I live in London. I am twelve years old. My family is very big: I have got two brothers and two sisters. We have got a very nice house with a garden, but the garden isn't very big, it is small. It is too small for a dog, so we haven't got one. But my sister Mary has got a rabbit and I have got a white rat. They are very nice animals. We are a happy family!

Übung 2 Have you got a white rat? – Yes, I have.
Are you 15 years old? – No, I'm not.
Have you got a nice house? – Yes, I (we) have.
Is your garden very big? – No, it isn't.

Übung 3 Yes, I am.
Yes, I have.
No, I'm not.

Übung 4 Tom has got a cat.
Tom has got a sister.
Alison has got a dog.
Alison is eleven years old.
Tom is twelve years old.
Frank is twelve years old.

Übung 5 Hier ist einmal die *short form* und einmal die *long form* angegeben.
1. Who are you?
2. We are Molly and Dolly. We're sisters.
3. We have got a nice brother. He's twelve years old.
4. Where are your parents?
5. They are at school. They're teachers.
6. They've got a lot of pupils.
7. We have got a big house with a small garden.
8. Have you got a house, too? – Yes, we have.
9. Have your parents got two cars? – No, they haven't.

296 Lösungen: Englisch

B Gegenwartszeiten
1. Present Progressive

Übung 1

to go	going	to put	putting
to lie	lying	to write	writing
to fly	flying	to stop	stopping
to sit	sitting	to drink	drinking

Übung 2

Look, there is a girl. She is sitting on a chair. She is drinking a glass of milk. Her sister is there, too. She is eating a piece of bread. The sun is shining. I can see the girls' brother, too. He is climbing a tree. His mother is shouting. His father is running out of the house. The dog is barking. What an exciting picture!

Übung 3

1. Is Tim sitting on a chair? – No, he isn't. He is sitting on the sofa.
2. Is Ronny eating an apple? – No, he isn't. He's having a glass of lemonade.
3. Is Dad washing up? – Yes, he is.
4. Is Mum cleaning the window? – No, she isn't. She's lying in bed.
5. Are Tim and Tom helping their father? – Yes, they are.

Übung 4

1. Mr Miller is doing the washing up.
2. Mrs Miller is reading a book.
3. The children are doing their homework.
4. The dog is lying on the floor. It is sleeping.
5. The cat is running through the house.

2. Simple Present in positiven Sätzen

Übung 1

The Connors live in London. Every day Mr Connor has breakfast at seven o'clock. Then he takes a shower, he brushes his teeth, and at eight o'clock he rushes to work. He drives a taxi every day. His children Peter and Paula get up at eight o'clock. After breakfast they go to school and they get home at a quarter past four in the afternoon, when their mother already makes tea for them.

Übung 2

Peter and Paula go to school every day. Peter walks to school, Paula rides her bike. Their lessons start at nine o'clock. Peter and Paula eat lunch at school. School finishes at four o'clock in the afternoon. Then the children do their homework. After that they meet their friends and they go to bed at nine o'clock in the evening.

Übung 3

1. Peter goes to the cinema every Sunday.
2. He always meets his friends there.
3. They often watch action films.
4. The film begins at three o'clock.
5. The children normally go home at five o'clock.

Übung 4

1. She plays tennis on Mondays and Fridays.
2. Sandra goes to the youth club every Tuesday.
3. She watches a film every Friday.
4. On Wednesdays and Thursdays Sandra meets Sally and John.

3. Simple Present in Verneinungen, Fragen und Befehlen

Übung 1
1. Peter doesn't like vegetables.
2. His sister doesn't play the guitar.
3. I don't know the Connors.
4. Mrs Big doesn't go to work in the afternoon.

Übung 2
1. Do you go to school by bike? – Yes, I do.
2. Does your husband work as a teacher, too? – Yes, he does.
3. Does he teach English? – No, he doesn't.
4. Do you like your job? – Yes, I do.

Übung 3
1. Kathy, don't write letters in my lesson!
2. Bob, pay attention, please!
3. Lizzy, don't drink tea now!
4. Come on, John, open your book now!
5. Amy and Linda, don't talk to each other!

Übung 4
This is Mrs Big. She teaches English and German. She likes Italian food, but she doesn't drink wine. She loves cats and dogs and she drives a blue car. She doesn't take her five children to school and she doesn't come to work with her husband, who is a teacher, too. Her children don't ask her many questions at home, but sometimes they don't know how to do their homework. Then Mrs Big helps them, of course. At school she always helps pupils with problems, too. Mrs Big is a very nice teacher and we all like her very much.

4. Simple Present ↔ Present Progressive

Übung 1
1. Mr Connor always drives / ~~is driving~~ a taxi.
2. Ms Connor goes / ~~is going~~ to school every day.
3. Look, Paula ~~has~~ / is having breakfast!
4. Mr Connor ~~works~~ / is working in the garden right now.
5. He works / ~~is working~~ in the garden every morning.

Übung 2
1. It's eleven o'clock and Mrs Smith is lying in bed, even though she usually gets up at seven o'clock in the morning.
2. Usually she washes the dishes in the sink (=Spülbecken), but today she is washing them in the washing machine.
3. Normally she tidies up the children's rooms, but today she is making them dirty.

Übung 3
Tina is eleven years old. She plays basketball very well, and normally she plays it every day. But today she isn't playing because she is ill. She is in bed. Today the weather isn't fine, it is raining. In London it rains very often. This is why Tina and her friends normally meet at Jeffrey's house in the afternoon. At the moment all her friends are sitting on Jeffrey's sofa and are drinking coke. Tina usually drinks coke in the afternoon, too, but today she is having tea because she doesn't feel well.

Übung 4
1. He is drinking coke with his friends.
2. They visit him every week.
3. She isn't playing basketball today.

Übung 5
1. Are you playing basketball? – No, we aren't.
2. But you play basketball every afternoon!
3. But it's raining at the moment.
4. Are our friends watching TV?
5. Yes, they always watch TV.

5. Gemischte Übungen

Übung 1
1. John always sits on a chair.
   John is sitting on a chair at the moment.
2. Mary comes home every day.
   Mary is coming home right now.
3. George and Sally often work at school.
   Look, George and Sally are working at school.
4. We never buy clothes in the department store.
   We are just buying clothes in the department store.

Übung 2
1. On Mondays Steven plays tennis.
2. Today is Saturday. Steven is playing tennis at the moment.
3. On Tuesdays Steven takes the dog for a walk.
4. He always plays basketball on Wednesdays.
5. It's Thursday evening. Where is Steven? He is meeting friends.
6. Does Steven go to the cinema on Fridays?
7. It's Sunday afternoon. Steven is sleeping.

Übung 3
1. Sally, don't eat sandwiches in my lessons!
2. Oh Dad, I don't understand my maths homework, please help me!
3. I'd like to come with you to the cinema, John and Sarah. Wait for me!
4. It's cold outside, Mary, don't forget your jacket and your scarf.
5. Boys and girls, these facts are important for your school test, so please listen!
   And don't read any magazines now!
6. Be careful with that dog, Tom and Tim, it's very dangerous. Don't touch it!

Übung 4
1. Do you sometimes go swimming?
2. No, I don't (go swimming), but I love playing basketball.
3. At the moment I'm not playing basketball because I've got a broken leg.
4. Do you like pets?
5. Yes, I normally take my dog for a walk every day.
6. What do you do at the weekend?
7. Sometimes I go to the disco, but usually I stay at home and watch TV.
8. Do you like books?
9. Yes, I read very often. I'm reading Harry Potter at the moment and I like it very much.

C Zukunftszeiten
1. Going to-Future

Übung 1
1. John is going to become a doctor.
2. Mary is going to travel abroad.
3. Frances is going to have three children.

Übung 2
1. No, I'm going to do my homework.
2. No, sorry, I'm going to watch "The Simpsons".
3. No, I'm going to visit some friends.

Übung 3
Die Reihenfolge der Unternehmungen ist dir selbst überlassen!
On Monday they are going to go to the museum.
On Tuesday they are going to play a basketball match against the neighbours.
On Wednesday they are going to watch a film on TV.
On Thursday they are going to go to the zoo.
On Friday they are going to visit their grandmother.
On Saturday they are going to clean the house.
On Sunday they are going to relax on the beach.

Übung 4
Hier kannst du frei wählen, was du schreiben möchtest, je nachdem, was du in deinen nächsten Ferien so vorhast. Einige Vorschläge:
I'm going to visit my grandparents.
In August I'm going to swim in the sea.
I'm going to meet my friends in Italy.
We're going to go on outings together.

2. Will-Future

Übung 1 Die Ausdrücke aus der Liste sind gegeneinander austauschbar!
1. Probably Pam won't work as a teacher.
2. I hope Lou will be a good politician.
3. I think Alex will work in a hospital.
4. Perhaps Tom will live abroad.
5. I'm sure David won't marry at all.

Übung 2
1. I will repair your bike.
   I won't repair your bike.
2. John will close the window.
   John won't close the window.
3. It will last for a long time.
   It won't last for a long time.
4. Sam and Fred will be at home.
   Sam and Fred won't be at home.

Übung 3
1. I hope Mary will like her new swimming costume.
2. I am sure she will like it. It is so pretty. I hope it will fit her.
3. I'm tired. I think I'll go to bed soon.
4. There is a full moon tonight. I don't think we will sleep very well tonight.
5. Oh, great. Probably we will be very tired tomorrow. Poor Mary!
6. Come on, perhaps she won't notice.

Übung 4 Hier schreibst du einfach auf, was du dir für deine Zukunft erhoffst oder annimmst, wichtig ist nur, dass du das *will-future* benutzt. Sinnvolle Beispiele wären:
I hope I will find an interesting job in the future.
I suppose I will work as a doctor.

3. Going to-Future ↔ Will-Future

Übung 1
1. falsch: Tomorrow it will rain.
2. korrekt
3. falsch: I'm going to go to the basketball match tonight.
4. falsch: What are you going to do in your next holidays?
5. korrekt. – falsch: I'm going to go on a bike tour.
6. falsch: I'm afraid Sally won't help me.
7. korrekt

Übung 2
1. Sue: I'm going to take part in the marathon next spring.
2. Bill: You? You'll have a heart attack.
3. Sue: No, I'm going to train hard.
4. And I'm not going to eat pizza and potato crisps any more.
5. Bill: I hope you will be fit enough for the competition next spring.

Übung 3
1. I will buy some bottles of water.
2. I'm going to make a pizza tonight.
3. I will repair it tomorrow.
4. I'm going to repair it tomorrow.
5. I'm going to become a member of the riding club.

4. Gemischte Übungen

Übung 1
1. In London it will be warm but rainy.
2. In Bristol it will be cloudy.
3. In New York it will be sunny.
4. In Berlin it will be cold and windy.

Übung 2
On Friday the Connors are going to go to the cinema.
On Saturday they are going to go to the beach.
On Sunday they're going to visit the museum.
On Monday they're going to visit friends.
On Tuesday they are going to go for a walk.

Übung 3
Next week the Connors are going to visit their grandparents in Bristol. They hope that the weather will be nice there and that there won't be any rain. They have planned a lot of interesting things. They are going to see the history museum, they are going to go to the zoo, and perhaps they will see a film in the cinema, too. They hope that their grandparents are well.

Übung 4
1. Why have you packed your suitcase? – Tomorrow I'm going to visit / ~~will visit~~ my sister in Greece.
2. I hope the weather there ~~is going to be~~ / will be good.
3. I hope my friends ~~are going pick us up~~ / will pick us up at the airport.
4. We are going to go / ~~will go~~ to the seaside.
5. Probably they ~~are going to bring~~ / will bring Michelle, too.
6. Perhaps we ~~are going to have~~ / will have dinner together.
7. Perhaps we ~~are going to visit~~ / will visit old ruins, too.
8. I don't think that this ~~is going to be~~ / will be much fun.
9. Oh, there's someone at the door. – I ~~am going to see~~ / will see who it is.
10. Oh my God, look at that man over there, he's standing on an old broken ladder. He is going to fall / ~~will fall~~ off.

Übung 5
1. Tomorrow we're going to go to London.
2. Are you going to go to a concert there?
3. I'm afraid all the concerts will be sold out.
4. But I think we will see a musical and go shopping.

Übung 6
Tomorrow is Tom's birthday. He will be 13 years old. His parents are going to give him a new bike. They hope he will like it, because it's green. He will probably be a bit disappointed (=enttäuscht) because he wanted a red bike.
His friends have decided on a birthday present, too. They are going to bring a hamster. But they're afraid Tom's parents won't be very happy about this. Perhaps Tom's parents will give the hamster back. Poor Tom.

D Vergangenheitszeiten
1. Simple Past in positiven Sätzen

Übung 1
1. Mike was a famous basketball player.
2. He played for the "London Baskets".
3. He lived in North London.

Übung 2

bring	brought	run	ran
buy	bought	say	said
give	gave	see	saw
go	went	sleep	slept
have	had	speak	spoke
make	made	take	took

Übung 3

past Form	Infinitiv	past Form	Infinitiv
wrote	write	fell	fall
won	win	went	go
fed	feed	lost	lose
taught	teach	left	leave

Übung 4
Yesterday was a very nice day. We had breakfast very late. Then we went into town and bought some ice-cream. In the afternoon we left town to go to the cinema. We took our seats in the last row. There we watched a very nice film. It was a very exciting film. One of the actors (=Schauspieler) looked very good and he had lots of muscles (=Muskeln). He won all the fights and even killed one of his enemies (=Feinde). Of course he wasn't very funny. But another actor told a lot of jokes, so we laughed a lot. We really enjoyed it!

2. Simple Past in Verneinungen und Fragen

Übung 1
1. No, Sir, I didn't spray graffiti on the wall of my classroom!
2. No, Sir, I didn't break the desks!
3. No, Sir, I didn't write silly things in all the books!
4. No, Sir, I didn't sell cigarettes in the school playground!

Übung 2
1. Did you spray the graffiti on the wall of your classroom?
   No, I didn't.
2. Did you break the desks?
   No, I didn't.
3. Did you write silly things in all the books?
   No, I didn't.
4. Did you sell cigarettes in the school playground?
   No, I didn't.

Übung 3
1. Who sold the cigarettes in the school playground last week?
2. Why did Paula smoke in the toilet on Tuesday?
3. Why did Mr Miller speak to Paula's parents yesterday?
4. Paula's parents didn't believe him.
5. An hour ago I found my book. There were no silly things in it.
6. Paula didn't break the desks last week, did she?

3. Past Progressive und Simple Past

Übung 1

Mrs Big: I was washing the dishes, I couldn't hear the phone.
Steven and Stan: We were listening to music, we didn't hear the phone. Sally: I was playing with Oscar in the Connors' garden. He was barking so loudly that I couldn't hear the phone.
Susan: I was sleeping, I didn't hear anything.
Sandra: I was doing my homework with my boyfriend Michael. We were working so hard that we couldn't stop just because of the telephone!

Übung 2

While the pupils were doing a test, the fire alarm suddenly started ringing. When the headmaster came into our classroom, everybody was talking and was excited. While I was deciding whether to stop the test or not, Mary suddenly began crying because she didn't know the answers. And while John was looking for his pen under his desk, he bumped (=anhauen) his head. His forehead (=Stirn) was bleeding so heavily that we had to take him to hospital. While I was helping him up the stairs, the silly boy stepped on my foot, I stumbled (=stolpern) and nearly broke my ankle. That's why I tried to call you. Oh, what a terrible day!

Übung 3

Die angegebenen Sätze darfst du frei ergänzen, achte nur auf die richtige Zeit!
1. … simple past
2. … past progressive
3. … simple past
4. … simple past

Übung 4

1. The thief was counting his money when the police found him.
2. When they were putting him into the car, he took out a gun.
3. The policemen were fighting with him when they heard a loud bang.

4. Present Perfect

Übung 1

bring	have/has brought	run	have/has run
buy	have/has bought	say	have/has said
give	have/has given	see	have/has seen
go	have/has gone	sleep	have/has slept
have	have/has had	speak	have/has spoken
make	have/has made	take	have/has taken

Übung 2

1. Susan, have you cleared the table? – Yes, I have.
2. Have Steven and Stan tidied up their room? – No, they haven't.
3. What about you, Sandra, have you been to the supermarket? – No, I haven't.
4. And Sally? Has she taken the dog for a walk? – Yes, she has.

Übung 3

1. Sandra has already put the clothes into the cupboard, but she hasn't made the bed yet.
2. Mr Big has already repaired Stan's bike, but he hasn't washed the car yet.
3. Sally has already cleaned the kitchen, but she hasn't tidied up her room.
4. Steven has already fed the dog, but he hasn't cleaned the dog's basket.

Übung 4

1. Have you ever been to London before? – No, I have never been here before. And I have always lived in Berlin.
2. Do you like British beer? – I don't know, I have never tried it, I don't drink alcohol.
3. Do you like London? – Oh, yes, it's the best city I have ever seen.

5. Present Perfect Progressive und Present Perfect Simple

Übung 1
1. Mr Connor kommt außer Atem mit dem Tennisschläger nach Hause.
   He has been playing tennis up until now.
2. Mrs Connor steht mit vollen Einkaufstaschen vor der Tür.
   She has been doing the shopping up until now.
3. Paula steht gerade aus dem Fernsehsessel auf.
   She has been watching TV up until now.
4. Peter kommt mit schmutzigen Händen aus dem Garten zurück.
   He has been working in the garden up until now.

Übung 2
1. John has been playing tennis for 10 years now. He has played more than 100 matches up until now.
2. Maria has visited more than 20 countries so far. She has been travelling around the world for three years now.
3. Jim has drunk five glasses of beer so far. He has been drinking since two o'clock.
4. It has rained a lot today. – Yes, it has been raining for six hours now.
5. Tom has been writing his new book for a year. Up to now he has written only three chapters.

Übung 3
1. Pat, where have you been?
2. Lisa, what have you been doing all night long?
3. Oh dear, George, have you ever cooked pasta before?
4. Poor Linda, how long have you been waiting for me?
5. How many books have you written so far?

Übung 4
1. Has Steven ever been to Berlin?
2. Patrick hasn't seen his brother recently.
3. Mary has been reading books all day long.

6. Present Perfect mit *since* und *for*

Übung 1

since	for
last Sunday	a long time
seven o'clock	five minutes
the 4th of July	some hours
the day before yesterday	ten years
yesterday	three weeks

Übung 2

Mr Big: Where have you been? I haven't seen you for ages.
Mr Jones: I've been living in New York since January.
Mr Big: That's interesting. Your wife is from New York, isn't she?
Mr Jones: Yes, we've known each other for two years now.

Übung 3

1. I haven't eaten pizza for ages.
2. I haven't used a computer since the 1st of January 2006.
3. I haven't bought any glasses since last year.
4. I haven't watched TV for a very long time.

Übung 4

1. Frances and Johnny have been married for one year.
2. Peter has been in Spain since the 1st of February.
3. Linda has been going to school for one week.
4. John has been working in the factory for ten years.

Übung 5

1. Jürgen and I have known each other for ten years.
2. We have been in Munich for 20 years.
3. We have been living together since the 1st of May.
4. We have been married for one week.

7. Simple Past ↔ Present Perfect

Übung 1

simple past	present perfect
I went	I have gone
He bought	He has bought
They didn't take	They haven't taken
She didn't bring	She hasn't brought

Übung 2

1. Jim, have you ever been to Canada? – Yes, I've already been there.
2. When did you go there? – I travelled there ten years ago. It was a very exciting trip.
3. And what about Africa, have you ever been there? – No, I haven't. But last year I was in China.
4. Wow, China! How was it? – It was very interesting, I must say. I had a great time there. I think China is one of the most interesting countries I've ever seen.
5. You are a German teacher, too. How often have you visited Germany so far? – Well, I don't know exactly, but I think I've been there more than ten times.
6. Have you made a trip to Germany recently? – Oh, yes, I was there in September.
7. Where did you go? – Of course I went to Munich and visited the famous "Oktoberfest".

Übung 3

1. Roland, have you made the beds, yet?
2. Yes, I have. I made them an hour ago.
3. And what about the dishwasher? Have you filled it yet?
4. Yes, I have just done it.
5. But you haven't cleared up the table yet, have you?
6. Of course I have, I tidied up the kitchen at eight o'clock.

8. Gemischte Übungen

Übung 1
1. I have thought
2. She went
3. We were buying
4. They have been doing
5. He stopped
6. I was making

Übung 2
1. Did John do his homework? — John didn't do his homework.
2. Did Sam feed the animals? — Sam didn't feed the animals.
3. Did Timmy sit down at the window? — Timmy didn't sit down at the window.
4. Did Mary sleep too long? — Mary didn't sleep too long.

Übung 3
When I took my first step outside yesterday, the sun was shining. It was a very nice day and I decided to go for a walk. While I was walking through the forest, the birds were singing and a soft wind was blowing through the trees. What a beautiful day!

Übung 4
1. Linda and I have known each other for twenty years.
2. We have been friends since my twelfth birthday.
3. Unfortunately we haven't seen each other for the last five years.
4. Linda has been living in Berlin for eight years.
5. I have been waiting for her to call since last October.
6. She hasn't called me for ages. But now she's here!

Übung 5
Is Sandra here? – No, she has gone out. – Who has she gone out with? – I don't know. – When did she leave? – She took the bus at half past eight. – Where did she go? – I can't tell you. When she left, she didn't say anything. – OK, thank you, Sir.

Übung 6
1. Hello, Susanna. Have you been waiting for a long time?
2. No, I've been waiting for ten minutes.
3. But I began my journey at eight o'clock.
4. I arrived two hours ago.
5. What have you been doing until now?
6. I have been shopping until now.

E Modale Hilfsverben
1. can, may, must, needn't

Übung 1
1. Can mice fly? – No, they can't.
2. Can children play football? – Yes, they can.
3. Can babies walk? – No, they can't.
4. Can elephants sing? – No, they can't.

Übung 2 mustn't oder needn't
1. Susan mustn't play this videogame. She isn't old enough.
2. Steven and Stan needn't wash the dishes today, it's their birthday.
3. Sandra needn't do her homework, it's Sunday.
4. Sally mustn't stay out too late with her boyfriend tonight.
5. Steven mustn't eat ice cream because he's ill.
6. Mr and Mrs Big needn't work in the afternoon.

Übung 3
1. Oh dear, this box is too heavy, I can't carry it.
2. Look at the windows, they're so dirty, we must clean them.
3. But we needn't paint the walls, it's not necessary.
4. May I help you? I can carry the box for you.
5. No, you mustn't carry heavy things, you're ill.
6. May we have lunch here on the floor?
7. No, you mustn't, we must clean the floor right now.
8. Can you help me, please? I can't clean the windows alone.

2. Ersatzformen der Modal Auxiliaries

Übung 1
1. Jill couldn't play tennis very well.
2. Frances will have to go home early.
3. I wasn't able to sing Chinese songs.
4. We weren't allowed to eat on the floor.
5. Simon won't have to call his parents.

Übung 2
Yesterday was a terrible afternoon. I couldn't help my brother with his homework because I was busy. He couldn't ask our sister because she had to study hard for her exams. But he was allowed to ask our neighbours. Someone had to help him, it was very important!

Übung 3
Today was my birthday. I didn't have to make breakfast, I could stay in bed until eight o'clock. Unfortunately I had to work in the morning, but in the afternoon I didn't have to correct any tests. I could go shopping and enjoy the day. It was a great day! What a pity that tomorrow my birthday will be over. I will have to get up early.

Übung 4
1. Sandra, last month I had to pay a lot of money for our telephone bill.
2. Oh, I suppose I will have to give you the money back next month?
3. Of course you won't have to pay the complete bill, only your own calls. Why did you have to, did you have to make so many calls last month?
4. I had to call Michael so often because last month the poor guy had to study a lot for his exams. And he wasn't able to call me.
5. Why not? Why wasn't Michael allowed to call you? Did his parents say so? – Yes.

Übung 5
1. Marcel couldn't see the stone and fell over it.
2. He broke his leg and had to stay in hospital for three weeks.
3. He won't be able to move his leg for two months.
4. He won't be allowed to play football until January.

3. Gemischte Übungen

Übung 1
1. Thank God we needn't do any homework today.
2. I've got lots of money, we can go to the cinema to see "Rambo".
3. No, we mustn't see this film, we're too young.
4. And I can't come with you, I don't have any money at all.
5. May we have a party at your home?
6. No, we mustn't meet there, my parents are at home and they don't like parties.
7. It's late, we must go home.
8. No, we needn't hurry, we still have a lot of time.

Übung 2
1. We needn't pay as much as the adults (=Erwachsene).
2. We may play here.
3. We mustn't come here with our dogs.
4. Here we can buy ice cream.
5. We mustn't play football in the park.

Übung 3
1. We didn't have to pay as much as the adults.
2. We weren't allowed to take our dogs there.
3. In the park we could buy ice cream.
4. We weren't allowed to play football in the park.

Übung 4
1. May we play football in the park? – We weren't allowed to play football in the park last year. But they say that next year perhaps we will be allowed to play football in the park.
2. Why didn't you come to the disco with us yesterday? – I wasn't allowed to go out. But tomorrow I will be allowed to come with you.
3. Can your mother help us with our German homework? – Yesterday she couldn't help us because of her school tests. But tomorrow she won't have to correct any tests and I think she will be able to explain German grammar to us.
4. Mum, may I go to the cinema tonight? – Darling, you weren't allowed to go out yesterday and you mustn't go out today.
5. Poor George, you have a bad cold. You must stay in bed. – That's normal, when I had the flu last week I had to stay in bed too.
6. But now you needn't stay in bed any more! And I've had this bad cold for more than one week! – Don't be so impatient (=ungeduldig), I'm sure that in three weeks' time you won't have to stay in bed any more.

Übung 5
1. In my youth I even had to go to school on Saturdays.
2. When I was a little boy, I didn't have to do so much homework.
3. At the age of 12 I was already able to drive a tractor.
4. When I was at your age, I wasn't able to surf the Internet.
5. You won't have to work immediately after school.
6. In your future you will be able to study.
7. Next year you will be allowed to go to the disco.

F A Mixed Bag

Übung 1

1.	He has been going
2. present perfect	
3. past progressive	
4.	I had
5. will-future	
6.	She is coming
7. present perfect progressive	
8.	He rushes
9.	We are going to travel
10.	I was watching TV
11. going-to-future	
12. simple present	

Übung 2

1. Next week Johnny is going to fly to Kenya.
2. He hopes that the weather will be fine there.
3. At the moment he is packing his suitcase for the journey.
4. He always prepares his suitcase one week in advance (=im Voraus).
5. Up until now he has often been to Africa.
6. But he has never travelled to Kenya before.
7. Last year he was in Morocco, but he didn't like it much because there were too many tourists.
8. He hopes he will like Kenya better.

Übung 3

Paul Smith is a doctor. He works in a big hospital in London. Today he isn't working because it's Sunday. But poor Paul can't relax today because last night he didn't sleep very well. Yesterday he had a very exhausting (=anstrengend) day and so during the night he couldn't stop thinking about it.

In the morning he had to help his mother in the garden. Next month she will be 85 years old and she can't do this alone any more. While he was cutting down some trees in the garden, his mother was waiting for him to help her clean the kitchen. While he was cleaning the kitchen, the telephone suddenly rang and his best friend Rod asked him to come and help him immediately because he couldn't move. But his mother asked him: "Have you repaired the dishwasher yet?" – "No, I haven't, but I hope that tomorrow I will have time for that." "Then you mustn't go now. Or you must promise to do it tomorrow!" his mother cried. – "OK, Mum, I'll repair your dishwasher tomorrow." When he arrived at Rod's house, his friend was lying on the kitchen floor. "What has happened?" "Thank God you're here. I have been lying here for an hour now. At about three o'clock I hurried into the kitchen to prepare something to eat, then I suddenly stumbled, fell over a chair and – here I am. Then I called you immediately. I think I have broken my leg." Paul took Rod to his hospital where he found out that Rod's leg really was broken. "Poor Rod, he will have to stay in bed for the next two weeks and won't be able to play football for the next two months!"

Register

Deutsch: Diktat
Anredeformen 69
ck/tz-Schreibung ... 29, 31, 33
das, dass .... 21f.
Dehnungs-h .. 37, 41, 43, 45f.
Diphthonge 26
Doppelkonsonant .. 23, 25, 27
e/ä-Schreibung,
eu/äu-Schreibung 47
end-/ent- 55
Ersetzungsprobe 21
Getrenntschreibung 71, 73, 75
Großschreibung ... 59, 61, 63
irgend- 81
k/ck-Schreibung ... 29, 31, 33
k/z-Schreibung 33
Kleinschreibung ... 65, 67, 69
Konsonantenhäufung .... 27f.
lange Vokale 5, 37, 39, 41,
43, 45
i-Laut 35
seid/seit 53
s-Laut 11, 13, 15, 17, 19
Verlängerungsprobe ... 14, 51
Vokalverdopplung 39
war/wahr 57
Wortfamilie 16
Wortfamilienregel 47, 51
x-Laut 49
z/tz-Schreibung ... 29, 31, 33
Zusammenschreibung 77, 79, 81

Deutsch: Aufsatz: Erzählen
Checkliste für Klassenarbeit 89
bildlich schreiben 126
  Bild, Vergleich, Metapher 126
Erlebniserzählung ... 116–121
  Thema erschließen .... 116f.
  Schreibplan erstellen 118
  Erlebniserzählung
   schreiben 120
Erzählen zu Bildern 96–99
  Bilder verstehen,
   Aufbau planen, ... 96
  Bildergeschichte gestalten . 98
Fabeln verstehen (Moral) .. 128
Fabeln gestalten 130
Fantasiegeschichte .. 108–113
  Thema erfassen, Ideen
   sammeln .... 108f.

Höhepunkt gestalten ... 110
Mittel zum Erzählen 110
Einleitung, Schluss 112
formulieren 100f., 114f., 126f.
Nacherzählung 90–95
  Inhalt verstehen 90
  Aufbau verstehen 92
  Spannung erzeugen 93
  Nacherzählung schreiben . 106
persönlicher Brief ... 122–125
  Absicht 122
  Anlass 122
  Briefkopf 124
  Empfänger/Adressat ... 122
  Gliederung 124
  Schluss 124
Sagen 134
Sätze bauen .... 114f.
Schreiben einer Geschichte 106
Schreibplan erstellen 104
  Einleitung 104
  Hauptteil, Spannung,
   Höhepunkt 104
  Schluss 104
  Überschrift 104
Till-Eulenspiegel-
Geschichten 132
Vorlage ausgestalten 102–107
  Vorlage verstehen 102
  Erzählanfang 102
  Erzählschluss 102
  Erzählkern 102
  Reizwörter 102
Wortschatz .... 100f.

Mathematik: Grundrechenarten, Größen, Gleichungen
Addition 146, 148
Assoziativgesetz 148, 152
Differenz 146
Distributivgesetz 158
Dividend 156
Division 156, 158
Divisor 156
Dualzahlen 142
gemeinsamer Teiler 182
gemeinsames Vielfaches .. 184
Geschwindigkeit 168
Gewichtseinheiten 164
Gleichungen .... 172ff.
Größen 162

Grundzahl (Basis) 154
Hochzahl (Exponent) 154
kleinstes gemeinsames
Vielfaches (kgV) 184
Kommutativgesetz .. 148, 152
Längeneinheiten 162
Maßstab 170
Minuend 146
Multiplikation 152, 158
Potenz 154, 160, 180
Potenzschreibweise 154
Primfaktor 180
Primfaktorzerlegung 180
Primzahlen 180
Produkt 180
Quotient 156
römische Zahlen 144
Subtrahend 146
Subtraktion 146
Summand 152
Summe 146
Teilbarkeit 178
Terme 150
Ungleichungen 176
Zahlensystem 140
Zeiteinheiten 166

Englisch: Verben und Zeiten
Auxiliaries 232
be im Präsens 192
can, may, must, needn't ... 232
have got im Präsens 194
Gegenwartszeiten ... 198–207
Going-to-Future 208, 212
Hilfsverben 192–197
modale Hilfsverben
(Modal Auxiliaries) .. 232, 234
Past Progressive 220
Present Perfect 222, 226, 228
Present Perfect Progressive 224
Present Simple 224
Present Progressive
(Present Continuous) ..198, 204
Signalwörter ... 204, 216, 220,
222, 226, 228
Simple Past . 216, 218, 220, 228
Simple Present
(Present Tense) .. 200, 202, 204
Vergangenheitszeiten . 216–231
will-Future 210, 212
Zukunftszeiten 208–215